Pablo de Rokha

Architecture of Dispersed Life

—*Selected Poetry*—

edited, & translated from Spanish by
Urayoán Noel

Shearsman Books

First published in the United Kingdom in 2018 by
Shearsman Books
50 Westons Hill Drive
Emersons Green
BRISTOL
BS16 7DF

Shearsman Books Ltd Registered Office
30–31 St. James Place, Mangotsfield, Bristol BS16 9JB
(this address not for correspondence)

www.shearsman.com

ISBN 978-1-84861-377-5

Architecture of Dispersed Life

Pablo de Rokha was born Carlos Díaz Loyola in 1894 in Licantén, Chile. The eldest of 19 children, he attended school in the nearby city of Talca. As a young man, he studied at a seminary, sold agricultural products, wrote for local newspapers, and attended the University of Chile in Santiago, though he did not graduate. In 1916, he married Luisa Anabalón Sanderson, who later took the name Winétt de Rokha and would go on to be an esteemed poet in her own right as well as his life companion and collaborator. In 1922, he published *Los gemidos* (The Moans), one of the first books of Latin American avant-garde poetry. He would go on to publish such groundbreaking works as *Suramérica* (Southamerica, 1927) and *Escritura de Raimundo Contreras* (Raimundo Contreras's Writing, 1929), two experiments in folk surrealism and automatic writing. He founded a number of magazines and periodicals, including the *Revista de Arte Libre* with Vicente Huidobro in 1913, and the avant-garde *Agonal* with Winétt de Rokha in 1924. Also with Winétt de Rokha, he founded the more politically engaged *Multitud* in 1939; this morphed into a press that would publish much of his later work.

Initially active in anarchist internationalism, he would later join and be expelled from Chile's Communist Party, where he served as president of its cultural organ, the Casa América. In the 1940s, upon being named cultural ambassador, de Rokha began a long period of travel across the Americas that inspired his 1949 epic *Carta Magna de América*. His later works include *Fuego negro* (Black Fire, 1952), a book-length elegy for Winétt de Rokha, who had died of cancer in 1951, and *Acero de invierno* (Winter Steel, 1961), which contains his well-known 'Canto del macho anciano' (Old Man's Song). He received Chile's National Literature Prize in 1965, and died from a self-inflicted gunshot in 1968.

Contents

Acknowledgments and Notes

A number of people assisted me during the completion of this book, whether by answering questions, reading passages, or simply providing support and encouragement. My heartfelt *gracias* go out to Roberto Abadie, the late Fernando Alegría (for the wonderful de Rokha stories), Aileene Álvarez, Cal Bedient (and everyone at *Lana Turner: A Journal of Poetry and Opinion*), Daniel Borzutzky, Kahlil Chaar-Pérez (for the top-notch proofreading), Kristin Dykstra and Roberto Tejada (and everyone at the sorely missed *Mandorla: New Writing from the Americas*), Carmen Giménez Smith, Pierre Joris, Maricarmen Martínez, Thomas Noel, Kathleen Ross, Charlie Vázquez, Enrique Winter, Raúl Zurita, and all those I have forgotten to mention.

Tony Frazer helped shape this book in every conceivable sense. I am grateful for his knowledge and appreciation of de Rokha's poetry and for all the work he has done with Shearsman Books over the years in publishing innovative poetry from around the world.

Fellow de Rokha translator Stuart Cooke has enriched this project with his generosity, solidarity, and insight. I have learned a great deal from his beautiful translations, and I look forward to his own book of de Rokha translations. *¡Gracias, colega!*

This book would have been impossible without the support of Patricia Tagle de Rokha, Pablo de Rokha's granddaughter and the director of the Fundación de Rokha in Santiago, who granted the necessary permissions. *¡Mil gracias, Patricia Tagle de Rokha, por permitirme traducir la obra de su extraordinario abuelo!* Many thanks, Patricia Tagle de Rokha, for allowing me to translate the work of your extraordinary grandfather!

Poet and de Rokha scholar José Miguel Curet has been my friend and interlocutor for over twenty years, back to the days when we discovered de Rokha's poetry together as undergraduates at the Universidad de Puerto Rico, Río Piedras. Reading his brilliant dissertation on de Rokha's geopoetics inspired me to return in earnest to this translation project; I largely follow and extensively reference his research, and a number of my editorial decisions grew out of our conversations or were based on specific suggestions he made. I am especially grateful to him for pointing me to the 'Arquitectura de la vida dispersa' essay that gives this book its title, and for unraveling the intricacies of *Carta Magna de América*, from its political vision to its publication history. *José Miguel, este libro es tan tuyo como mío.*

§

In translating de Rokha, I have tried to work from original editions when available, respecting the idiosyncrasies of his poetics. Often this has proven tricky, since much of de Rokha's work was self-published and minimally edited, and because anthologies of his work (including his own 1954 compilation) tend

to streamline or overlook or radically alter the formatting of his originals. Even though it can be very hard to differentiate mistakes from formal idiosyncrasies, for the most part I have tried to respect de Rokha's eccentricities when these clearly seemed to me poetic choices (as in his Juan Ramón Jiménez-esque use of "j" for "g" in parts of *Los gemidos* or his experiments with italics, bold fonts, unconventional punctuation, and spelling, including "nó" instead of "no" and "lomismo" instead of "lo mismo"). The Spanish originals are included here unchanged, except in a few cases that seemed to me evident typos.

All work from *Los gemidos, U, Escritura de Raimundo Contreras, Arenga sobre el Arte*, and *Mundo a mundo* is taken from the first editions (see the bibliography at the end of the Introduction). The essay 'Arquitectura de la vida dispersa' is taken from *Atenea* (11:106 (April 1934): 206-09), where it first appeared. All other work is taken from *Antología, 1916-1953* (Multitud, 1954), which is available online, along with many other de Rokha works, via the Biblioteca Nacional de Chile at http://www.memoriachilena.cl.

Given space considerations and de Rokha's insistence on linguistic autonomy, I have not included a glossary or notes. Instead, I refer readers to the eccentric glossary included in de Rokha's posthumously published anthology *Mis grandes poemas* (Santiago: Nascimento, 1969, 325–348). Here de Rokha specifies some key terms, often underscoring national or regional or personal variations in meaning and emphasizing rural and indigenous contexts. Among the terms included in the glossary that also appear in this book are: *ajiaco* (a stew); *choapino* (a woven rug); *cueca* (the Chilean national dance); *despernancado* (waddling, spread-eagle); *Licantén* (his hometown); *mate* (a gourd, in addition to the mate herb); *maqui* (a type of berry used to make a liquor called *chicha de maqui*); *mistela* (a sweet and spiced liquor that he associates with the Chilean middle class); *pancutra* or *pantruca* (pieces of wheat flour dough used in soups or stews); *patagua* (a Chilean evergreen tree); *peumo* (a regional evergreen tree); *poruña* (literally a large spoon but also a pejorative term for a small-time usurer); *quillay* (a Chilean evergreen tree); *rucio* (red-headed); *ulpo* (a drink made with toasted wheat flour); and *vihuela* (a guitar-like musical instrument). In some cases, I have added a word to make the meaning of a term clear (as in "patagua tree" for *patagua*).

For the most part, I have sought to respect de Rokha's distinctive writing style, which is adjective-heavy and full of prepositional clauses, enumerations, and defiantly ambiguous modifiers. The exceptions are cases where doing so would be unidiomatic, sound awkward, or cause confusion when no such confusion is present in the original. Also, in the case of de Rokha's sonnets I have taken occasional liberties in order to preserve some of the rhyme. Similarly, given de Rokha's fiercely Americanist poetics I have generally opted for historically appropriate American English (as in "automobile" for *automóvil*), except when doing so would cause confusion.

'"Pablo de Rokha" by Pablo de Rokha' first appeared in *Mandorla* 11(2008). Part 3 of *U* first appeared in *Lana Turner* 4 (2011).

Introduction

In Chile, Pablo de Rokha (1894-1968) is widely regarded as a major poet. He is regularly mentioned alongside Pablo Neruda, Gabriela Mistral, Vicente Huidobro, and Nicanor Parra as one of that country's greats, yet he remains something of a cult poet in the rest of the Spanish-speaking world and he is all but unknown in the English-speaking one. *Architecture of Dispersed Life* seeks to remedy this situation. A bilingual edition spanning de Rokha's career from the 1910s to the 1960s, it is the first book of de Rokha's poetry in English translation and the first career-spanning anthology of his work in any language other than Spanish. It devotes significant attention to de Rokha's groundbreaking avant-garde work from the 1920s, while connecting this early poetry to the geopolitical imagination of major later poems such as *Carta Magna de América* (American Magna Carta, 1949), which, like most of de Rokha's work, is out of print.

At the same time, this book seeks to understand de Rokha's poetics of phenomenological dispersal (fleshed out in his 1934 essay 'Arquitectura de la vida dispersa,' which gives the book its title) as inseparable from the geopolitical displacements that characterize his work. In that sense, the trademark fusion of the Nietzschean and the Whitmanesque that runs through de Rokha's early work is not as odd as it might seem; it is a way of mapping the struggle of the Global South (of which Chile is a metonymy) as both a psychic and a political space.

Pablo de Rokha was born Carlos Díaz Loyola on October 17, 1894 in Licantén, Chile. The eldest of 19 children, he attended public school in the nearby city of Talca. As a young man, he studied at a seminary, sold agricultural products, wrote for local newspapers, and attended the University of Chile in Santiago, though he did not graduate. In 1916, he married Luisa Anabalón Sanderson, who later took the name Winétt de Rokha and would go on to be an esteemed poet in her own right as well as his life companion and collaborator. In 1922, he published *Los gemidos* (The Moans), one of the first books of Latin American avant-garde poetry. He would go on to publish such groundbreaking works as *Suramérica* (Southamerica, 1927) and *Escritura de Raimundo Contreras* (Raimundo Contreras's Writing, 1929), two experiments in folk surrealism and automatic writing. He founded a number of magazines and periodicals, including the *Revista de Arte Libre* with Vicente Huidobro in 1913, and the avant-garde *Agonal* with Winétt de Rokha in 1924. Also with Winétt de Rokha, he founded the more politically engaged *Multitud* in 1939; it morphed into a press that would publish much of his later work.

Initially active in anarchist internationalism, he would later join and be expelled from Chile's Communist Party, where he served as president of its cultural organ, the Casa América. He would go on to collaborate with the Chilean Popular Front. In the 1940s, upon being named cultural ambassador by Chilean President Juan Antonio Ríos, de Rokha began a long period of travel across the Americas that inspired his 1949 epic *Carta Magna de América*. His later works include *Fuego negro* (Black Fire, 1952), a book-length elegy for Winétt de Rokha, and *Acero de invierno* (Winter Steel, 1961), which contains his well-known 'Canto del macho anciano' (Old Man's Song). He received Chile's Premio Nacional de Literatura (National Literature Prize) in 1965, and he died from a self-inflicted gunshot in 1968. De Rokha has influenced generations of Chilean poets, from Nicanor Parra and Gonzalo Rojas to Enrique Lihn and Raúl Zurita, and his poetry has been covered by Chilean punk bands and reprinted throughout the Spanish-speaking world.

Undoubtedly, de Rokha is one of the great innovators in Latin American avant-garde poetry (other than Vallejo's *Trilce*, probably no 1920s text exceeds the formal daring of *Los gemidos*'s 'Yanquilandia' or *Suramérica* or *Escritura de Raimundo Contreras*). At the same time, and for all his excesses, de Rokha is one of the most powerful (and over-looked) political poets of the twentieth century. He did not simply write about politics, he created a poetic universe where 'Yanquilandia' (Yankeeland) and 'Surlandia' (Southland) face off but also blur and bleed into one another in a dialectics of phenomenological and social dispersal. When reading the epic *Carta Magna de América* it is hard not to notice that de Rokha's Southland encompasses not only Latin America and the Hispanic Caribbean but also Haiti, colonial Canada, the Southern U.S., and Black Harlem. To read aloud those long, Whitmanesque lines fueled by the anaphoric "he visto" (I have seen/watched) is to be hurled forward into Allen Ginsberg's 'Howl,' even as de Rokha confronts the contradiction of using Whitman to unwrite the logic of empire.

Already in 1922's 'Yanquilandia,' de Rokha's admiration for Whitman is tinged with ambivalence and decolonial irony, the same irony that gives way to *Carta Magna*'s brutal denunciations: "I have seen an Empire and a louse as ugly as a temple." Later yet, in poems such as 'Oceanía de Valparaíso' (Valparaisan Oceania, 1965) de Rokha will aim for an "oceanic" global-South politics as an alternative to the colonial/hemispheric dialectics of Yankeeland/Southland. This shift partly signals his evolution from Chilean communism to Third-World Marxism (as in his early-1960s odes to Lumumba, Cuba, and Red China), but in the prose-block broadside

'La página oceánica' (1966) it also involves an attempt to approach the page oceanically, as a compositional unit, as flow, as an architecture of dispersed life, a structural logic of drift and profusion.

The vanguardist hemispheric poetics I am attributing to de Rokha are usually attributed to Neruda, but in fact as both a poetic vanguardist and a political one, de Rokha came first. Neruda would not begin his own avant-garde explorations until *Tentativa del hombre infinito* in 1926, by which time de Rokha had already published the groundbreaking *Los gemidos* (which includes 'Yanquilandia') and was publishing work as powerful and adventurous as *U*, included here in its entirety. Similarly, de Rokha's *Carta Magna* predates Neruda's hemispheric classic *Canto general* (1950), and in fact de Rokha will make a number of accusations of plagiarism in his scabrous writings about Neruda. Famously, de Rokha depicted Neruda in his 1955 book *Neruda y yo* (Neruda and I) as unoriginal and bourgeois; Neruda responded with the poem 'Tráiganlo pronto' in his whimsical 1958 book *Estravagario*, which in turn led to de Rokha's riposte in 1960's *Genio del pueblo* (Genius of the People), where Neruda is sarcastically referred to as "Casiano Basualto," as he will be in the brutal terza rima of 1966's *Tercetos dantescos a Casiano Basualto* (Terza Rima for Casiano Basualto), with their unrelenting nastiness, including ugly, conspiratorial visions of queer and Nazi cabals.

As detailed by Faride Zerán in her 1992 book *La guerrilla literaria: Pablo de Rokha, Vicente Huidobro, Pablo Neruda*, from which the chronology above is taken, the feud between the two poets is legendary, and in fact de Rokha is probably better known outside of Chile for his feud with Neruda than for any of his poetry. Here, I seek to remedy this situation and to nuance the critical picture by including de Rokha's weirdly fascinating essay/manifesto 'Aventuras y desventuras de *Arenga sobre el Arte*' (Adventures and Misadventures of *Harangue About Art*, 1949, the last section of the massive *Arenga sobre el Arte*), where he simultaneously attacks the Chilean literary and critical establishment and praises Neruda for his political "conversion" to a more engaged communism. While the essay includes a statement of solidarity with Neruda, it also works as an act of revisionism: by narrating the misadventures that befell the long-delayed publication of *Arenga sobre el Arte* (where *Carta Magna* appears), de Rokha is reminding readers that he came first, and that Neruda is only now converting to a more clearly articulated geopolitical poetics. The grandstanding, self-importance, and *ad hominem* attacks peppered throughout this "harangue" are also par for the course with de Rokha, and they perhaps help explain—along with his penchant for self-publication,

his hardline and sometimes ugly politics, and his contentious relationship with the literary and critical establishment in Chile—why he is not better known.

In his posthumously published memoirs, *Confieso que he vivido* (1974), Neruda delivers one final riposte to de Rokha, whom he mockingly refers to only as "Perico de Palothes," turning our poet of stone into a big and stiff wooden parrot, and even parodying the ornamental "h" in "Rokha." (Hardie St. Martin's English translation of the memoirs elides all this by translating the name of Neruda's rival poet as "Joe Blow.") The two pages on de Rokha are part of a chapter pointedly titled 'La poesía es un oficio' ('Poetry is an Occupation'), where Neruda attempts to carefully delegitimize his "literary enemies" and embrace critics writing favorably about his work, very much in keeping with the role of the professional poet he had become and with his playfully self-avowed "petit-bourgeois" (290) sensibility. Here, Neruda dismisses de Rokha's poetry as "more bluff and bluster than the real thing" and depicts him as an absolutist blowhard and hustler who "cheated himself by playing the bully's role, as profession and protection," a tireless publisher of self-serving literary magazines and pamphlets who conned the people of the isolated provinces of Chile with his "high-flown words," a Nietzschean graphomaniac, and so on (290). In a bit of delicious irony, given Neruda's own famously outsize ego, de Rokha ultimately becomes for Neruda an epitome of a certain tragic type of "fiercely egocentric writer [...] common in the Americas," and Neruda conveniently dismisses their feud as one-sided, as decades of "this lonely battle of a man [de Rokha] against his own shadow" (290). The fact that Neruda felt the need to bury de Rokha one last time, years after his death and without mentioning his name, reminds us of the challenge de Rokha (with all his problems and contradictions) poses to the "business" (or "oficio") of Latin American poetry and to its Anglo-American shareholders.

In a way, this book understands de Rokha as an embodiment of the avant-garde, politically and poetically, at both its most progressive and its most problematic. As with other avant-garde poets (some futurists, for example) de Rokha's rapturous and ruptural modernism can be sloppy and overblown, and it hinges on a vitalistic hetero-masculinism and on the unchecked privilege that comes with it, even as his work consistently questions privilege in other ways (for instance, by affirming the working-class, the rural, the subaltern, and the indigenous). An English-language edition of de Rokha's work seems especially timely to me given recent debates in U.S. poetry circles about contemporary self-avowed "avant-garde" or "experimental" poetics that minimize or disavow questions

of identity and difference—see, for instance, Cathy Park Hong's 2014 essay 'Delusions of Whiteness in the Avant-Garde' and the critical conversations it inspired. Inasmuch as this self-avowedly experimental contemporary poetry assumes the avant-garde as a given, it leaves Anglo/Euro-American (and, as Hong reminds us, mostly white and straight male) genealogies unquestioned; yet I want to underscore how questions of identity and cultural affirmation and even programmatic politics are in fact central to the work of a global-South poet such as de Rokha, and by extension to the project of a hemispheric avant-garde or a transnational poetics then as now. What would the avant-garde look like beyond the discreet turfs of 'Yankeeland' and 'Southland,' in the contested geographies of Americas plural, in the peripheries of the cosmopolitan avant-garde and its ideal of an unfettered circulation?

In writing about the Peruvian poet Carlos Oquendo de Amat, whose cult classic *5 metros de poemas* (1927) has both formal and tonal similarities to de Rokha's poetry of the time, Cynthia Vich highlights what she calls Oquendo de Amat's "indigenismo vanguardista" (vanguardist indigenism), by which she means the ways in which his poetics translates modernity as it is experienced from the Andean periphery (187). Following Vich, I propose we consider de Rokha's work as insisting on an indigenous difference, not in an essentialist or programmatic way, but in the sense that his writing is rooted in places (as in the cultures and languages of rural Chile) that cannot be simply folded into a cosmopolitan, transnational avant-garde; for, even as de Rokha's work is animated by and in turn animates the international currents of the avant-garde, his work remains defiantly sited, contextual in its difficulties. This indigenous difference also marks a political difference; as Wai Chee Dimock reminds us in *Through Other Continents: American Literature Across Deep Time* (2006), we must be careful in uncritically claiming a hemispheric poetics or a poetics of the Americas, lest we elide broader planetary contexts and histories, and de Rokha's work urges us to make these connections, from the decolonial hemispheric ironies of *Carta Magna* to the oceanic global-South imaginaries of some of his final works.

Ultimately, it makes no sense to disentangle de Rokha the vanguardist from de Rokha the indigenous poet. Much more so than Neruda, de Rokha made the language and food and customs of rural Chile central to his poetics, and the difficulty of a poem like *Suramérica* comes not only from its punctuation-less and spontaneous prose (which anticipates *Finnegans Wake*) but also from the preponderance of indigenous Mapuche words and untranslatable Chilean trees and fruits and rural slang. In a sense then, de Rokha prefigures not only the dark lyricism of Gonzalo Rojas

(who wrote about him) or the antipoetic irony of Nicanor Parra (who playfully invoked him in his 2011 Cervantes Prize acceptance speech) or the geopolitical visions of Raúl Zurita (who recently anthologized him) but also contemporary Mapuche poets such as Jaime Luis Huenún. The four aforementioned poets all have book-length English translations to their name, yet de Rokha's influence was editorial and generational as well as literary: he encouraged younger Chilean poets representing a range of innovative poetics, from the surrealism of the Mandrágora group (to which Rojas briefly belonged) to Parra's antipoetry, and he published Rojas, Parra, and others in his 1943 Multitud anthology *Cuarenta y un poetas jóvenes de Chile* (Forty-one Young Chilean Poets). Even now, de Rokha's imprint is evident in Chilean American poet Daniel Borzutzky's National Book Award-winning *The Performance of Becoming Human* (2016), in the ugly majesty of its freeform poetic prose, its wracked hemispheric vistas, and its intimately geopolitical mix of lyricism, irony, abjection, and denunciation.

While this is the first English-language book-length translation of de Rokha, there are a few in other languages. In 1999, Edizioni dell'Orso published *Epopea dei cibi e delle bevande del Cile*, an Italian translation of de Rokha's long *Epopeya de las comidas y bebidas de Chile* (Epic of the Food and Drink of Chile), and in 2004, La Lettre volée in Belgium, published *Complainte du vieux mâle*, Fabienne Bradu's translation of 'Canto del macho anciano.' There is also a Chinese edition published in Beijing in 1964 of a book de Rokha referred to as *China roja* (Red China), which he apparently wrote in China, having been invited there by the Chinese government, but which, according to Alejandro Lavquén, was seemingly never published in Chile. Lavquén is preparing a Spanish-language edition of the Chinese book under the title *Canto dado como ofrenda a Pekín* (Song Given as an Offering to Peking).

Over the decades, English translations of poems by de Rokha have appeared in a number of journals and anthologies. Among the most noteworthy of these are Dudley Fitts's *Anthology of Contemporary Latin American Poetry* (New Directions, 1942), H.R. Hays's *12 Spanish American Poets* (Yale University Press, 1943), Ludwig Zeller's *The Invisible Presence: Sixteen Poets of Spanish America, 1925-1995* (Mosaic Press, 1996), Cecilia Vicuña and Ernesto Livon-Grosman's *The Oxford Book of Latin American Poetry: A Bilingual Anthology* (Oxford University Press, 2009), Forrest Gander and Raúl Zurita's *Pinholes in the Night: Essential Poems from Latin America* (Copper Canyon Press, 2014), which features Evan Lavender-Smith and Carmen Giménez Smith's version of "Canto del

macho anciano," as well as the various de Rokha translations published by Stuart Cooke in journals such as *Jacket2*, *Mascara Literary Review*, *Southerly Journal*, and Brown University's *Aldus: A Journal of Translation*. Significantly, most of these translations focus on de Rokha's later work, whereas many of the earlier works included here remain entirely untranslated. This is true even of groundbreaking works such as *Suramérica*, which deserves to be translated, if only for its historical importance as a radical experiment in modern Latin American poetics.

I want to say more about de Rokha's trajectory and briefly gloss each of the texts included in the book, but let me first say something about tone. Even in his failed experiments, de Rokha's tone feels utterly contemporary: the harshness of his deep lyricism, his fusion of the abject and the larger-than-life, the revolutionary and the eccentric. His work splits the difference between epic poetry (as in Neruda's *Canto general*) and anti-poetry (as in Parra's *Poemas y antipoemas*), as if to remind us that poetry can only be truly epic when it disperses into the social body that birthed it, and that the poem of our time may have to be jarring yet shareable, at once discordant and dynamic. As the Chilean writer and scholar Fernando Alegría put it in his book *La literatura chilena contemporánea* (1968), de Rokha was "un gran creador de mitos en la poesía chilena" (a great myth-maker in Chilean poetry) whose voice was by turns epic, heroic, tender, sarcastic, and forlorn (12, quoted in Curet 133).

It is no wonder that de Rokha is being rediscovered in Chile and beyond, his poems covered by punk-rock groups and circulated on social media and republished across the Spanish-speaking world. In a techno-mediated context where poetry is at once globalized and impoverished, Pablo de Rokha shows us a way: "and we all feel like happiness millionaires, powerful from happiness, [...] certain of the good poverty and the good sadness that makes us humble and emancipated."

*
* *

As José Miguel Curet notes in his recent study of de Rokha, scholar Naín Nómez is almost single-handedly responsible for rescuing de Rokha from critical oblivion. With books such as *Pablo de Rokha, una escritura en movimiento* (Santiago: Documentas, 1988) and his critical editions of out-of-print or unpublished de Rokha works, Nómez has helped spur a renewed interest in de Rokha that has led to a number of new anthologies and reissues of some of his work over the past 25 years, albeit mostly in

small-press or limited-circulation editions. At the same time, Nómez's efforts have bolstered a gradual scholarly reevaluation of de Rokha's poetry, which had been largely dismissed as outlandish or decadent or obscurantist by critics in his own time.

Nómez has also produced a careful periodization of de Rokha's work, which Curet follows and which I echo here. The first phase, which is the focus of this book, runs from 1916 to 1929 and is characterized by formal exploration and a philosophically and spiritually charged anarchism (Curet reads this, as do I, as de Rokha's poetic vanguard phase). The second phase, running from 1930 to roughly 1950 or so, is marked by a more explicit political turn (I echo Curet's characterization of this phase as de Rokha's turn toward a revolutionary vanguardism). The third phase spans from Winétt de Rokha's death in 1951 to his own in 1968, and moves back and forth between the personal and the political, as de Rokha mourns the many losses in his life, reflects on Chilean history and traditions, and seeks out new political vistas (I would describe this as his Third-World-Marxist phase).

Curet underscores several historical conditions, factors, and influences that will help define de Rokha's poetry, from his rural and religious upbringing to class struggle and the imposition of export capitalism in Chile to influences as varied as Whitman, Nietzsche, the Chilean post-*modernista* poet Carlos Pezoa Véliz, Huidobro's *creacionismo*, Mexican muralism, and Latin American communist philosophy as exemplified by José Carlos Mariátegui's *Siete ensayos de interpretación de la realidad peruana* (1928), with its vision of a modern anti-bourgeois communitarianism rooted in rural and indigenous traditions.

The power of de Rokha's ruptural poetics is already evident in the youthful sonnet that opens this book. As Curet notes, an early (and, to my mind, weaker) version of this sonnet was published in the 1917 anthology *Selva lírica*, but the famous version is the one included in de Rokha's 1954 anthology, where it appears under the title 'Genio y figura' (Genius and Character) and is dated 1916 and listed under *Poemas de infancia* (Childhood Poems)—it is this latter version that I include here. While 'Genio y figura' is not without precedents—the late *modernista* sonnets of Julio Herrera y Reissig come to mind, with their dark cosmologies and what Gwen Kirkpatrick calls their "dissonant" form—we can already appreciate the anti-poetic energy, the performative self-mythology, the radical spatial impulse, and the eccentric social voice that will come to define de Rokha's poetics: "I'm like the utter downfall of the world, oh Peoples!" That first line of 'Genio y figura' is one of de Rokha's

most famous, and it introduces his trademark persona, an epic trickster somewhere between Whitman's "Walt Whitman" and Nietzsche's Zarathustra. Dedicated to Winétt de Rokha, whom he had married only a year before the original sonnet's publication, 'Genio y figura' also works as a love (anti-)poem, the first of many such poems (a number of them included here) dedicated to his wife where the epic trickster confronts his own abjection and the paradox that his poetics of destruction and disruption hinges on an elemental love.

A number of the influences Curet outlines are already evident in the poems from 1922's *Los gemidos* included here. Near the end of the first stanza of 'Balada de Pablo de Rokha' (Ballad of Pablo de Rokha), the poem that opens *Los gemidos*, de Rokha writes "I hate, hate the utilitarian, coarse, quotidian, prosaic work, and I love the illustrious idleness of the beautiful; to sing, sing, sing…"; like a revolutionary aesthete, the speaker sides with useless beauty and against the coarse utilitarianism of modern capitalism and its mindless labor. At the end of the poem, however, the speaker's sublime song collapses back into the fallen world of "the oceanic multitudes, cities, fields, workshops, industries, trees, flowers, tombs, sanatoriums […]" as if dramatizing the struggle for an autonomous art in the age of mechanical reproduction. The democratic potential of this Whitmanesque list then gives way to the figures of Ariel and Caliban, air and earth, servant and rebel to the colonizer Prospero, and to the geopoetic question of Chile's place vis-à-vis the mythic histories of Greece and Egypt; de Rokha is at once writing that alternate history and performing the anarchic overthrow of all history, between mythology and phenomenology.

This is heady material for 1922, even if, as Curet reminds us, it is also the year of Vallejo's *Trilce*, Mistral's *Desolación*, Oliverio Girondo's *Veinte poemas para ser leídos en el tranvía*, *The Waste Land*, *Ulysses*, the birth of Brazilian *modernismo*, and so many other literary ruptures. In 'Yanquilandia', surely the most infamous piece in *Los gemidos*, de Rokha's experiment with the prose poem yields a global-South manifesto that breathlessly and mercilessly pummels the U.S.A. but that acknowledges its own awe in doing so. In sections with such titles as 'Edison,' 'John Rockefeller,' 'Chicago,' 'Jack Dempsey,' and 'Wall Street,' de Rokha at once builds and demolishes an American pantheon, marveling at America's architecture yet reveling in its fissures, mapping a land of skyscrapers and slaves. Not unlike José Martí in his essayistic *crónicas* on Coney Island and Walt Whitman (both of which are also the names of sections of 'Yanquilandia'), de Rokha is both seduced by American democracy

and horrified by the imperial hubris that undergirds it. In the spirit of Juan Ramón Jiménez's *Diario de un poeta reciencasado* (1916), an evident influence, de Rokha uses poetic prose as a way to write both from and against the underbelly of the beast. The fact that, unlike Martí, de Rokha is not physically writing from New York—apparently he did not visit the U.S.A. until 1944—makes 'Yanquilandia' a brilliant act of political imagination. Along with the Sousândrade of 'O Inferno de Wall Street' (1877) and the Lorca of *Poeta en Nueva York* (1929-1930), this de Rokha is one of Wall Street's foundational poetic occupiers, and 'Yankeeland''s comically dystopian ending, all brutal irony and alphanumeric glyphs, anticipates the passionate post-industrial noise of the punk era.

Needless to say, the Chilean critical establishment was hardly receptive to *Los gemidos*; as Curet notes, the famed critic Hernán Díaz Arrieta, better known as "Alone," called the book "literatura patológica" (pathological literature) in his 1931 study *Panorama de la literatura chilena durante el siglo XX* (quoted in Curet 108). De Rokha in turn, would have choice words for Alone in 1949's 'Adventures and Misadventures of *Harangue About Art*' and elsewhere. At the same time, Curet adds, none other than Neruda praised the book in a brief 1922 note in the journal *Claridad*, where he praised its gale force and suggested that de Rokha's poetics was the modern equivalent of the Greek tragic chorus (Curet 183).

Neruda's review hints at the self-unfolding so key to the early de Rokha's poetics. In both 'Balada de Pablo de Rokha' and '"Pablo de Rokha" por Pablo de Rokha' ("Pablo de Rokha" by Pablo de Rokha), the poet's name becomes a persona that, in a Nietzschean take on Walt Whitman's "Walt Whitman," performs the breakdown of the self, addressing its mythic dissolution: "(Uproar of multitudes, automobiles, crowds, going with me; like a lonely and crazy bird the absolute sings in the black poplars of your head, Pablo de Rokha!…)." The fact that "Pablo de Rokha" is a pseudonym seems significant here. While it is not clear just how or why Carlos Díaz Loyola became Pablo de Rokha, the biography on the Fundación Pablo de Rokha's website suggests that the name comes from de Rokha's days of seminary study in Talca in the early 1910s, when his friends would call him "el amigo 'Piedra'" (our friend Stone), in part due to his temperament but also because his native Licantén means "land of the men of stone" in Mapudungun, the Mapuche language (fundacionderokha.com).

The poems from *Cosmogonía* (Cosmogony, 1925-1927) included here reflect its heterogeneity. This book was apparently never completed, but poems from it appeared in several journals between 1925 and 1927 and it is

included in de Rokha's 1954 anthology, which I largely follow. 'Aventurero' (Adventurer) reflects the avant-garde sensibility of the journal *Agonal*, where it was published in 1925, and it embodies de Rokha's characteristic fusion of the world-disclosing and the comically, furiously abject:

> And I'm likely to spend four or five thousand moons,
> like an old fool,
> playing with little balls of sadness,
> playing with little balls of madness
> that I make all by myself pawing at solitude;
> then I laugh,
> with my 33 teeth,
> then I laugh,
> then I laugh
> the broken laughter of motorcycles
> while clinging to the tail of the world.

The other *Cosmogonía* selection included here is the sonnet cycle 'Ciclo de piedra' (Cycle of Stone), unusual both for its appearance at the height of the Latin American avant-garde, when a sonnet cycle must have seemed an impossible throwback, and for its formal and tonal elegance (de Rokha wrote a fair amount of poetry in traditional stanzas, but much of it was either performing a vernacular or else satirizing someone or something). Here, the synthesis of formal elegance and antipoetic irony ("While rhetoric floods the home with jackals, / I take a piss to go down in history / on its many cots made of soft metals") creates something oddly haunting and quite unlike anything else in de Rokha's work. With its self-referential title, 'Cycle of Stone' continues his persona poetics of performative self-mythology/self-dissolution, even as the sonnets also touch upon de Rokha's early years with Winétt and evoke his rural Chile in a series of performative pastorals. As Curet notes, de Rokha's take on conventional poetic forms is also informed by a politics of recovery and celebration of Chilean folk poetry and music, as epitomized by Chilean folk music group Los Cuatro Huasos, and by the work of composer, songwriter, poet, and folklorist Violeta Parra. Already emblematic of such a politics are some of the poems in the 'Égloga' section of *Los gemidos*.

The various strains of de Rokha's earlier poetry reappear in amplified form in 1926–27's *U*, arguably the book that distills de Rokha's vanguardist project, and one that is central to how both Curet and I read his poetics. Included here in its entirety, *U* consists of four parts: an

19

introduction called 'Señales al hombre futuro' (Signals to future man), where the speaker emerges as a demonic/demotic antihero, and three subsequent parts numbered 1, 2, and 3. '1' is a short poem that works as a phenomenological manifesto; '2' is a very long sequence of 100 numbered sections ranging in length from a single line to over a page (actually there are 101 sections, as there is a numbering error and two sections have the number 40); '3' is another shorter poem that works as a vanguardist pastoral.

Given its hermetic title and its defiantly fragmentary structure, it is worth wondering just what *U* is about. Following Hans Ulrich Gumbrecht's *In 1926: Living on the Edge of Time*, I want to propose that we read *U* as a book *about 1926 itself*. The book copy for *In 1926* states that it "evokes the year 1926 through explorations of such things as bars, boxing, movie palaces, hunger artists, airplanes, hair gel, bullfighting, film stardom and dance crazes," and the same could be claimed on behalf of *U*. More importantly, Gumbrecht, who writes lucidly about everyone from Borges to Babe Ruth, calls his book "an essay on historical simultaneity" (425), foregrounding the paradoxical relationship between simultaneity and sequentiality in his (or any?) reading of 1926 (or any year?). In the manifesto-like '1' de Rokha seems to be performing a poetics of simultaneity; his Everyman/Superman summons a run-on logic (abetted by the sometimes breakneck syntax) where the image becomes a way to perceive a succession of phenomena:

> I perceive the world's becoming a s i m a g e, o n l y a s i m a g e,
> I feel, think and express in irremediable images
> the mathematical logic of phenomena of phenomena of phenomena;
> and my aesthetic-dynamic condition creates the universe
> as formidably as shattered mirrors.

The book immediately veers toward the hundred fragments of the long part '2,' where the sublime ("Crouched in the subterranean mountains, James Joyce and Picasso define / the indefinable") meets the abject ("John Rockefeller defecates a telegram with no navel") at the limits of language. It is as if the Everyman/Superman's simultaneity gambit had failed, as the speaker recedes into the background and the poem becomes a radically inconsequential sequence: a bricolage of the grand detritus of 1926, from zeppelins and cinemas to prostitutes and advertisements.

In the vanguardist pastoral of the concluding part '3,' to my mind one of de Rokha's most beautiful poems, we find a very different

speaker, one who celebrates (albeit with a certain irony) the rural life surrounded by his wife and children, perhaps a romanticized allusion to the nomadic life that de Rokha and his young family were leading in the early-to-mid 1920s. Curet rightfully reads this ending as utopian (318), and (to paraphrase his brilliant take) as an escape from the fatalism and degradation of modernity: a revolutionary renewal of the world through the poetic image that acknowledges its own fragmented state while signifying a community of readers.

Neither Curet nor I have a strong hypothesis as to why the book is called *U*, but I share many of his hunches: U for the universe (given the book's totalizing impulse), U for the last vowel and the limits of language, U as in the sound of a howling animal that recurs in de Rokha's poetry, or maybe even U for uranium and its radioactive energy (395). Ultimately, though, I read that U as signaling utopia, which Gumbrecht reminds us was associated with the promise of a "wireless" modernity (242)—as in the signals of a future man that radio makes possible—and with the transformational potential of communist politics (312).

De Rokha's utopian man (and he is most certainly a man, as the women in *U* are largely vapid or sexualized or both: starlets, prostitutes, society ladies) is at once a wireless man and a common man, akin to what Curet calls the "roto cosmopolita" (318)—the *roto* is the iconic Chilean every-man, the folklorized bumpkin who moves to and survives in the city. This cosmopolitan roto who haunts *U* will reappear in numerous later de Rokha poems, most evidently in 1961's 'Rotología del poroto' (Bean Rotology), a populist (though to my mind uneven) paean written in a humorous Chilean vernacular.

Curet's take on de Rokha's cosmopolitan roto echoes my reading of Vich's "vanguardist indigenism" inasmuch as it stresses the tensions inherent in a peripheral subject's experience of a supposedly cosmopolitan modernity. That modernity disperses the poetic subject that defines itself as an inevitable extension of and in violent opposition to modern structures. At the same time, the logic of substitution that, following Roman Jakobson, allows us to understand poetry in the interplay of metaphoric and metonymic poles, also lets us understand de Rokha's work in the interplay between old and new personal and political meanings. Read metonymically, *U* stands for the alphabet and for language as system; read metaphorically, *U* becomes the possibility of a new language, a utopian sign.

Echoing the demonic/demotic antihero from the preamble to *U*, the mythopoetic "I" of the long poem *Satanás* (Satan, 1927) is the voice of

the spiritual outcast, who is also, as Curet notes, the visionary enemy of bourgeois-capitalist modernity. At other times, however, the poem is poignantly autobiographical, tracing de Rokha's trajectory from his rural childhood in Licantén and the seminary in Talca to his bohemian youth alongside fellow poets such as Huidobro and Ángel Cruchaga and his nomad years wandering Chile with Winétt and their young children.

The sights, sounds, smells, and tastes of de Rokha's rural Chile are in effect the protagonists of *Suramérica*, the most radical of de Rokha's diverse 1927 works and a landmark of Latin American vanguard poetics. Whereas in *Los gemidos* the conceptual space of "Suramérica" was defined in performative opposition to "Yanquilandia," here Suramérica is its own phenomenology, its own epistemological condition of naming. The punctuation-less blocks of text allow for endless and vertiginous chains of metaphors and modifiers, and for radical synaesthetic slippages, as the sights of rural Chile are also its sounds, smells, tastes, and bodies. At the poem's end, a folk surrealism undoes the analogic operation of the simile while staging an unsettling series of images that recur in de Rokha's poetry, as weapons are aimed at the natural world of fruits, animals, water, and children, with a violence at once metaphysical and erotically charged:

> akin to the machine guns in succession following one another outside of time and to the marriages with many children to the very naked or very deep fruit to the weary water or to the animal that frightens children

In his 1984 essay 'Chilean Surrealism and Pablo de Rokha,' Nómez compares de Rokha to James Joyce and André Breton, especially in terms of the move toward automatic writing, but he also highlights the home-grown dimensions of de Rokha's surrealism, including his influence on the famed Chilean surrealist collective Mandrágora, which emerged in the late 1930s (Nómez's essay appears in a volume on "peripheric" surrealism). Both Nómez and Curet understand de Rokha's vanguardism/surrealism in the context of a distinctly (South) American baroque, not unlike de Rokha himself in his 1966 broadside 'La página oceánica,' whose prose blocks echo *Suramérica,* albeit with relatively standard punctuation. In that text, de Rokha outlines a revolutionary poetics/politics attuned to a "great genital baroque," and critics such as Mario Ferrero and Hernán Lavín Cerda have underscored the popular dimensions of de Rokha's baroque poetics.

In both 'La página oceánica' and *Suramérica*, the physicality of the writing is matched by the materiality of the text: the former is an oversize broadside in blood-red ink while the latter, as Curet notes, was published in a xylograph first-edition of 150 copies, printed from text hand-written by Winétt de Rokha. Curet credibly describes *Suramérica* as the first Latin American text to incorporate automatic writing, but he also crucially emphasizes its (South) Americanist dimension, and the way it foreshadows the social epic voice that will flourish in de Rokha's later work.

At the same time as he was publishing experimental texts such as *Suramérica*, de Rokha was also producing eccentric and often polemical prose texts ranging from the lyric essay and the poetics statement to the manifesto and their hybrids; such texts had an immediate context in Chilean post-*modernista* poetry at least as far back as Huidobro's 1914 lecture/manifesto 'Non Serviam,' but de Rokha created his own mode of poetics/polemic/process writing, and he worked across and along these modes throughout his career.

One relevant work from the era is *Heroísmo sin alegría* (Joyless Heroism, 1927), a book of essays that Curet describes as a reflection on poetic creation fueled by a Dionysian understanding of the poet and artist as a cosmological force that can reshape the universe through a new language (145). Another such text, included here, is 1929's *Ecuación [canto de la fórmula estética]* (Equation [Song of the Aesthetic Formula]), a short collection of 23 numbered paragraphs that function as discreet aphorisms or as one open-ended manifesto. As is evident from its title, *Ecuación* reflects on the poet as world-maker partly through scientific metaphors, as a creative physics: "free play of free forms, as forms, exclusively as forms, but subjected to the great slavery of song, to lyric gravitation, which is cosmic gravitation." The wordplay with form and formula underscores that de Rokha's aesthetics are never formulaic, but rather a poetic method, a process of radical play that evolves in and against the rules of the universe it is constrained by yet seeks to overthrow.

Writing about de Rokha in his 1943 anthology *12 Spanish American Poets*, H.R. Hays describes him as "something of a storm center in Chilean poetry," adding that his poetry is "violently experimental, many of the early volumes being written in 'dynamic prose'" (194). Hays's "dynamic prose" perfectly captures the 1929 volume *Escritura de Raimundo Contreras*, a series of process poems that marks the end of de Rokha's early vanguardist phase, echoing *Suramérica*'s vernacular automatic writing while further tracing the outlines of a Chilean national epic. *Raimundo Contreras* is a phenomenological tale of a modern everyman/national

(anti)hero—from his sexual exploits to his hunger and abjection—as well as a reflection of de Rokha himself as a young man, and an elegy for his son Tomás, who died at the age of two. Even as it points to a poetics of the *roto*, it also extends de Rokha's ongoing psychological and philosophical explorations: much as 'Yanquilandia' found room in its skewering of Yankee imperialism for a loving evocation of William James and his American vitalism, *Raimundo Contreras* looks to philosophy (Henri Bergson, Kant) for the perceptual underpinnings of a new social self, its writing and unwriting. Consider the poem "like the scattered senses" with its poetics of radical dispersal: "dispersed consciousness   nó construction of fog in a fog of fog   architecture in shards   there is a will in that undone woe."

Such a vitalistic poetics of "dispersed consciousness" is carefully developed in de Rokha's aforementioned 1934 essay 'Arquitectura de la vida dispersa' (Architecture of Dispersed Life). Here de Rokha claims that "one understands more by living than by thinking, because living is thinking, with each and every muscle" and he insists that the child "is the only one who knows what he's after because he's after *the dispersed life*, the illustrious, joyous act of living, weightless, propping up occurrences on the tip of the will, on the flame of the will, that exists, solely, as the will of the world" (italics in the original). With its bringing together of "The universe with the individual," de Rokha's essay seeks an alternative to modern alienation—and to the existential confusion and isolation captured in *Raimundo Contreras*—in a poetics of vital flow: "*It's necessary to give sense to life*, perfectly. But to let flow, to let succession run its course, to let life seep through us and soak through us and overflow us like water in the jug of joyous clay" (italics in the original).

Curiously, 'Arquitectura de la vida dispersa,' with its quirky poetics of perceptual revolution, appears at a time when de Rokha's work had shifted toward a much more programmatic revolutionary politics. Of course, de Rokha's evolution, from the internationally projected vanguardism of 1920s works such as *U* to the communism of the 1930s, is hardly unusual— see, for instance, Langston Hughes's turn toward the communist Left in the 1930s even as he eventually translated the humanist Gabriela Mistral. Even de Rokha's shout-outs to Stalin can partly be understood in the context of anti-fascist politics, much as Adam Feinstein frames Neruda's 1941 'Un canto de amor a Stalingrado' (A Love Song to Stalingrad) as "a hymn to the courage of the Soviet troops fighting the enemy to the west" (160). Still, in 1949's 'Aventuras y desventuras de *Arenga sobre el Arte*' de Rokha will proudly and unapologetically embrace Stalin then as now,

even nodding back to his 1933 book *Jesucristo* and its celebration of a Sovietized Jesus: "'Misguided and ill-fated poets of old,' we said in **Jesus Christ** in 1933, while dedicating the work 'to Stalin, the hero,' and we affirmed the epic song (without social sludge) of the workers."

Although arguably much of de Rokha's work from the 1930s and beyond is marred by blunt political overstatement, his lyric power and metaphorical imagination clearly remain intact, as evident from poems such as 'Canción de adiós' (Farewell Song), from 1937's *Gran Temperatura* (High Temperature) and included here:

I've grown a beard and been stabbed by the ages,
chestnut, chocolate, river dove, white lyre, it's been raining since dusk,
and memories drum on the windows to the void,
a frozen sun reveals its skeletal dawn, the essential terror of the cruci-
                                                                                fied twilight,
creatures of the past, their wings cut-off and open to the storm.

Once again, the love poem operates geopolitically, as de Rokha celebrates Winétt as "song of the remotest spring" and their love becomes the foundation for revolutionary struggle; the "we" here is thus both intimate (Pablo and Winétt) and epic (the people of Chile/the global South): "and we howl for the sun, the sun, the sun that crumbles, / alone, gigantic, red as a bull, amid its pomegranates." The image of the bull, one that early de Rokha will often use to refer to himself, is now turned back against the world in a spirit of shared defiance.

If, as Curet argues, the vanguard spirit of mid-1920s de Rokha works such as *U* should be understood in the context of economic, cultural, and political globalization (163), then de Rokha's turn toward communism, the Chilean Popular Front, and agrarian social epics must be examined from the perspective of globalization's failures, especially with regard to the ensuing economic and social instability in rural Chile. In fact, Curet quotes Jorge Schwartz's famous analysis of the waning of experimentally oriented Latin American vanguard movements in the late 1920s in the context of the stock-market crash and the economic realignments it provokes. Also, he points to Mihai Grünfeld's insistence on 1935, before the political ferment of Spanish Civil War (1936-1939) and the rise of totalitarianism on the global stage, as marking a break with the avant-garde, or at least a shift from a historical avant-garde to a revolutionary one (117).

We know that de Rokha joined the Chilean Communist Party in the early 1930s and was expelled in 1938. It has been widely surmised that

de Rokha's expulsion had to do with his feud with Neruda, whom the Party presumably wanted to mollify (see, for instance, Gómez Bravo), but Curet suggests that de Rokha's expulsion might have had more to do with the fallout from an extramarital affair that sparked jealousy and controversy among the Party's leadership (112). Still, de Rokha's expulsion will do little to temper his commitment to a communist and anti-fascist poetics, as evident from the titles of his works from the era, such as *Imprecación a la bestia fascista* (Curse the Fascist Beast, 1937) and *Cinco cantos rojos* (Five Red Songs, 1938).

De Rokha's poetic output would not slow with his turn toward hardline politics, but rather expand in keeping with the contours of his ongoing social epic. For space reasons, and in order to foreground the historical importance of de Rokha's 1920s work, I have limited myself to one poetry selection from each of the subsequent decades. This means that a book as powerful as 1942's massive *Morfología del espanto* (Morphology of Terror) is not represented here. Curet rightly emphasizes how both *Gran Temperatura* and *Morfología del espanto* embody a move away from a heavy-handed or demagogic poetry (201) and back toward a revolutionary poetry rooted in the liberation of the image, in the case of the latter, as the title suggests, by analyzing and interrogating the languages and structures of terror as it is manufactured and lived.

We know that de Rokha read from *Morfología del espanto* during his tour of the U.S.A. in 1944, in his new capacity as a Chilean cultural ambassador. The Library of Congress holds a reel-to-reel recording of de Rokha reading the *Morfología del espanto* poem 'Demonio a caballo' (Demon on Horseback), and de Rokha's mammoth *Arenga sobre el Arte* includes the text from a lecture he gave at Columbia University in 1944, where he reflects on the need for a "popular" style. As Curet notes, Allen Ginsberg was an undergraduate at Columbia at the time (438), and we know that Columbia was central to the birth of Beat poetry. While there is no evidence that the two poets met at the time, Curet reminds us that the two would meet when Ginsberg visited Chile in 1960. Bill Morgan recounts that 1960 trip and how Nicanor Parra introduced Ginsberg to the old guard of writers in Santiago and "the one genius who stood out was Pablo de Rokha" (310), probably referring to a letter Ginsberg wrote to his father, where he singles out de Rokha among all the "veterans of ancient literary latinamerican wars" he met in Santiago (*Family Business* 129).

Curet lucidly highlights the similarities between Ginsberg's 'Howl' and de Rokha's *Carta Magna de América* not only in terms of their anaphoric witnessing, but also in keeping with his broader geocritical

framework, as poems that engage the political in both cross-cultural and continental terms, as evident from their eccentrically marked "America/ América." Both poems are of course coming partly from Whitman, but whereas Ginsberg famously mined the queer counterpublic dimension of Whitman's poetics, the hardline heteromasculinism of de Rokha's *Carta Magna* explicitly and all-too-familiarly equates queerness with perversion and bourgeois decadence, with a treason that is punishable by death:

> Mister Patriot hands us over to the "trusts" with his faggot's honor and we make him a member of parliament
> "statueing" him and proclaiming him **Great National Parrot of South America, Gray Monsignor of the backrooms and the undergrounds full of sacred cockatoos, Divine Human Beast of the Defenseless**...
> why don't we hang him?   why don't we slit his throat?

While homosociality is part and parcel of avant-garde poetry movements (including the Beats themselves), it is hard not to examine the politicizing of queerness here through a proto-Cold-War lens: Ginsberg's America plays off the Cold-War equation of the communist and the queer (the so-called Lavender Scare) inasmuch as both were subversive to the national order, while de Rokha's América reproduces the Stalinist logic of queerness as disease even as *Carta Magna* calls out the "exploiters of queers" as part of the ideological theater of mid-twentieth-century global terror. (This reading holds even if we translate *maricón* as something like "asshole," as it is also used in Chile.)

The brutal masculinism and epic ironies of *Carta Magna*, especially when read against the quirky self-mythologizing and *ad hominem* one-liners of the 'Adventures and Misadventures' essay that frames it, also read as de Rokha's attempt to "out-Neruda" Neruda and claim for himself the title of revolutionary poet *par excellence*. If, as *Carta Magna* suggests, the enemies of the people (the Catholic Church, global capitalism, etc.) feed off and breed degenerate men, then the de Rokha-esque poet-Superman must double down on his efforts, even if what results is unintentional self-parody. In typical playfully brilliant fashion, Parra picks up on the performative absurdity of the "Neruda wars": in his *Tongues of Fallen Angels*, Selden Rodman quotes Parra's observation that "Neruda forced Pablo de Rokha to be a windbag, straining to outdistance him. He compelled me to be a buffoon. I'm only beginning to get over that now. For the first time I'm beginning to write naturally about what really moves me" (83).

If, as Parra suggests, some of de Rokha's later work risks devolving into so much hot air, *Carta Magna* triumphs precisely as a study of the rhetorics of power, of its secret and hyper-public languages, and in that sense extends the exploration of the morphology of terror that de Rokha had begun in his 1942 book. Perhaps I am over-reading or being too generous, but I am especially fascinated by how *Carta Magna*'s hypermasculinism devolves into, and arguably hinges upon, masculine abjection: references to castration abound both in the poem and in the 'Adventures and Misadventures' essay, and the second section included here ends with a problematic scene of animalization and gendering as the speaker concludes that "since we're 'colonized' any old bitch pisses all over us /and the invading Imperialism and '**the patriots**' give us a big kick in the gut!…" The phallic revolutionary poet-Superman ends up castrated by a feminized empire.

At the same time, Curet is certainly right that a poem such as *Carta Magna* is radical not only in its startling geopolitical staging of capitalist hegemony and crisis but also in how it links Marxism to the quest for a liberatory Americanist identity ["una identidad americanista liberadora" (90)]. Still, *Carta Magna* makes clear how de Rokha's quest for a "great genital baroque" hinges on a vitalist masculinism that will itself come into crisis.

Carta Magna's complicated publication history reflects the volatility of de Rokha's poetics at the time, including its conditions of production. Curet's groundbreaking research reveals that de Rokha first published *Carta Magna* in 1949's *Arenga sobre el Arte* (Harangue about Art) under the title *3 poemas por Pablo de Rokha* (3 Poems by Pablo de Rokha) yet he includes it in his 1954 anthology as *Carta Magna de América*. I echo Curet in following the 1949 version of the text while using the 1954 title, since I agree with Curet (402-403) that the second title foregrounds the geopolitical dimension of de Rokha's poetics even as the 1954 version alters the original in significant and potentially problematic ways, drastically reformatting it and other works such as *U* and *Escritura de Raimundo Contreras*, often streamlining their layout and visual eccentricities. As Curet notes, *Arenga sobre el Arte* has three main sections: a collection of essays also called *Arenga sobre el Arte*, a volume of Winétt de Rokha's poetry called *El valle pierde su atmósfera* (The Valley Loses Its Atmosphere) and *Carta Magna de América* which appears as *3 poemas por Pablo de Rokha* and is composed of three long poems ('Lenguaje del continente', 'El llanto de los llantos' and 'Carta magna de Chile'). 'Surlandia, pulso del mundo o lamento americano de las colonias,' included here, is the

second of the three sections that make up 'Lenguaje del continente' (Language of the Continent).

The accidented history of *Carta Magna de América* is inseparable from the broader "misadventures" of *Arenga sobre el Arte* as detailed in the eponymous essay that closes that book. Given the self-aggrandizing and irony of that essay, and its evocation of literary histories, it makes sense to read it in the context of *Don Quijote*, a classic that famously foregrounds its textual instability and misadventures. Similarly, de Rokha's penchant for feuding and his defense of polemic and sarcasm as political and even moral tools echo the spirit of Francisco de Quevedo (in his satirical works and his feud with Luis de Góngora). For a writer invested in a Spanish-language baroque, it is no surprise that de Rokha would echo and perform the foundational baroque textuality and ironies of Cervantes and Quevedo. Still *Carta Magna*'s irony is utterly contemporary, as are its decolonial spatial politics and its intersectional understanding of the relationship between racial violence and global economic imperialism.

Winétt de Rokha's death in 1951 marks another turning point for de Rokha, as his work takes on an increasingly melancholic and existential tone, even as it continues and even intensifies its revolutionary commitments. In 1952's *Fuego negro* (Black Fire), a long elegy for his wife, the abjection and impotence of the aging revolutionary poet takes on a moving dimension, much as it will in his 1961 'Canto del macho anciano.' In the section from *Fuego negro*'s 'Apoteosis' included here, de Rokha addresses his late wife in a language as painfully intimate as it is geopolitically wracked, as the quintessentially modern poet of *U* gives way to a lyric voice that understands itself at odds with the world around it: "Like a problem with no solution, I walk and talk about a century in which I don't live, in which I don't believe, in which I don't exist ever since your fall into the great abyss." The story of Pablo de Rokha is profoundly enmeshed with death, from that of his wife and various friends and family members right up to his own demise from a self-inflicted gunshot: he used a Smith & Wesson revolver given to him as a gift during his stay in Mexico by President Lázaro Cárdenas and muralist David Alfaro Siqueiros (125).

The 1962 death of his son Carlos de Rokha, also a celebrated poet, further intensifies the existential charge of de Rokha's poetry, even as his political imagination maps new decolonial and Global-South coordinates. 1965's long 'Oceanía de Valparaíso' (Valparaisan Oceania), a mythic evocation of the city of Valparaíso, its colonial history, and its place in a rearticulated "oceanic" Global South, is probably de Rokha's second-best-

known 1960s poem, after 'Canto del macho anciano,' but here, partly for space reasons, I include instead 'La página oceánica,' a poem that bridges the existential geography of 'Canto del macho anciano' and the mythic/oceanic geography of 'Oceanía de Valparaíso.' In 'La página oceánica,' de Rokha evokes the memory of Winétt and Carlos de Rokha, their poetry and their activism, as cornerstones of a new revolution rooted in love among and for the people. As Curet notes, Winétt de Rokha always functioned as a "revolutionary muse" (100) in her husband's poetry, yet in the flowing prose of 'La página oceánica' she becomes a visionary whose life and work anticipate the popular uprisings of Castro's Cuba, Lumumba's Africa, and Mao's China. 'La página oceánica' is the opening piece of 1966's *Mundo a mundo: Francia*, apparently part of a triptych on France, the USSR, and China that de Rokha was unable to complete (memoriachilena). Given its explicitly geopolitical framing, it is all the more moving that 'La página oceánica' ends by reflecting on how Winétt's memory becomes "the portentous clarion call in the definitive morning of the working class of the world."

In its own quirky way, 'La página oceánica' is fully emblematic of de Rokha's greatness, fusing several trademarks of his work: its metaphoric associations, its experiments with free-form prose, its geopolitical imagination, and its lyric intensity. The memory, work, and example of his wife and son lead de Rokha into the "oceanic depths" where a "genius of the people" emerges: "I identify your memory with colossally remembered shipwrecks, or with the enormous ships of the ghost that lives in the imagination of ancient peoples." Thus, Winétt and Carlos de Rokha embody an alternative to the abject ironies of a colonized "Southland," a politics of love and shared struggle that brings together Chile, France, the USSR, China, Cuba, Africa, and even Whitman's America. De Rokha's oceanic page, with its blood-red ink and its fitful torrents, is finally the "blueprint of a vanguard-people that fights for peace." Half a century after his death, in the context of Trump and Brexit and the global resurgence of the far right, de Rokha's poetics of personal and global struggle seems less like a historical artifact and more like a blueprint for our own dispersed lives.

Works Cited

Alegría, Fernando. *La literatura chilena contemporánea.* Buenos Aires: Centro Editor de América Latina, 1968.

Curet Arana, José Miguel. *Pablo de Rokha: Vanguardia y geocrítica, la poesía de U (1926) y Carta Magna de América (1949).* Dissertation: Universidad de Salamanca, Spain, 2015.

Dimock, Wai Chee. *Through Other Continents: American Literature Across Deep Time.* Princeton: Princeton University Press, 2006.

Feinstein, Adam. *Pablo Neruda: A Passion for Life.* New York: Bloomsbury, 2004.

Ferrero, Mario. *Pablo de Rokha, guerrillero de la poesía.* Santiago: Sociedad de Escritores de Chile, 1967.

fundacionderokha.com. 'Biografía.' Web.

Ginsberg, Allen, and Louis Ginsberg. *Family Business: Selected Letters Between a Father and Son.* Michael Schumacher, ed. New York: Bloomsbury, 2001.

Gómez Bravo, Andrés. *El club de la pelea: Los Premios Nacionales de Literatura.* Santiago: Epicentro Aguilar, 2005.

Grünfeld, Mihai. *Antología de la poesía latinoamericana de vanguardia, 1916-1935.* Madrid: Hiperión, 1995.

Gumbrecht, Hans Ulrich. *In 1926: Living on the Edge of Time.* Cambridge: Harvard University Press, 1997.

Hong, Cathy Park. 'Delusions of Whiteness in the Avant-Garde,' *Lana Turner: A Journal of Poetry and Opinion* 7 (2014). Web.

Kirkpatrick, Gwen. *The Dissonant Legacy of Modernismo: Lugones, Herrera y Reissig, and the Voices of Modern Spanish American Poetry.* Berkeley: University of California Press, 1989.

Lavín Cerda, Hernán. 'Pablo de Rokha o la epopeya del roto chileno.' *Revista de la Universidad de México* 7 (March 1974): 17-24.

Lavquén, Alejandro. '"China Roja" de Pablo de Rokha.' *El Clarín de Chile.* 3 May 2014. Web.

memoriachilena.cl. 'Mundo a mundo: Francia.' Web.

Morgan, Bill. *I Celebrate Myself: The Somewhat Private Life of Allen Ginsberg.* New York: Penguin, 2006.

Neruda, Pablo. *Estravagario.* Buenos Aires: Losada, 1958.

—. *Memoirs.* Hardie St. Martin, trans. New York: Penguin, 1978.

Rodman, Selden. *Tongues of Fallen Angels: Conversations with Jorge Luis Borges....* New York: New Directions, 1974.

Schwartz, Jorge. *Las vanguardias latinoamericanas. Textos programáticos y críticos.* Madrid: Cátedra, 1991.

Vich, Cynthia. '"Hacia un estudio del 'indigenismo vanguardista'": La poesía de Alejandro Peralta y Carlos Oquendo de Amat.' *Revista de Crítica Literaria Latinoamericana* 24: 47 (1998): 187-205.

Zerán, Faride. *La guerrilla literaria: Pablo de Rokha, Vicente Huidobro, Pablo Neruda.* Santiago: Ediciones Bat, 1992.

Bibliography

Below is a partial bibliography of books, broadsides, pamphlets, and other collections by Pablo de Rokha published during his lifetime, along with subsequent editions of note. It is based on the research of José Miguel Curet as well as my own and that of Naín Nómez.

Sátira (n.p., 1918)

Los gemidos (Santiago: Cóndor, 1922; Santiago: LOM, 1994)

Cosmogonía (incomplete; published in *Dínamo, Agonal, Zig-Zag*, and *Nuevos Rumbos* between 1925 and 1927)

U (Santiago: Nascimento,1926 [also dated 1927]; Santiago: LOM, 2001)

Heroísmo sin alegría (Santiago: Klog, 1927)

Satanás (Santiago: Klog, 1927; Santiago: Fundación Pablo de Rokha, 2010)

Suramérica (Santiago: Bardi, 1927)

Ecuación: Canto de la fórmula estética (Santiago: Klog, 1929)

Escritura de Raimundo Contreras (Santiago: Klog, 1929; Santiago: Cuarto Propio, 1999; Santiago: Universidad Diego Portales, 2008)

Canto de trinchera (in *Cuadernos de Literatura Proletaria*, Santiago: Walton, 1933)

Jesucristo (Santiago: Agrícola, 1933)

Oda a la memoria de Gorki (Santiago: Antares, 1936)

Moisés (Santiago: Multitud, 1937)

Gran temperatura (Santiago: Ercilla, 1937)

Cinco cantos rojos (Santiago: Esperanto, 1938)

Morfología del espanto (Santiago: Multitud, 1942)

Canto al Ejército Rojo (Santiago: Multitud, 1944; Mexico City: Sudamericana, 1944; Bogotá: Espiral, 1945.)

Los poemas continentales (in *Repertorio Americano* and *Tricolor*, 1945)

Interpretación dialéctica de América; los cinco estilos del Pacífico: Chile, Perú, Bolivia, Ecuador, Colombia (Buenos Aires: Libertad, 1947)

3 poemas por Pablo de Rokha: 'Lenguaje del continente', 'El llanto de los llantos', 'Carta magna de Chile' (in *Arenga sobre el Arte*, Santiago: Multitud, 1949; published as *Carta magna de América* in *Antología 1916-1953*, Santiago: Multitud, 1954)

Fusiles de sangre (in *Democracia*, 1950)

'Funeral por los héroes y los mártires de Corea' (Multitud, 1950)

'Epopeya de las comidas y las bebidas de Chile (ensueño del infierno)' (Santiago: Multitud, 1953; Habana: Casa de las Américas, 1986; Santiago: Fundación de Rokha, 2009)

Fuego negro (Santiago: Multitud, 1952; revised in *Antología 1916-1953*, Santiago: Multitud, 1954)

Arte grande o ejercicio del realismo (Multitud, 1953; reprinted in *Antología 1916-1953*, Santiago: Multitud, 1954)

Antología, 1916-1953 (Santiago: Multitud, 1954)

Neruda y yo (Santiago: Multitud, 1955: Santiago: Tácitas, 2007)

Idioma del mundo (Santiago: Multitud,1958; Santiago: Das Kapital, 2010)

Genio del pueblo (Santiago: Multitud, 1960)

Acero de invierno (Santiago: Multitud, 1961; Santiago: Tinta Roja, 2001)

Oda a Cuba (Santiago: Multitud, 1963)

'Canto de fuego a China Popular', 'La gran comuna' (Multitud, 1963)

Salvador a la Moneda (Santiago: Multitud, 1963)

Estilo de masas (Santiago: Prensa Latinoamericana, 1965)

Epopeya de las comidas y las bebidas de Chile, o Ensueño del infierno; Canto del macho anciano (Santiago: Editorial Universitaria, 1965)

Tercetos dantescos a Casiano Basualto (Santiago: Multitud, 1966)

Mundo a mundo: Francia. Estadio primero (Santiago: Multitud, 1966)

Genio y figura (1916)

A WINÉTT

Yo soy como el fracaso total del mundo, ¡oh Pueblos!
El canto frente a frente al mismo Satanás,
dialoga con la ciencia tremenda de los muertos,
y mi dolor chorrea de sangre la ciudad.

Aun mis días son restos de enormes muebles viejos,
anoche "Dios" lloraba entre mundos que van
así, mi niña, solos, y tú dices: "te quiero",
cuando hablas con "tu" Pablo, sin oírme jamás.

El hombre y la mujer tienen olor a tumba;
el cuerpo se me cae sobre la tierra bruta
lo mismo que el ataúd rojo del infeliz.

Enemigo total, aúllo por los barrios,
un espanto más bárbaro, más bárbaro, más bárbaro
que el hipo de cien perros botados a morir.

Genius and Character (1916)

TO WINÉTT

I'm like the utter downfall of the world, oh Peoples!
Attuned to the formidable science of the dead,
the song comes face to face with Satan himself,
and my pain is splattering the city with blood.

Still my days are scraps of massive old furniture,
girl, last night "God" was crying between worlds
that go like that, alone, and you say: "I love you,"
when talking to "your" Pablo, never hearing my words.

Man and woman carry the stench of graveyards;
my body is a red coffin tumbling downwards
onto the savage earth with an old wretch inside.

A total enemy, I'm howling through the slums,
a terror more awesome, more awesome, more awesome
than the hiccups of a hundred dogs left out to die.

de *Los gemidos* (1922)

Balada de Pablo de Rokha

Yo canto, canto sin querer, necesariamente, irremediablemente, fatalmente, al azar de los sucesos, como quien come, bebe o anda y *porque* sí; moriría *si* NO cantase, moriría *si* NO cantase; el acontecimiento floreal del poema estimula mis nervios sonantes, no puedo hablar, entono, *pienso en canciones*, no puedo hablar, no puedo hablar; las ruidosas, trascendentales epopeyas me definen, e ignoro el sentido de mi flauta; aprendí á cantar *siendo* nebulosa, odio, odio las utilitarias labores, zafias, cuotidianas, prosaicas, y amo la ociosidad ilustre de lo bello; cantar, cantar cantar...— he ahí lo único que sabes, Pablo de Rokha!...

*

* *

Los sofismas universales, las cósmicas, subterráneas leyes dinámicas, dinámicas *me rigen*, mi canción natural, polifónica se abre, se abre más allá del espíritu, la ancha belleza subconciente, trágica, matemática, fúnebre, guía mis pasos en la oscura claridad; cruzo las épocas cantando como en un gran sueño deforme, *mi* verdad es *la verdadera verdad*, el corazón *orquestal*, musical, *orquestal*, dionysíaco, flota en la augusta, perfecta, la eximia resonancia *unánime*, los fenómenos converjen a él, y agrandan su sonora sonoridad sonora, sonora; y estas fatales manos van, sonámbulas, apartando la vida externa,—conceptos, fórmulas, costumbres, *apariencias*,—mi intuición sigue los caminos de las cosas, vidente, iluminada y feliz; *todo* se hace canto en mis huesos, *todo* se hace canto en mis huesos.

*

* *

Pus, llanto y nieblas lúgubres, dolor, solo dolor mamo en los roñosos pechos de la vida, no tengo casa y mi vestido es pobre; sinembargo, mis cantares absurdos, inéditos, modestísimos suman el pensamiento, TODO el pensamiento de la raza y la voz del instante; *soy un país* HECHO *poeta*,

from *The Moans* (1922)

Ballad of Pablo de Rokha

I sing, I sing without meaning to, necessarily, inevitably, fatally, to the randomness of events, like someone eating, drinking or walking and just *because*; I'd die *if* I DIDN'T sing, I'd die *if* I DIDN'T sing; the floreal event of the poem stimulates my resonant nerves, I can't speak, I chant, *I think in songs*, I can't speak, I can't speak; the noisy, transcendental epics define me, and I know not the meaning of my flute; I learned to sing *as* a nebula, I hate, hate the utilitarian, coarse, quotidian, prosaic work, and I love the illustrious idleness of the beautiful; to sing, sing, sing...—that's all you know, Pablo de Rokha!...

*
* *

The universal sophisms, the cosmic, subterranean, dynamic, dynamic laws *govern me*, my natural, polyphonic song opens up, opens out beyond the spirit, the vast, subconscious, tragic, mathematical, funereal beauty guides my strides in the dark light; I sing across the ages as if in a great deformed dream, *my* truth is *the true truth*, the *orchestral*, musical, *orchestral*, dionysian heart floats in the august, perfect, eminent, *unanimous* resonance, phenomena converje around it, heightening its sonorously sonorous, sonorous sonority; and these fatal hands sleepwalk, swatting away external life,—concepts, formulas, customs, *appearances*—, my intuition follows the ways of things, visionary, illuminated and happy; *all* becomes song in my bones, *all* becomes song in my bones.

*
* *

Pus, tears and somber fogs, pain, pain is all I suck from the mangy breasts of life, I have no home and my clothes are shabby; nonetheless my absurd, undiscovered, most humble songs add up to thought, ALL the thought of the race and the voice of the instant; *I'm a country* MADE

por la gracia de Dios; desprecio el determinismo de las ciencias parciales, convencionales, pues mi sabiduría monumental surje pariendo axiomas desde lo infinito, y su elocuencia errante, fabulosa y terrible crea mundos e inventa universos continuamente; afirmo o niego, y mi pasión gigante atraviesa tronando el pueblo imbécil del prejuicio, la mala aldea clerical de la rutina.

*

* *

Atardeciendo me arrodillé junto á una inmensa y gris piedra humilde, democrática, trágica, y *su* oratoria, *su* elocuencia inmóvil habló conmigo en aquel sordo lenguaje cosmopolita e ingénuo del ritmo universal; hoy, tendido á la sombra de *los lagos*, he sentido el llanto de los muertos flotando en las corolas; oigo crecer las plantas y morir los viajeros planetas degollados igual que animales, el sol se pone al fondo de mis años lúgubres, amarillos, amarillos, amarillos, las espigas van naciéndome, á media noche los eternos ríos lloran á la orilla de mi tristeza y á mis dolores maximalistas se les caen las hojas;—…«buenos días, buenos días árbol», dije al reventar la mañana sobre las rubias cumbres chilenas, y más tarde clamaba: «estrellas, SOIS estrellas, oh! prodigio…»·

*

* *

Mis pensamientos hacen sonar los siglos, todos los siglos; voy caminando, caminando, caminando *musicalmente* y mis actos son himnos, cánticos naturales, completamente naturales; las campanas del tiempo repican cuando me oyen sentirme; constituyo el principio y la razón primordial de todas las *tonadas*, el eco de mis trancos restalla en la eternidad, los triángulos paradógicos de *mi* actitud resumen el jesto de los jestos, el jesto, la figura del superhombre loco que balanceó la cuna macabra del orbe *e iba enseñándole á hablar.*

*

* *

into a poet, by the grace of God; I despise the determinism of the partial, conventional sciences, for my monumental wisdom emerjes bearing axioms from infinity, and its wandering, fabulous and terrible eloquence creates worlds and invents universes continuously; I affirm or deny, and my giant passion thunders while crossing the stupid town of prejudice, the awful clerical village of the routine.

*

* *

At twilight I knelt next to an immense and gray stone, it was humble, democratic, tragic, and *its* oratory, *its* motionless eloquence spoke to me in that deaf, cosmopolitan and naive language of universal rhythm; today, sprawled in the shadow of *the lakes*, I have felt the sobs of the dead floating on the corollas; I hear the plants grow and the traveling planets die beheaded just like animals, the sun sets in the depths of my gloomy and yellow, yellow, yellow years, sprigs bloom over me, at midnight the eternal rivers cry on the banks of my sadness and my maximalist pains lose their leaves;—…"good morning, good morning tree," I said as morning burst above the blonde Chilean mountaintops, and later I cried out: "stars, YOU ARE stars, oh! wonder…".

*

* *

My thoughts make the centuries rumble, all the centuries; I'm walking, walking, walking *musically* and my acts are hymns, natural, completely natural canticles; the bells of time peal when they hear my lament; I constitute the beginning and primordial reason of all *melodies*, the echo of my strides crackles in eternity, the paradoxical triangles of *my* attitude sum up the gesture of gestures, the gesture, the figure of the mad superman who rocked the macabre cradle of the world *and was teaching it to talk.*

*

* *

Los cantos de mi lengua tienen ojos y pies, ojos y pies, músculos, alma, sensaciones, grandiosidad de héroes y pequeñas costumbres modestas, simplisísimas, mínimas, simplisísimas de recién nacidos, aúllan y hacen congojas enormes, enormes, enormemente enormes, sonríen, lloran, sonríen, escupen al cielo infame o echan serpientes por la boca, *obran, obran* lomismo que jentes o pájaros, dignifican el reino animal, el reino vejetal, el reino mineral, y *son* bestias de mármol, bestias, bestias cuya sangre *ardiendo* y triste, triste, *asciende* á ellos desde las entrañas del globo, y cuyo ser poliédrico, múltiple, simultáneo, está en *los quinientos* HORIZONTES jeográficos; florecen gozosos, redondos, sonoros en Octubre, dan frutos rurales á principios de Mayo y Junio o á *fines* de Agosto, maduran todo el año y *desde nunca*, desde nunca; anarquistas, estridentes, impávidos, crean un individuo y una gigante realidad *nueva*, algo que antes, antes, algo que antes no estaba en la tierra, prolongan mi anatomía terrible hacia lo absoluto, aún *existiendo* independientemente; ¡*tocad su cuerpo*, tocad su cuerpo *y os* **ensangrentaréis** *los dedos* MISERABLES!...!...

*
* *

Ariel y Caliban, Egipto, Grecia, Egipto y SOBRE TODO **Chile**, los cuadrados países prehistóricos, Jesús de Nazareth, los cielos, las montañas, el mar y los hombres, los hombres, las oceánicas multitudes, ciudades, campos, talleres, usinas, árboles, flores, sepulcros, sanatorios, hospicios u hospitales, brutos de piel terrosa y lejano mirar lleno de églogas, insectos y aves, pequeñas, armoniosas mujeres pálidas; el cosmos idiota, maravilloso, maravilloso, maravilloso, maravilloso orienta mis palabras, y rodaré sonando eternamente, como el viejo nidal, como el viejo nidal, como el viejo nidal en donde anidan TODOS los gorjeos del mundo!...

The songs of my tongue have eyes and feet, eyes and feet, muscles, soul, sensations, grandeur of heroes and small customs as humble and awfully simple and tiny and awfully simple as newborns', they howl and add up to enormous, enormous, enormously enormous woes, they smile, they cry, they smile, they spit at the vile sky or spew serpents from their mouths, *they work, they work* the same as people or birds, they dignify the animal kingdom, the vejetable kingdom, the mineral kingdom, and *they are* beasts of marble, beasts, beasts whose *boiling* and sad, sad blood *ascends* toward them from the bowels of the globe, and whose polyhedral, multiple, simultaneous being is in *the five-hundred* jeographic HORIZONS; in October they bloom, joyful, round, resounding, and they bear rural fruit in early May and June or in *late* August, they ripen year-round and *fornevermore*, fornevermore; anarchistic, strident, fearless, they create an individual and a huge, *new* reality, something that never was before, before, something that never was on Earth before, they extend my awful anatomy toward the absolute, although *existing* independently; *touch their body,* touch their body *and you will stain your* MISERABLE *fingers* **with blood**!...!...

*

*   *

Ariel and Caliban, Egypt, Greece, Egypt and ABOVE ALL **Chile**, the robust, prehistoric countries, Jesus of Nazareth, the skies, the mountains, the sea and the men, men, oceanic multitudes, cities, fields, workshops, industries, trees, flowers, tombs, sanatoriums, hospices or hospitals, brutes with muddy skin and distant gazes full of eclogues, insects and birds, pale women, small and harmonious; the stupid cosmos is marvelous, marvelous, marvelous, marvelous as it orients my words, and I'll tumble noisily and eternally, like the old nest, like the old nest, like the old nest that houses ALL the warbles of the world!...

Yanquilandia

EDISON.
(La vida práctica).

Lo consuetudinario, lo concreto, la vulgaridad *genial*, la *razón* metódica y mecánica, la *razón*, toda la *razón*, la paciencia maravillosa, Édison.
Y los burros honestos de la sabiduría; las ciencias humanas.

Redondo, tranquilo, admirable máquina infalible, Édison, Édison es:
«El entendimiento discurre», de los sabios; y bien, y bien, y bien, ¿para qué sirve, para qué sirve el pensamiento, *cuando* sirve?…

*

* *

Jesticulando sobre los ruïdos oceánicos de su YO fabuloso, fabuloso, lúgubre, democrático, rïendo á la paradoja azul del éxito, aturdida por la oratoria fácil y unánime, unánime y fácil de los negocios maravillosos, épicos, prosopopéyicos y la inmensa bocina financiera de la *réclame*, colosalmente coronada colosalmente con sus dolores matemáticos, filarmónicos, topográficos, económicos, NORTEAMERICANOS, escuchando, escuchando, como á la orilla de los ríos, el tema oblícuo, dulcemente oblícuo, que balbuce á la sordina, á la sordina, á la sordina, á la sordina, el subsecretario de su alma enorme mister Dollar, Yanquilandia, Yanquilandia, el tío SAM contradictorio e innumerable, innumerable, innumerable, el tío SAM, el tío SAM suspira hacia el Atlántico con el jadeo monumental de sus *anchos* pulmones cosmográficos y su actitud dinámica, dinámica e inconmensurable! . .

*

* *

Y, deletéreos, funerarios, deletéreos síntomas finiseculares, clínicos, patológicos, los oscuros tataranietos de *los filósofos* del Mayflower,— protestantes, geométricos, frugales, sacerdotales, metafísicos, sistemáticos,— procrean y digieren, digieren y procrean, comen, beben, andan, piensan, hablan, viven hoy, viven hoy *mecánicamente*, viven hoy á setenta mil le-

Yankeeland

EDISON.

(The practical life).

The customary, the concrete, the *brilliant* vulgarity, the methodical and mechanical *reason*, the *reason*, all *reason*, the marvelous patience, Edison.

And the honest donkeys of knowledge; the human sciences.

Round, quiet, admirable, infallible machine, Edison, Edison is: "The mind-flow" of the learned; and well, and well, and well, what's the use, what's the use of thought, *when* it's used?...

*
* *

Gesturing over the oceanic uproar of his fabulous, fabulous, gloomy, democratic I, laughing at the blue paradox of success, dazed by the facile and unanimous, unanimous and facile oratory of the marvelous, epic, pompous businesses, and the immense financial loudspeaker of *advertising*, colossally crowned colossally with its mathematical, philharmonic, topographic, economic, NORTH AMERICAN sorrows, listening, listening, as if on the banks of rivers, to the oblique, sweetly oblique tune muttered in a hush, hush-hush, hush-hush, hush-hush, by the undersecretary of his enormous soul Mister Dollar, Yankeeland, Yankeeland, uncle SAM, contradictory and innumerable, innumerable, innumerable, uncle SAM, uncle SAM sighs toward the Atlantic monumentally panting his *proud* cosmographic lungs and his dynamic attitude, dynamic and immeasurable! . .

*
* *

And, deleterious, funerary, deleterious turn-of-the-century symptoms, clinical, pathological, the dark great-great-grandchildren of the Mayflower *philosophers,*—protestant, geometric, frugal, priestly, metaphysical, systematic—procreating and digesting, digesting and procreating, eating, drinking, walking, thinking, talking, living today, living today

guas por minuto la agria novela *del hacer,* sentido y fin, realidad de LA VIDA.

$$*$$
$$* \quad *$$

Nacimientos *por teléfono,* defunciones *por teléfono,* matrimonios *por teléfono,* toda *la epopeya,* toda *por teléfono,* enamorarse radiotelegráficamente, vivir y morir en aeroplano, cien, docientos *klmtrs.* sobre el nivel de los viejos *valores* humanos, los viejos *valores* humanos, existir á máquina, conocer á máquina, recordar á máquina, *ver* á máquina, á máquina, el expectáculo gris de los ángulos, triángulos o polígonos rectangulares, horizontales que resumen la augusta psicología cósmica, según las pupilas matemáticas del súbdito *yanqui,* mesurar los *fenómenos* sentimentales, intelectuales, sensacionales, adoptando el sistema métrico-decimal como *unidad inicial,* como *unidad inicial* y el dólar como fin, casarse *por sport,* matarse *por sport,* hacer *réclame* á los pechos divinos de las niñas y al vientre de la viuda, ir *cinematografiándose* á lo largo de las tristezas diarias convertido yo, *el hombre,* yo, *el hombre,* yo, *el hombre* convertido en errantes panoramas efímeros, panoramas efímeros y temas azules... (—*País* de LOS DIVORCIOS!..!..).

$$*$$
$$* \quad *$$

ROOSEVELT.

Atrabiliario, como un animal, y grande, grande, grande más que hombre, suma la bestia y Dios en *un solo,* en *un solo* cataclismo, los tiempos, los pueblos, los sepulcros; prolongación total de la materia, cien volcanes tiene en la boca finita y habla, habla, como hablaría la tierra, si hablase: á terremotos; es la tierra, toda la tierra cuajada en carnes lúgubres; la moral filosófica viene á lamer sus manos tremendas cuando él le dice: pchs!.. pchs!.. pchs!.. tal que á los perros honestos y sinceros, sinceros y honestos el amo, . . . y el puntapié mundial de Roosevelt honra sus huesos;– hoy, le muerden la lengua los gusanos—.

$$*$$
$$* \quad *$$

mechanically, living today at seventy thousand leagues per minute the sour novel *of the making*, meaning and purpose, reality of LIFE.

*

* *

Births *by telephone*, deaths *by telephone*, marriages *by telephone*, all *the epic*, all of it *by telephone*, to fall in love radiotelegraphically, to live and die on an airplane, one hundred, two hundred *kms.* above the level of the old human *values*, the old human *values*, existing by machine, knowing by machine, remembering by machine, *seeing* by machine, by machine, the gray spectacle of angles, triangles or rectangular, horizontal polygons that sum up the august, cosmic psychology, according to the mathematical pupils of the *yankee* subject, measuring the emotional, intellectual, sensational *phenomena*, adopting the metric system as *initial unit*, as *initial unit* and the dollar as an end, to marry *for sport*, to kill *for sport*, to *advertise* the girls' divine bosoms and the widow's womb, to *film oneself* amid daily sorrows turning myself, *man*, I, *man*, I, *man* turned into drifting, ephemeral panoramas, ephemeral panoramas and blue themes...(—*Country* of DIVORCES!..!..).

*

* *

ROOSEVELT.

Surly, like an animal, and big, big, bigger than man, beast and God all *in one*, all *in one* cataclysm, the times, the peoples, the tombs; total extension of matter, he has a hundred volcanoes in his finite mouth and he talks, he talks like the earth would talk, if it could talk: to earthquakes; he is the earth, the entire earth rife with gloomy flesh; moral philosophy comes to lick his tremendous hands when he says to it: pshaw! . . pshaw! . . pshaw! . . like an owner to his honest and sincere dogs, sincere and honest, . . . and Roosevelt honors its bones with a global kick;—today, the maggots bite away at his tongue—.

*

* *

WOODROW WILSON.

Situado en la estupenda, la estupenda tribuna mercantil de Washington, predominando sobre las vagas colinas del Derecho *de ayer* y sus tabladillos intercontinentales, mirando hacia ninguna, ninguna, ninguna *parte*, Woodrow Wilson lee la Biblia á los pueblos modernos.

*

Y sus tristes mentiras suenan como las músicas anacrónicas del barrio, rurales, otoñales, dominicales, y la voz lluviosa de los muertos en las trágicas tardes trágicas de la época.

*

Rumor de muchedumbres y laureles, laureles y muchedumbres agobia el aleteo feliz de las blancas palomas cordiales, nupciales; y, el ruiseñor internacional va enmudeciendo, va enmudeciendo, va enmudeciendo poco á poco hasta caer, caer *definitivamente* frente á la carcajada de los oscuros hombres *rojos* que vienen llegando de las tumbas antiguas, o al je! . . je! . . je! . . de los redondos y escépticos, flemáticos, estúpidos burgueses, o al je! . . je! . . je! . . de los redondos y escépticos, flemáticos, estúpidos burgueses.

*　*

*

El jesto práctico, económico y vil que asumes, Yanquilandia, *tiene, tiene, tiene* la negra poesía *comercial* de *hoy*, la negra poesía *comercial* de *hoy* y la belleza hiperbórea, *horrible*, de *los negocios por los negocios*; un grande hálito espiritual corona tus rascacielos, las vagas estrellas cantan desnudas sobre sus superficies meteorológicas, cantan desnudas guiñando los ojos azules, azules, azules, y la luna, la luna viene á calzar suspirando el escarpín de oro del crepúsculo, mostrándole la pierna al sol, mostrándole la pierna al sol, mostrándole la pierna al sol o el epigrama, la anécdota pornográfico-melancólica de las ligas floridas á los hombres desde el diván de las eternas torres, eternas como el sueño de los sepulcros; Yanquilandia, tus grandes maneras de ser, Yanquilandia, Yanquilandia,

WOODROW WILSON.

Standing on the stupendous, stupendous mercantile dais of Washington, holding sway atop the vague hills *of yesterday's* Law and its intercontinental platform, looking down toward no, no, no *where*, Woodrow Wilson reads the Bible to modern peoples.

*

And his sad lies sound like the anachronistic music of the suburbs, rustic, autumnal, dominical, and the rainy voice of the dead in the tragically tragic afternoons of the age.

*

A buzz of crowds and laurels, laurels and crowds overwhelms the happy flutter of the cordial, nuptial white doves; and the international nightingale is falling silent, is falling silent, is falling silent little by little until it has fallen, fallen *definitively* before the guffawing and dark, *red* men who are coming from ancient graves, or the ha! . . ha! . . ha! . . of the dumpy and dubious, phlegmatic, idiotic bourgeoisie, or the ha! . . ha! . . ha! . . of the dumpy and dubious, phlegmatic, idiotic bourgeoisie.

* *
*

Your practical, economical and vile face, Yankeeland, *is, is, is* the black *commercial* poetry of today, the black *commercial* poetry of *today* and the *horrible*, hyperborean beauty of *business for business' sake*; a great spiritual zephyr crowns your skyscrapers, hazy stars sing naked above their meteorological surfaces, sing naked and wink their blue, blue, blue eyes, and the moon, the sighing moon comes to try on the golden slipper of twilight, baring her leg to the sun, baring her leg to the sun, baring her leg to the sun or the epigram, telling the men a pornographic-melancholic tale of garters in bloom from her loveseat in the eternal towers, eternal like the sleep of tombs; Yankeeland, your great ways of being, Yankeeland, Yankeeland, they constitute, they constitute and are

constituyen, constituyen y son *una* interpretación estética del mundo, por haber ido en proyecciones, en voliciones, en sensaciones *mas allá* de lo inmedato, las apariencias y la voz humana...

*   *

*

Desenvolviendo melodïosamente sus antenas tentaculares, Yanquilandia sonríe con ruidos de serpiente á los sencillos americanos del Sur; su ojo enorme, antediluviano, hipnotiza pájaros y animales, ciudadanos y árboles, nidos, mujeres, niños, flores y frutos, y, como un reflector gigantesco que cogiese todo el sol, todo el sol, ahoga en luz, ahoga en luz, ahoga en luz, incendia, calcina las vagas músicas del paisaje rural, eminentísimo, la oscura flor de la ciudad, situada entre dos grandes premisas: 1.000.000,000.000,000 de dólares y un *cañón* de 100 pulgadas......sinembargo......los rotitos de Chile afilando sus corvos modestamente gruñen: « Y EN'DEY PUS IÑOR »...

*   *

*

Truena y canta, canta y truena por los caminos su juventud rotunda, como la patada de los siglos sobre el tambor colosal de la tierra; todo es allí descomunal, todo es allí monumental, todo es allí trascendental, paradojal es todo, todo es paradojal allí, todo es hiperbóreo, absurdo, desconcertante, macabro, atrabiliario, macabro, estrafalario; y sobre todo, todo *eso*, fluctúa, cual la niebla impura *sobre* los pantanos, *sobre* los pantanos, el romanticismo mercantil de los sonoros yanquis, sonoros como tumbas vacías, sonoros como hombres geniales, sonoros como el sol, como el espíritu, la eterna voz simultánea de las redondas muchedumbres, de las calladas multitudes automáticas, oceánicas, trágicas...

*

*   *

Y aquellos rudos hombres rubios juegan *golf, base-ball, golf, tennis,* o sonríen, sonríen bailando *fox-trot, one-step, shimmy, two-steps* con sus

an aesthetic interpretation of the world, for riding on projections, on volitions, on sensations *beyond* the immediate, the apparent and the human voice...

* *
*

Melodiously unraveling its tentacular antennae, Yankeeland smiles hissing like a snake at the simple Americans of the South; its enormous, antediluvian eye hypnotizes birds and animals, citizens and trees, nests, women, children, flowers and fruits, and, like a gigantic reflector that could catch all of the sun, all of the sun, it drowns in light, drowns in light, drowns in light, burns, chars the faint music of the rural landscape, so eminent, the dark flower of the city, located between two great premises: 1,000.000.000.000,000 dollars and a 100-inch *gun barrel*... ...however... the little peasants of Chile sharpen their machetes and modestly growl, "C'MON MISTER"...

* *
*

Its stout youth thunders and sings, sings and thunders down the roads like the thud of centuries on the colossal drum of the earth; everything there is massive, everything there is monumental, everything there is transcendental, everything's paradoxical, everything's paradoxical there, everything's hyperborean, absurd, disconcerting, macabre, unhinged, macabre, outlandish; and above all, all *that*, it fluctuates, like polluted fog *over* the swamps, *over* the swamps, the mercantile romanticism of the sonorous yankees, sonorous like empty tombs, sonorous like brilliant men, sonorous like the sun, like the spirit, the eternal, simultaneous voice of the bulging crowds, of the silent, automatic, oceanic, tragic multitudes...

*
* *

And those crude blond men play *golf, baseball, golf, tennis*, or they smile, smiling while dancing *foxtrot, one-step, shimmy, two-step* with

mujeres de madera, de madera, de madera, hermosas, idiotas, artificiales, pintadas al óleo sobre *el clisé* anacrónico, frívolo de *la sociedad*, ¡señoritas mecánicas, señoritas mecánicas, eléctricas, numéricas, sintéticas! . . e iguales á una mujer que mostrase los pechos torpemente en la plaza pública, hacen *sport*, hacen *sport en* calzoncillos sobre la dignidad del mundo, hacen *sport en* calzoncillos sobre la dignidad del mundo, y *boxean* con lo infinito.

*

* *

El gran país del Norte declama: *acción, rotunda acción dionysíaca, tétrica*, y se justifica á sí mismo; obrar, obrar, obrar inútilmente, desenfadadamente, desenfadadamente, por encima de la sociología, los conceptos, las ideas, los conceptos, el hombre, *Dios*, la historia, la ciencia, la filosofía, y el *hacer por hacer* como finalidad del *mundo*! . .

*

* *

CHICAGO.

El humo idiota, monótono, reumático, el humo horizontal, industrial, el humo horizontal que viene de las fábricas, anda por los tejados acoplándose á las bestias malignas del crepúsculo, las chimeneas, las chimeneas unánimes, las chimeneas fuman *interminablemente* sus puros enormes, y, Chicago truena, truena, truena como cien ferrocarriles echados á rodar desde *lo alto*, desde *lo alto* de las montañas hacia los modestos valles consuetudinarios, hacia el mundo, hacia las cosas humanas; las plazas públicas y la mujer, los árboles idealistas, los palacios, los mercados, los manicomios y las jentes, los sanatorios y las leyes, las colegialas rubias, rubias, los negocios, el sol, la luna, la tierra, los cielos abstractos huelen á cerdo, huelen á cerdo, huelen á cerdo, y, Chicago, Chicago, la gran urbe dolorosa, plutocrática, socarrona, manufacturera, gruñe lomismo que los cerdos plebeyos:... oc! . . ocl . . ...oc! . .

*

* *

their wooden women, wooden, wooden, beautiful, stupid, artificial, daubed like canvases on the anachronistic, frivolous *cliché* of *society*, mechanical mademoiselles, mechanical mademoiselles, electric, numeric, synthetic!... and just like a woman baring her breasts awkwardly in the town square, they play *sports*, they *play sports* in their underpants above the dignity of the world, they're playing *sports in* their underpants above the dignity of the world, and they're *boxing* with infinity.

*

*   *

The big country of the North proclaims: *action, decisive, dionysian, sullen action*, and justifies itself; working, working, working pointlessly, casually, casually, above sociology, concepts, ideas, concepts, man, *God*, history, science, philosophy, and *doing for its own sake* as if it were the *world's* purpose!..

*

*   *

CHICAGO.

The stupid, monotonous, rheumatic smoke, the horizontal, industrial smoke, the horizontal smoke coming from the factories, creeping over rooftops and latching onto the evil beasts of the dusk, the chimneys, the unanimous chimneys, the chimneys *endlessly* smoking their enormous cigars and, Chicago thunders, thunders, thunders like one hundred trains sent rolling from *the top*, from *the top* of mountains down to the modest, common valleys, down to the world, down to human things; the town squares and women, the idealistic trees, the palaces, the markets, the asylums and people, the sanatoriums and laws, the blonde, blonde schoolgirls, the businesses, the sun, the moon, the earth, the abstract heavens smell like swine, smell like swine, smell like swine, and Chicago, Chicago, the big, painful, plutocratic, mocking, manufacturing city, grunts the same as plebeian swine:... oink!.. oink!..... oink!..

*

*   *

Termómetro, cronómetro, barómetro del siglo XX, Yanquilandia resume la psicología, la trayectoria, la figura, el diagnóstico del instante actual en los tiempos, la enfermedad de HOY; y así, así, canta en *sus* rascacielos, en *sus* aeroplanos mundiales, en *sus* trasatlánticos, en *sus* palacios, en *sus* ferrocarriles subterráneos, *aéreos*, subterráneos, en *sus* zeppelines viajeros, viajeros, viajeros como golondrinas *viajeras,* en *sus* camiones, en *sus* tractores, en *sus* automóviles, en *sus* montañas-estatuas, en *sus* estatuas-montañas los himnos nocturnos, rotundos, las jestas cuadradas, prácticas, humanas, el gemido DESCOMUNAL en donde *cada* VOZ es un océano, *cada* VOZ, la epopeya de campanas, campanas y tumbas, agonías atardeciendo, agonías, de *nuestro* DELIRIO DE GRANDEZAS; y así, llora *á carcajadas* en *sus* amores financieros, bancarios, en *sus* azules, contradictorios e inútiles racimos de voces lúgubres, en *sus* cúbicos romanticismos mercantiles, comerciales *nuestra* amarilla, enfermiza ideología de Otoño; y así, así, así aúlla, aúlla en *su* total ilusión total, negra como un muerto, blanca como un niño, gris como los recuerdos, e incolora, incolora como la personalidad humana, *nuestros* apóstrofes rojos á la materia, *nuestros* apóstrofes rojos á la materia y los llantos oblícuos *del* HOMBRE *moderno…*

Sumando *el mundo*, todo *el mundo*, Yanquilandia, Yanquilandia abre la *boca* INMENSA, inmensamente llena *con* pájaros muertos!..

*
* *

WALT WHITMAN.

Como un Dios que edificase poemas á bofetadas mentales, Walt Whitman está sentado, está sentado sobre la majestad de la vida con el *entendimiento* del corazón en Yanquilandia, la pierna *derecha* en Pekín y la pierna *izquierda* en Berlín, *todo* el cuerpo sobre TODO el mundo, jugando *poker* con los muertos *sobre* el tapete azul de lo infinito, platicando con las estrellas y *oyendo, oyendo, oyendo* los ruidos cóncavos y trascendentales de la época, la perpendicular YANQUI, las tonadas tristes, tristes que los pastitos nuevos de Manhattan, tiernos como niñitos, tiernos como pajaritos, tiernos como animalitos, entonan atardeciendo, amaneciendo, atardeciendo entonan y la voz de las granjas rústicas…

*

Thermometer, chronometer, barometer of the twentieth century, Yankeeland sums up the psychology, the trajectory, the form, the diagnosis of the present instant in these times, the sickness of TODAY; and that way, that way, it sings from *its* skyscrapers, *its* global airplanes, *its* ocean liners, *its* palaces, *its* underground railroads, *airborne*, underground, *its* traveling zeppelins, traveling, traveling like *traveling* swallows, on *its* trucks, on *its* tractors, in *its* automobiles, on *its* mountains-statues, on its statues-mountains, the emphatic nocturnal hymns, the square, practical, human feats, the ENORMOUS moan where *each* voice is an ocean, *each* voice, the tolling epic, tolling and tomb-like, twilight of the agonies, agonies, of *our* DELUSIONS OF GRANDEUR; and so it cries *with laughter* amid *its* beloved financiers and bankers, amid *its* blue, contradictory and useless clusters of gloomy voices, amid *its* cubic, commercial, mercantile romanticisms *our* yellow, sickly ideology of Autumn; and so, so, so it howls, it howls in *its* total illusion as total and black as a corpse, pale as a child, gray as memories, and colorless, colorless like the human personality, *our* red addresses to matter, our red addresses to matter and the oblique cries *of modern* MAN…

Adding up *the world*, the whole *world*, Yankeeland, Yankeeland opens its IMMENSE *mouth*, immensely full *of* dead birds! . .

*

* *

WALT WHITMAN.

Like a God building poems out of mental slaps, Walt Whitman is sitting, is sitting above the majesty of life with his *understanding* heart in Yankeeland, his *right* leg in Peking and his *left* leg in Berlin, his *whole* body spanning the WHOLE world, playing *poker* with the dead *on* the blue table of infinity, chatting with the stars and *hearing, hearing, hearing* the concave and transcendental noises of the age, the YANKEE perpendicular, the tiny new lawns of Manhattan, as tender as little children, as tender as little birds, as tender as little animals, singing sad, sad melodies at sunset, at sunrise, at sunset they sing and the voice of the rustic farms…

*

Los gestos cósmicos converjen á *él* como el alma de los sonidos á una estación radiográfica o *como* los gusanos á las tumbas, lleno de música, todo lleno de música sonríe y la tierra florece, llora, y *entra* el Invierno, canta, canta y entonces *es* como si los pájaros, las cosas y los hombres, las montañas, los sepulcros, los campos, las ciudades, las ciudades rojas, los cielos, los océanos, las esposas, las novias y las madres, los niños, las rameras, los criminales, los estadistas, los mercaderes, el bien y el mal, los hospicios, los manicomios o las casas honestas se pusiesen á cantar la primera canción de los tiempos; canta, canta, canta Walt, el bueno, canta y las gentes oscuras se dicen: EL MUNDO *está cantando*, el mundo; canta y los esqueletos *se* preguntan: *¿quién?* . . y abren la puerta eterna con sus dedos enormes, llenos de *lo amarillo* de las huesas, llenos de *lo amarillo* de las huesas.

*

Le dicen las hormigas: *salud Walt Whitman!* . . los honestos elefantes extensos: cómo estás hermano? . . y las tortugas, los sapos, el Rey de las Españas, los mendigos, los parlamentarios, las vacas, el Presidente, los caballos, los obispos, los cocheros, la luna, los escrementos le dicen, le dicen golpeándole la espalda: hermano *Walt Whitman, Walt Whitman, Walt Whitman eres* NUESTRO hermano, NUESTRO *hermano Walt Whitman.*

*

No nació nunca, no nació Walt Whitman; cien millones de épocas y épocas suman la edad del orbe gigante e *increado, increado,* denominado por nosotros Walt Whitman de Manhattan, Walt Whitman, Walt Whitman de Manhattan; y *su grande figura* se diluye, se deshace, se pierde en **LA** FIGURA de la tierra agrandando la tierra de la tierra.

*

* *

Jehovás de sangre, emperadores pálidos, pálidos emperadores, dos tiranos PODRIDOS rigen á Yanquilandia: el dinero y el cinematógrafo... es posible? . . sí, es posible, es posible... ja! ja! ja! . . ja! ja! ja! . .

Cosmic gestures converje around *him* like the sonic soul around a radio station or *like* maggots around graves, full of music, all full of music he smiles and the earth blooms, he cries and Winter *comes in,* he sings, he sings and then *it is* as if the birds, the things and men, the mountains, the tombs, the fields, the cities, the red cities, the skies, the oceans, the wives, the fiancées and mothers, the children, the whores, the criminals, the statesmen, the merchants, good and evil, the orphanages, the asylums or the honest homes started to sing the first song of the ages; he sings, he sings, good old Walt sings, he sings and gloomy peoples tell themselves: THE WORLD *is singing,* the world; he sings and the skeletons ask themselves: *who's there?* . . and they open the eternal door with their enormous fingers, full of *the yellow* of graves, full of *the yellow* of graves.

*

The ants say to him: *Cheers, Walt Whitman!* . . the big and honest elephants: how are you, brother? . . and the turtles, the toads, the King of Spain, the beggars, the politicians, the cows, the President, the horses, the bishops, the coachmen, the moon, the dunghills tell him, they tell him while slapping him on the back: brother *Walt Whitman, Walt Whitman, Walt Whitman you're* OUR brother, OUR *brother, Walt Whitman.*

*

He was never born, Walt Whitman wasn't born; a hundred million eras upon eras add up to the age of the giant and *uncreated, uncreated* globe, which we have named Walt Whitman of Manhattan, Walt Whitman, Walt Whitman of Manhattan; and *his outsize figure* becomes diluted, dissolving, disappearing into **THE** FIGURE of the earth, increasing the girth of the Earth.

*

* *

Blood Jehovahs, pale emperors, pale emperors, two ROTTEN tyrants rule Yankeeland: money and movies... could it be? ...yes, it could, it could be... ha! ha! ha! . . ha! ha! ha! . .

Toda la filosofía yanqui está bostezando desnuda está bostezando en las salas idiotas de los biógrafos; Yanquilandia es un enorme expectáculo de *cine*; toda la sociología yanqui está bostezando desnuda está bostezando entre el *debe* y el *haber*, el *haber* y el *debe*, el *debe* y el *haber* de los subterráneos bancarios; Yanquilandia, Yanquilandia se parece á una tremenda caja de caudales en donde ladrasen *los negros, las rubias* y el protestantismo...—...*toda la filosofía yanqui está bostezando desnuda está bostezando en las salas idiotas de los biógrafos!...*—

—Yanquilandia: eres imbécil, eres conceptual, vulgar, y siendo, siendo *roña*, siendo *vaca*, siendo *cura*, eres, oh!, eres la divina flor del genio, tú, la masa superflua y burocrática eres hoy, eres hoy el ejemplo azul de la tierra!. . es posible?. . . es posible?. . .

*
* *

Cual una *extensa* vaca rubia, cual una *extensa* vaca rubia, Yanquilandia gravita rumiando, rumiando, rumiando el porvenir de las bestias y defecando paradojas; rujen los cow-boys sus verdes sonetos á la fuerza, arrinconados, *como* búfalos, *como* búfalos tras los estilos prehistóricos, rujen, rujen, tal cuadrigas de rinocerontes, los cánticos del hombre libérrimo, libérrimo, libérrimo, hermano del árbol, hermano del agua, hermano del fuego, hermano del fuego; aúllan los trasatlánticos, las locomotoras, los tranvías horizontales, los dreadnoughts cansados, marinos, lejanos, los hidroplanos, los monoplanos, los biplanos, los aeroplanos, los difusos zeppelines macabros, las fábricas, las usinas tentaculares, las rojas cárceles, sordas, foscas, las maestranzas, los manicomios, *¡los manicomios!*, los hospicios, los almacenes, los hospitales, los tribunales, los hoteles, las iglesias, los restaurantes, los prostíbulos, los bancos, las tiendas, las bolsas de comercio, los clubs, los bares, las cámaras, las tabernas, los garitos, las oficinas públicas, los hipódromos, los cementerios, *los cementerios*, LOS CEMENTERIOS, los cinematógrafos, aúllan, aúllan las grúas rotundas, melancólicas, negras, y aúlla el tráfico cosmopolita, metropolitano, consuetudinario, rotativo y triste, triste y rotativo, aúllan, aúllan, aúllan los cielos, la tierra y el mar yanquis, completamente yanquis, completamente yanquis, yanquis, aúllan en inglés los cielos, la tierra y el mar aúllan en inglés, los cielos, la tierra y el mar aúllan en inglés; lloran las prostitutas y *canta* la moderna actriz, lloran las comadronas, lloran las sirvientillas,

All of yankee philosophy is yawning naked is yawning in the stupid movie halls; Yankeeland is an enormous *cinema* spectacle; all of yankee sociology is yawning naked is yawning between *debit* and *credit*, *credit* and *debit*, *debit* and *credit* from underground banks; Yankeeland, Yankeeland resembles a giant safe full of barking *blacks*, *blondes* and Protestants...—...—*all of yankee philosophy is yawning naked is yawning in the stupid movie halls!...—*

—Yankeeland: you're stupid, you're conceptual, vulgar, and being, being a *miser*, being a *cow*, being a *priest*, you're, oh!, you're the divine flower of genius, you, today you are the superfluous and bureaucratic mass, today you're the earth's blue example!.. could it be?.. could it be?..

*
* *

Like an *ample* blonde cow, like an *ample* blonde cow, Yankeeland ambles around chewing over, chewing over, chewing over the future of beasts and defecating paradoxes; the cowboys bellow their green sonnets kicking and screaming, cornered, *like* buffaloes, *like* buffaloes bellowing prehistorically, bellowing, like rhinoceros chariots, the poems of the freest man, the freest, the freest, brother of trees, brother of water, brother of fire, brother of fire; the howling of ocean liners, locomotives, horizontal streetcars, tired and distant dreadnoughts of the sea, seaplanes, monoplanes, biplanes, airplanes, diffuse and macabre zeppelins, factories, tentacular power plants, red jails all dull and gloomy, armories, madhouses, *madhouses!*, orphanages, warehouses, hospitals, courts, hotels, churches, restaurants, brothels, banks, stores, stock exchanges, clubs, bars, chambers, taverns, dives, public offices, racetracks, cemeteries, *cemeteries*, CEMETERIES, cinemas, the howling and yowling of cranes all big and gloomy and black, the howling traffic, cosmopolitan and metropolitan and constant and in circles and sad and sad and in circles, the howling, the howling, the howling of the yankee skies and land and sea, completely yankee, completely yankee, yankees, howling in English, the skies and the land and the sea all howling in English; the prostitutes cry and the modern actress *sings*, the midwives cry, the domestic girls cry, the schoolgirls cry and the multimillionaire

lloran las colegialas y canta el multimillonario ladrón, lloran los suplementeros, los obreros, los carpinteros, los zapateros, los panaderos, el albañil azul, matinal e infinitesimal y *canta* la proxeneta aristocrática en calzones sobre la seriedad de las cosas íntimas, lloran los maridos pobres y las esposas pobres, ¡los *pobres* honrados!, las costureritas, y CANTA, CANTA el banquero, el parlamentario, el rentista, el prestamista, el folletinista, el caftens, el cinematografista, lloran los mendigos, los poetas, los deformes, lloran, lloran como microbios o como difuntos que iluminasen la vida pasada con la nocturna luz de los recuerdos, y canta, canta, canta el burgués gozoso y sonoro, sonoro y gozoso como un animal, trina el lujo, llora la miseria, juega el niño, meditan los ancianos, meditan los enfermos y los sabios, declaman charlatanes y periodistas, peroran comerciantes y arribistas, apostrofa á las tumbas el cantor maquinal del futuro, *¡el cantor maquinal!*, ríen los niños, ríen las novias y la flor sonríe, y un son de establos y de granjas, de siembras, de chácaras, de huertas, una canción, una canción de legumbres y de trigales, de sudores y de ponientes, una canción olorosa á viñas floridas, á frutas maduras viene *llegando*, día á día, de los predios agrarios en la *santidad* del trigo y el pan, en la *dignidad* del vino y la sal, el agua y la leche honesta, en la MAJESTAD negra del carbón, recuerdo de los campos y esqueleto del mundo, esqueleto del mundo y la tristeza... ...

Yanquilandia echa sobre la cara rugosa de LA VIDA la paveza, la paveza, la paveza *honorable* de *su* cigarro capitalista y sonrïendo, sonrïendo al sol le dice: señor, ¡deme Ud. la vereda!.. *¡deme Ud. la vereda!*..!.. y el SOL, el SOL, el SOL *accede*...

*
* *

Tierra de hombres azules, trágicos, mecánicos, geométricos, poetas de lo positivo, *lo práctico, lo práctico*, Yanquilandia va improvisando, improvisando, improvisando e inventando, creando EL MUNDO á cada momento, creando EL MUNDO, y escribiendo, cual ingenua mecanógrafa, el CANTO gris de los silencios, vertiginosamente, vertiginosamente y con CIEN *copias* SIMULTÁNEAMENTE; allí todo es posible: *improvisar* millones y poemas, *improvisar* ciudades y personas, *improvisar* presidentes amados, *improvisar* democracias totales, *improvisar* los nuevos sentidos de la nada

thief sings, the cries of newsboys, workers, carpenters, cobblers, bakers, the infinitesimal and blue bricklayer of morning and the aristocratic brothel keeper *sings* in her underpants about the seriousness of intimate things, the poor husbands and the poor wives cry, the *poor* honest folk!, the little seamstresses, and THE SONG, THE SONG of the banker, the politician, the landlord, the moneylender, the pulp writer, the pimp, the cinematographer, the crying of beggars, of poets, of freaks, crying, crying like microbes or like corpses that illuminate past lives with the nocturnal light of memories, and the song, the song, the song of the joyful and sonorous bourgeoisie, as sonorous and joyful as an animal, the warble of luxury, the cry of misery, the child plays, the elderly ponder, the sick and the wise ponder, charlatans and journalists speak out, businessmen and social climbers spout, the mechanical singer of the future calls out the graves, *the mechanical singer!*, the children laugh, the fiancées laugh and the flower smiles, and a chorus of stables and farms, of fields, of farmhouses, of orchards, a song, a song of vejetables and wheatfields, of sweat and sunsets, a song smelling of vineyards in bloom, of ripe fruits *arriving* daily from agricultural lands amid the *sanctity* of wheat and bread, amid the *dignity* of wine and salt, water and honest milk, amid the black MAJESTY of coal, memory of the fields and skeleton of the world, skeleton of the world and sadness...... . . . .

Yankeeland flicks the ash, the ash, the *honorable* ash of *its* capitalist cigar on LIFE's wrinkled face and smiling, smiling, it says to the sun: Sir, yield the sidewalk to me! . . *yield the sidewalk to me!* . . ! . . and the SUN, the SUN, the SUN *complies...*

*

*   *

Land of blue, tragic, mechanical, geometric men, poets of the positive, *the practical, the practical,* Yankeeland is improvising, improvising, improvising and inventing, creating THE WORLD at every moment, creating THE WORLD, and like a naive typist, writing the gray SONG of silences, dizzily, dizzily and with a HUNDRED *copies* SIMULTANEOUSLY; all is possible there: to *improvise* millions and poems, to *improvise* cities and people, to *improvise* beloved presidents, to *improvise* total democracies, to *improvise* new senses out of nothing and outlandish truths that add

y verdades estrambóticas que sumen la mentira de hoy *colosalmente*, *improvisar* héroes, héroes, sabios y santos, guerreros, artistas, ladrones, gobernantes, mercaderes, boxeadores, cantatrices o millonarios, *improvisar* palacios de cien, docientos y trecientos pisos, musicales, resonantes, admirables, sujetos como el sol y las estrellas á la gravitación cósmica, con frutos, frutos, raíces, raíces, raíces, flores y hojas lomismo que canciones o mejor, montañas, con vejetación, con vejetación, con vejetación de nobles, rurales predios agrícolas, *improvisar* escuadras que manchen los océanos de aceite, gin, disciplina y tabaco *inglés*, dólares y cachimbas y dólares, *improvisar* sociedades anónimas capaces de hacerle, de hacerle un cinturón de oro á la luna y escarpines de plata á toda estrella, a toda estrella de *cualquier* océano, *improvisar* las cosas eternas y la luz, lo pasado, el presente, lo futuro, Dios y las sepulturas; …tierra de hombres azules, tierra de hombres azules, tierra de hombres-*teléfonos*, tierra de hombres-*telégrafos*, tierra de hombres-*telémetros*, tierra de hombres-*gramófonos*, tierra de hombres-*taxímetros*, tierra de hombres-CINEMATÓGRAFOS, tierra de hombres-CINEMATÓGRAFOS, tierra de hombres *automóviles*, tierra de hombres-*locomóviles*, hombres-*relojes*, hombres-*motores*, hombres-*relojes*, hombres *á máquina*, tierra de hombres movidos A electricidad y espíritus *á* bencina, sexos *á* carbón, vientres *á* carbón, lenguas *á* carbón, cerebros *á* carbón y almas *fúnebres* A *gas*, tierra de hombres azules, tierra de hombres azules, tierra de hombres azules con el azul químico y cínico de los laboratorios, Yanquilandia!. . Yanquilandia!. .

*
* *

Lomismo que tristes, fatales neblinas llora su corazón, lo mismo que tristes, fatales neblinas, y en las plazas públicas, en las plazas públicas de sus jestos *mundiales*, los multimillonarios van fumando, van fumando, van fumando *anacrónicamente* gordas cachimbas gordas y románticas; peroran y declaman, declaman y peroran y peroran los *avisos* funambulescos…

*
* *

up *colossally* to the lie of today, to *improvise* heroes, heroes, wise men and saints, warriors, artists, thieves, rulers, merchants, boxers, songstresses or millionaires, to *improvise* palaces of a hundred, two hundred and three hundred stories, musical, resonant, remarkable, subject like the sun and the stars to cosmic gravitation, with fruits, fruits, roots, roots, roots, flowers and leaves same as songs or better yet, mountains, with vejetation, with vejetation, with the vejetation of noble and rural agricultural lands, to *improvise* fleets that stain the oceans with oil, gin, discipline and *English* tobacco, dollars and pipes and dollars, to *improvise* limited companies capable of making, of making a golden belt for the moon and silver slippers for every star, for every star from *any* ocean, to *improvise* eternal things and light, the past, the present, the future, God and tombs;... land of blue men, land of blue men, land of *telephone*-men, land of *telegraph*-men, land of *telemeter*-men, land of *phonograph*-men, land of *taximeter*-men, land of CINEMA-men, land of CINEMA-men, land of *automobile*-men, land of *locomobile*-men, *watch*-men, *motor*-men, *watch*-men, *machine-powered*-men, land of men driven BY electricity and gasoline spirits, coal-powered sexes, coal-powered bellies, coal-powered tongues, coal-powered brains and *gloomy* souls running ON *gas*, land of blue men, land of blue men, land of blue men with the chemical and cynical blue of laboratories, Yankeeland! . . Yankeeland! . .

*
* *

Its heart's cry is the same as sad, lethal fog, the same as sad, lethal fog, and in the public squares, in the public squares of its *global* gestures, the multimillionaires are smoking, are smoking, are smoking *anachronistically* fat and romantic fat pipes; the extravagant *advertisements* spout and proclaim, proclaim and spout and spout...

*
* *

Montañas, Montañas, Montañas de cincuenta, sesenta, setenta pisos *sobre el nivel* de las arquitecturas antiguas, o sea, casas, casas yanquis en Yanquilandia, trasatlánticos, —ataúdes, ataúdes de orbes errantes, matemáticos o rojos, negros o melancólicos; fortunas cuyas unidades simples, cuyas unidades simples van multiplicándose, multiplicándose, multiplicándose hasta lo absurdo como las gotas de agua de un invierno, como las gotas de agua de un invierno, las *románticas* hojas caducas del Otoño, las *pacíficas* frutas jugosas del Verano, las carcajadas de la Primavera, la lluvia eterna del dolor humano, la lluvia eterna del dolor humano, la lluvia eterna del dolor humano, la lluvia eterna del dolor humano, las NEGRAS arenas NEGRAS de la tumba, o la raíz cuadrada del planeta, o la raíz cuadrada del planeta; *tractores, automóviles, camiones, tractores, automóviles, camiones* llenos de paisajes, multitudes, muchedumbres, conversaciones o sucesos; aeroplanos que han puesto un *solo* huevo, un *solo* huevo, —*el sol*—, en el nidal del cielo, el sol, el sol en el nidal del cielo; ferrocarriles, ferrocarriles, ferrocarriles que son como si las viviendas, la ciudad y los campos *caminasen*; fábricas que *tienen teléfono para lo infinito y cuyo gerente habla mil, diez mil idiomas*; periódicos, periódicos que parecen repúblicas; universidades, bibliotecas con servicio de CAMIONES, tranvías o autos, cruzando, cruzando la iglesia maravillosa; ciudades *como* continentes, aldeas *como* territorios y granjas rurales, granjas *lomismo* que establecimientos de educación agrícola en *La República* de Platón; hospicios que parecen *grandes* cunas, *grandes* cunas AZULES y hospitales llenos de jardines; beauty-parlors en donde gorjean, gorjean arroyuelos de deleite, ríos, ríos, ríos de intimidades floridas, y en donde, en donde las niñas SON muñecos: el pié chiquito, chiquito, chiquito, los pechos rosados, menudos, la medalla del sexo cual *una* FLOR, abierta; hoteles y almacenes, almacenes y hoteles que dan la ambigua sensación, la ambigua sensación de ir navegando, navegando, siempre navegando; cinematógrafos con capacidad para 100,000 toneladas de imbéciles y 300,000 de *suegras*; morgues, morgues, morgues-carnicerías, carnicerías-morgues en las que se despostan manadas y manadas de ejemplares humanos diariamente, etc., etc.,—farmacopea vil—...; divorciadas y *negros, negros, negros* y divorciadas; campeones gastronómicos, sicalípticos, filarmónicos, fotográficos, filatélicos, deportivos, esportivos, cinematográficos, literarios, filológicos, psicológicos, filosóficos, patológicos, comerciales, sociales, policiales, amatorios, campeones, campeones amatorios, agronómicos,

MOUNTAINS, MOUNTAINS, MOUNTAINS fifty, sixty, seventy floors *above* the architectures of old, in other words, houses, yankee houses in Yankeeland, ocean liners,—coffins, coffins of roving orbs, mathematical or red, black or melancholy; fortunes whose simple units, whose simple units keep multiplying, multiplying, multiplying to the point of absurdity like winter's raindrops, like winter's raindrops, the *romantic* old leaves of Autumn, the juicy *Pacific* fruits of Summer, the guffaws of Spring, the eternal rain of human pain, the eternal rain of human pain, the eternal rain of human pain, the eternal pain of human pain, the BLACK, BLACK sands of the grave, or the square root of the planet, or the square root of the planet; *tractors, automobiles, buses, tractors, automobiles, trucks* full of landscapes, multitudes, crowds, conversations or events; airplanes that have laid a *single* egg, a *single* egg,—*the sun*—,in the sky's coop, the sun, the sun in the sky's coop; railroads, railroads, railroads that are as if the houses, the city and the fields *could walk*; factories that *have a telephone to infinity* and whose manager speaks a thousand, ten thousand languages; newspapers, newspapers that resemble republics; universities, libraries served by BUSES, streetcars or automobiles crossing, crossing the marvelous church; cities *like* continents, villages *like* territories and rural farms, farms *the same* as agricultural education establishments in Plato's *Republic*; orphanages that resemble *giant* cradles, giant BLUE cradles and hospitals full of gardens; beauty parlors where brooks are babbling, babbling with delight, rivers, rivers, rivers of blooming intimacy, and where, where the girls ARE dolls: the small, small, small feet, the slight pink breasts, the medal of sex like *a* FLOWER, in bloom; hotels and stores, stores and hotels that give the ambiguous feeling, the ambiguous feeling of sailing, sailing, always sailing; cinemas with room for 100,000 tons of idiots and 300,000 of *mothers-in-law*; morgues, morgues, morgue-butcher shops, butcher shop-morgues where herds upon herds of human specimens are slaughtered daily, etc., etc.—vile pharmacopoeia—...; divorcées and *black men, black, black men* and divorcées; champions of the gastronomic, the pornographic, the philharmonic, the photographic, the philatelic, the sportsmanlike, the sporty, the cinematographic, the literary, the philological, the psychological, the philosophical, the pathological, the commercial, the social, the policed, the erotic, champions, champions of the erotic, the agronomic, the theosophic, the alcoholic, the criminological, etc., champions of the governmental,

teosóficos, alcohólicos, criminológicos, etc., campeones gubernativos, mortuorios, automovilísticos, etc., etc., etc.,... sementera de campeones, criadero de campeones, he ahí Yanquilandia.

*
* *

JOHN ROCKEFELLER.

(...Una vez había un asno, una vez había un asno que hablaba y sonreía, sonreía y hablaba lomismo que hombre; decían, observándole, las viejas beatas: asno más asno!.., y pasaban.

Pero, un buen día, murió ... entonces *las viejas beatas* vinieron á rumiar los escrementos *porque* los escrementos eran de *oro* sonante...).

*

PIERPONT MORGAN.

A una *siniestra* caja de caudales orinando en LA VÍA PÚBLICA se parece P. M.; olvidó la cabeza, olvidó la cabeza en la urna materna y tiene *cuatro* pies, COMO las vacas, *cuatro* pies, *cuatro* pies y 1.000,000.000 de dólares.

*

ANDREW CARNEGIE.

—«Los libros *bien encuadernados* adornan bastante, adornan bastante, adornan bastante y, además, *sirven* para leerlos; bueno es leer, bueno es leer, bueno es leer, no demasiado, bueno es leer; yo tengo dinero, mucho dinero, ¿«compraré merengues? no, que... etc.,...» ¿«compraré piñones? no, que... etc.,» «compraré libros, libros, libros, libros; BIEN ENCUADERNADOS *adornan bastante, bastante*!...».

*

the mortuary, the automobilistic, etc., etc. etc.,… hotbed of champions, breeding ground of champions, that's Yankeeland.

*
* *

JOHN ROCKEFELLER.

(…Once upon a time there was a jackass, once upon a time there was a jackass that spoke and smiled, smiled and spoke same as a man; the sanctimonious old ladies would look at it and say: that jackass is such a jackass!. . , and walk on by.

But, one fine day it died… then *the sanctimonious old ladies* came to chew on its excrement *because* the excrement was solid *gold*…).

*

PIERPONT MORGAN.

P.M. resembles a *sinister* safe pissing IN THE MIDDLE OF THE STREET; he lost his head, lost his head in the maternal urn and he has *four* feet, LIKE cows, *four* feet, *four* feet and 1.000,000.000 dollars.

*

ANDREW CARNEGIE.

—"*Well-bound* books make pretty nice knick-knacks, pretty nice knick-knacks, pretty nice knick-knacks and, furthermore, they're *good* for reading; reading is good, reading is good, reading is good, not too much, reading is good; I have money, lots of money, "shall I buy meringues? no, so… etc." "shall I buy pine nuts? no, so… etc." I will buy books, books, books, books; WELL-BOUND *they make pretty nice knick-knacks, pretty nice!*…".

*

CHARLES CHAPLIN.

Los niños y las niñas aplauden su actitud macabra y simple, elemental, triste y quebrada, triste y quebrada de hombre alegre, alegre, tan alegre como un sepulturero; y Chaplin aúlla á la nada, bajo el durazno EN FLOR de las risas *pueriles*, lomismo que un cadáver, lomismo que un cadáver coronado de claveles, frutas y racimos, coronado de dolores, llagas y gusanos, y *llorando* con todos LOS INTESTINOS.

*

PEARL WHITE.

Bolsita, bolsita de bombones *falsificados* es Pearl White; o mejor, un enorme y ardiente sexo rosa ABIERTO en una joyería azul...

Pearl White, Pearl White, animalito tonto, lindo, gordo, tal UNA chiquilla *de quince* desnuda, desnuda entre las sábanas *mientras* está lloviendo, atardeciendo!. .

*

WILLIAM JAMES.

Sabiduría, criterio, erudición, erudición, ecuanimidad, virilidad, dignidad filosóficas y un bestial corazón volcánico *como* ideal de adolescente; he ahí William James.

Arboles nuevos, pájaros nuevos y *otras* cien virtudes teologales coronan al poeta de la psicología practica W. J., y es *como* si LOS PÁLIDOS NEOYORQUINOS se quedasen mirando, mirando, mirando inmóviles, mirando siglos de siglos, la fiesta agraria y triste, triste del poniente, sus estrellas elementales y la luna...

MULTIPLICANDOSE en *las ideas* sonríe William James á William James.

*

CHARLES CHAPLIN.

The boys and girls applaud his macabre and simple attitude, elemental, sad and broken, sad and broken like a happy man, happy, as happy as an undertaker; and Chaplin howls into the void, under the BLOOMING peach tree of the *childish* laughter, same as a corpse, same as a corpse crowned with carnations and bunches of fruit, crowned with pain, ulcers and maggots, and crying its GUTS out.

*

PEARL WHITE.

A little bag, a little bag of *artificial* candy is Pearl White; or rather, an enormous and sultry pink sex OPEN in a blue jewelry store…

Pearl White, Pearl White, silly, pretty, plump little animal, like A naked young girl *of fifteen*, naked between the sheets *while* it's raining, getting dark! . .

*

WILLIAM JAMES.

Philosophical wisdom, judgment, erudition, erudition, equanimity, virility, dignity, and a beastly, volcanic heart *like* an adolescent ideal; that's William James.

Young trees, young birds and a hundred *other* theological virtues crown the poet of practical psychology W.J., and it's *as if* THE PALE NEW YORKERS kept staring, staring, staring motionless, staring century after century, at the agrarian and sad, sad feast of the West, its elemental stars and the moon…

MULTIPLYING HIMSELF *in ideas* William James smiles at William James.

*

JACK DEMPSEY.

Animal, animal, demasiado *animal,* el coloso Jack Dempsey el coloso tranquea por los diplomáticos *rings,* con Yanquilandia *a cuestas,* desparramando las paradojas muertas de su actitud física y cínica, cínica y física…—…puñetazos, puñetazos de hierro, de piedra, de bronce, sólidos, gozosos, sólidos, sonoros, sonoros, puñetazos que parecen chocar contra la electricidad negativa del contrario, chocar, chocar y caer cuajados tal anchas goteras anchas, anchas goteras de metal fundido, o como estatuas, o como dinamos, o como motores, eternos y bellos, amargos y vastos, puñetazos que parecen universos, puñetazos que parecen cementerios! . . — .

———

Como si les tirasen á la faz volcanes, *montañas,* peñascos, todo el dolor de las humanas gentes, truenan los cuadrados *directos* helados, sobre el *punch* de rivales innumerables; diríase: todas las hojas marchitas, todas las hojas marchitas de lo infinito van cayendo *sobre* las turbas oscuras y los silencios…

———

Y *la máquina peleadora* sonríe, como el destino cuando *borra* á un hombre, como el destino cuando *borra* á un hombre; feliz TERREMOTO y azul CATACLISMO Dempsey se parece á la vida: es así *porque* es así; y cuando *cien millones, cien millones* DE HOMBRES le aplauden bajo las estrellas, sobre los caminos del *mundo,* él sonríe y sonríe con la sencilla paz del rumiante, á las hembras robustas, robustas de su pueblo humilde, á las buenas legumbres, al vino, al agua, á las primeras frutas, á las sepulturas internacionalistas, á las gozosas carnes gozosas del buey modesto.

———

Es, acaso, Dempsey la bestia más bestia del siglo; ¿qué harían, qué harían, oh! qué harían las palomas de lo bello en sus manos *rotundas?* . . morir, morir como el rocío entre los *rojos* pétalos de LAS LOCOMOTORAS;

JACK DEMPSEY.

Animal, animal, far too *animal,* the colossus Jack Dempsey the colossus tramps around the diplomatic *rings,* with Yankeeland *on his back,* dead paradoxes spilling from his physical and cynical attitude, cynical and physical...—...punches, punches of iron, of stone, of bronze, solid, joyous, solid, sonorous, sonorous, punches that seem to collide with the negative electricity of the opponent, that collide, collide and rain down decisively like giant leaks, giant leaks of molten metal, or like statues, or like dynamos, or like motors, eternal and beautiful, bitter and vast, punches like universes, punches like cemeteries! . . — .

―――――

The muscular *straight* shots thunder icily, over the *punches* of countless rivals, like volcanoes, *mountains,* boulders, all the pain of humanity hurled at their faces; one might say: all the withered leaves, all the withered leaves of infinity fall *onto* the dark mobs and the silences...

―――――

And *the fighting machine* smiles, like destiny when it *erases* a man, like destiny when it *erases* a man; happy EARTHQUAKE and blue CATACLYSM, Dempsey resembles life: it is so *because* it is so; and when *a hundred million, a hundred million* MEN applaud him beneath the stars, above the ways of the *world,* he smiles and smiles with the simple peace of the ruminant, at the robust, robust females from his humble town, at the good vejetables, at the wine, at the water, at the first fruits, at the internationalist tombs, at the joyous, joyous meats from the modest ox.

―――――

Dempsey is, perhaps, the most beastly beast of the century; what would they do, what would they do, oh!, what would the doves of beauty do in his *powerful* hands? . . die, die like the dew between the *red* petals

sinembargo... tiene Jack Dempsey la belleza fatal de los últimos fenómenos, los últimos fenómenos *del orbe* y la locura...

———

Frente al hermoso Carpentier transpira el bruto, tal *dos* búfalos ciegos que luchasen furiosamente con el lirio de las colinas...

(¡Carpentier! . . ¡Carpentier! . . aúlla la INMENSA VOZ unánime, la INMENSA VOZ unánime aúlla, aúlla: ¡Carpentier! . . ¡Carpentier! . . como un alarido viejo, muerto y sin cabeza, ni cara, ni sexo, ni vientre, ni manos, ni piernas, solo con pies, solo con pies, pero solo con pies! . . ! . .).

Patalean manoteando patalean, ardiendo, ardiendo, MULTITUDES de MULTITUDES enloquecidas . . .

Jack Dempsey alto y ancho, como un toro, alto y ancho e INGÉNUO, *cual las rosas*, inocentemente poderoso, jugando con LOS NIÑÓS y LAS NIÑAS los juegos nativos de las criaturas, simple, simple como el agua y *los pájaros del cielo*, camarada de los ácratas, los aristócratas, los burgueses positivistas, los perros, las vacas, los asnos y *el hombre corriente*, Jack Dempsey, Jack Dempsey es la primera luz del movimiento *que conoce*, ANTES DE CONOCER, el jesto inicial, primordial de *la vida* en las épocas prehistóricas...

*

CONEY ISLAND.

Lunas de circo y mares de comedia, soles de teatro y tierras de pavana, cielos y hombres *en broma* hombres y cielos, realidad absurda, realidad humana, realidad indigna, artificial e intelectual realidad, realidad humorística, realidad dionysíaca: asnos amarillos de hojas muertas y cipreses con cuatro patas, tumbas coronadas de ojos negros y mujeres llenas de muertos, asnos amarillos de hojas muertas y cipreses con cuatro patas, esqueletos que dicen *papá, mamá*, y hacen *pucheros*, y rosas con menstruación y novias con corazón, niños y niñas, niños y niñas, niños y niñas desnudos, desnudos jugando los juegos macabros del amor, viejos y viejas con *chupete, escarpines, calzones* o babero de hule con patitos, con patitos de hule...

of THE LOCOMOTIVES; however... Jack Dempsey has the fatal beauty of *the world's* freakish end, the world's freakish end and the madness...

———

Facing the beautiful Carpentier the brute perspires, like *two* blind buffaloes fighting furiously with the lily of the hills...

(Carpentier! . . Carpentier! . . the HUGE voice howling unanimous, the HUGE voice howling unanimous, howling: Carpentier! . . Carpentier! . . like an old shriek, dead and headless, with no face, no sex, no stomach, no hands, no legs, only feet, only feet, nothing but feet! . . ! . .).

MULTITUDES of crazed MULTITUDES stamping their feet with their hands in the air stamping their feet, fired up, fired up . . .

Jack Dempsey, tall and broad, like a bull, tall and broad and GUILELESS, *like roses*, innocently powerful, playing with THE BOYS and GIRLS at their own kids' games, simple, as simple as water and *the birds of the sky*, comrade of the anarchists, the aristocrats, the bourgeois positivists, the dogs, the cows, the jackasses and *the common man*, Jack Dempsey, Jack Dempsey is the first light of the movement *that knows*, BEFORE KNOWING, the initial, primordial gesture of *life* in prehistoric times...

*

CONEY ISLAND.

Circus moons and seas of comedy, theatrical suns and pavane lands, skies and men *joking* men and skies, absurd reality, human reality, vile reality, artificial and intellectual reality, humorous reality, dionysian reality: yellow jackasses with dead leaves and cypresses with four legs, graves crowned with black eyes and women full of corpses, yellow jackasses with dead leaves and cypresses with four legs, skeletons that say *daddy, mommy*, and that *pout*, and menstruating roses and fiancées full of heart, boys and girls, boys and girls, boys and girls naked, naked playing the macabre games of love, old men and old women with *pacifiers, bootees, shorts* or rubber bibs with duckies, with rubber duckies...

Y *todo* allí es *alegre*, no como en las historias de la vida, *alegre, alegre* con la alegría azul de los *primeros* hombres! . . ...

*

NEW YORK.

...Ruïdo, ruïdo y hombres pálidos, (...¡ruïdo!...), casas y casas y casas y casas con 1, 2, 3, 4, 5, 6, 7, 8, 9, 1, 2, 3, 4, 5, 6, 7, 8, 9, 1, 2, 3, 4, 5, 6, 7, 8, 9, etc. etc. pisos, público, público y público, dolor, público, público y público, bencina en las cosas, bencina en las almas, bencina en las bestias, bencina y oro, oro y bencina, bencina en las cosas, bencina en las almas, bencina en las bestias, bencina; así es, así New York la MÁQUINA burocrática y mala; y ... un cielo cualquiera, ordinario, amarillo, de cuarto, quinto, sexto, o sétimo orden, sobre el vasto poema trunco y muerto, muerto y trunco y la vanidad *azul* de los edificios norteamericanos...

New York, New York es como un GRANDE aviso GRANDE, FENOMENAL, UNIVERSAL, TRASCENDENTAL pegado en el trasero COSMOPOLITA de la tierra... ¡New York! . ! . . (—si le aproximaseis un fósforo, solo un fósforo aquella *gran ciudad comercial* ardería *como una hoja seca, como una hoja seca, como una hoja seca* que iluminase, solitaria, los cuatro puntos, los cuatro puntos cardinales! . .).

*

EL DIOS YANQUI.

Rubio y serio, completamente afeitado, completamente, dice: yes, oh! yes, yes, á las dactilógrafas cínicas que inquieren *como* TUMBAS, sus *designios* TRASCENDENTALES...

Está *sentado* en *su* AZUL gabinete azul, azul de trabajo;—...azul!.. ...—.

—¿Á cuánto asciende, *en* DÓLARES, el sol sumado a la luna y las estrellas? . . tal piensa, tal piensa aquel oscuro, fabuloso, ilimitado mercader de lo infinito, tal piensa haciendo sonar en sus bolsillos las monedas orinecidas de los viejos astros muertos... (y sonríe! . .

And *everything* there is *happy*, not like in life stories, *happy, happy* with the blue happiness of the *first* men! . . ...

*

NEW YORK.

...Noise, noise and pale men, (...noise!...), houses and houses and houses and houses with 1, 2, 3, 4, 5, 6, 7, 8, 9, 1, 2, 3, 4, 5, 6, 7, 8, 9, 1, 2, 3, 4, 5, 6, 7, 8, 9, etc. etc. floors, crowds, crowds and crowds, pain, crowds, crowds and crowds, gasoline in things, gasoline in souls, gasoline in beasts, gasoline and gold, gold and gasoline, gasoline in things, gasoline in souls, gasoline in beasts, gasoline; so it goes, so goes New York's evil and bureaucratic MACHINE; and ... a humdrum, ordinary, yellow sky, of the fourth, fifth, sixth or seventh order, above the vast truncated and dead poem, dead and truncated and the *blue* vanity of North American buildings...

New York, New York is like a HUGE advertisement, HUGE, PHENOMENAL, UNIVERSAL, TRANSCENDENTAL stuck on the COSMO-POLITAN backside of the earth... New York! . ! . . (—if you lit a match next to it, just one match, *that great commercial city* would burn *like a dried leaf, like a dried leaf, like a dried leaf* illuminating, all by itself, the four points, the four cardinal points! . .).

*

THE YANKEE GOD.

Blond and serious, clean-shaven, clean, he says: yes, oh! yes, yes, to the cynical typing girls who dig *like* GRAVES, into his TRANSCENDENTAL *plans...*

He's *sitting* in *his* BLUE, blue office, working blue;—... blue! . . ...—.

—How much does it come to, *in* DOLLARS, the sun plus the moon and the stars? . . that's what he's thinking, that's what that dark, fabulous, limitless merchant of infinity is thinking, that's what he's thinking while making the rusted coins of the old dead stars tinkle in his pockets... (and he smiles! . .

U. S. A. COMPANY.

Capital: 1.000.000.000.000.000.000.000.000.000.000 de **DÓL- ARES**…

—¿Quiere Ud., quiere Ud. TRASATLÁNTICOS, MOMIAS, FETOS, **hombres**, MOMIAS, FETOS, **hombres**, *dinamos, ferrocarriles, tractores, camiones, motores,* rameras, gusanos, *automóviles,* yodosalina, catedráticos, vacas Holstein o Durham, sabiduría en inyecciones hipodérmicas, honradez *à la cocotte,* arte puro, arte embotellado por nosotros en las botellas mahometanas del tipo *Alah,* presidentes especiales, especiales, especiales para SURAMÉRICA, o cualquiera *otra* **máquina,** animal, manufactura, cosa *por el estilo?* . .

Escriba á: U. S. A. Company, U. S. A., *pidiendo catálogos,* PIDIENDO CATÁLOGOS, PIDIENDO CATÁLOGOS.

*
* *

Yanquilandia *la* CÓSMICA, *la* CÓSMICA Yanquilandia *juega golf, juega golf, juega golf* con la bola máxima de LA TIERRA…

(…del Oeste camina como un olor á esencias agronómicas por los caminos… …).

El país de los ojos oblicuos insinúa LA ROSA PÁLIDA de *una* sonrisa sobre el crepúsculo de *su* ACTITUD de viejo idiota y sabio como el mundo; la España, la Italia, la Inglaterra, la Francia, la Noruega, la Alemania, la Alemania, la Rusia, la India, y la China palmotean la espalda al jacarandoso efebo americano guiñándose un chiste ambiguo de comadres VIEJAS y FLACAS, Chile echa un trago enorme á la salud del *gringo,* el Perú le lame *sollozando* el trasero… …

…Y LAS CASAS ANTIGUAS de *mi* alma MIRAN, llorando á gritos, *la caída* del sol,—¡por el Oriente!—, *la caída* del sol, llorando á gritos! . . … …

*

U. S. A. COMPANY.

Capital: 1,000,000,000,000,000,000,000,000,000,000 **DOLLARS**...

—Would you like, would you like OCEAN LINERS, MUMMIES, FETUSES, **men**, MUMMIES, FETUSES, **men**, *dynamos, trains, tractors, trucks, motors,* whores, maggots, *automobiles*, iodine, professors, Holstein or Durham cows, wisdom in hypodermic injections, honesty *à la cocotte*, pure art, art bottled by us in Muslim bottles of the *Allah* variety, special presidents, especially, especially for SOUTHAMERICA, or any *other* **machine**, animal, product, anything *of the sort?* . .

Write to: U.S.A. Company, U.S.A., *requesting catalogs,* REQUESTING CATALOGS, REQUESTING CATALOGS.

*

*   *

Yankeeland *the* COSMIC, *the* COSMIC Yankeeland *plays golf, plays golf, plays golf* with the great ball of THE EARTH...

(...walking from the West something like the smell of agronomic essences along the roads... ...).

The country of oblique eyes insinuates THE PALE ROSE of *a* smile above the twilight of *its* ATTITUDE like an old man as stupid and wise as the world; Spain, Italy, England, France, Norway, Germany, Germany, Russia, India, and China slap the back of the fun-loving American pretty boy, winking as they tell him an ambiguous joke about OLD and SKINNY housewives, Chile downs an enormous drink to the health of the *gringo*, a *sobbing* Peru kisses his ass... ...

...And THE OLD HOMES of *my* soul are weeping loudly as they WATCH the sun *going down*—in the East!—the sun *going down*, weeping loudly! . . ..

'Pablo de Rokha'

por

Pablo de Rokha

Yo tengo la palabra agusanada y el corazón lleno de cipreses metafísicos, ciudades, polillas, lamentos y ruidos enormes; la personalidad, colmada de eclipses, aúlla. (Mujer: sacúdeme las hojas marchitas, del pantalón).

*

*   *

Andando, platicando, andando **con** la tierra por los caminos varios, se me caen los gestos de los bolsillos,—atardeciendo olvidé la lengua en la plaza pública…—, no los recojo y ahí quedan, ahí, ahí, como pájaros muertos en la soledad de los mundos, corrompiéndose; el hombre corriente dice: «**son** colillas tristes», y pasa.

*

*   *

Como el pelo, me crecen, me duelen las ideas; dolorosa cabellera polvorosa, al contacto triste de lo exterior cruje, orgánica, vibra, tiembla y, cargada de sangre, parece un manojo de acciones irremediables. (Radiogramas y telegramas cruzan los hemisferios de mi fisiología, aullando sucesos, lugares, palabras).

*

*   *

Ayer me creía muerto; hoy, no afirmo nada, nada, absolutamente nada, y, con el plumero cosmopolita de la angustia, sacudo las telarañas á mi esqueleto sonriéndome **en** GRIS de las calaveras, las paradojas, las apariencias y los pensamientos; cual una culebra de fuego la verdad, la verdad le muerde las costillas al lúgubre Pablo.

"Pablo de Rokha"
by
Pablo de Rokha

My word is worm-eaten and my heart is full of metaphysical cypresses, cities, moths, laments and enormous uproars; brimming with eclipses, my personality howls. (Woman: shake the dry leaves from my pants.)

*
* *

Walking, talking, walking **with** the earth along many roads, my gestures fall from my pockets—at dusk I left my tongue at the town square...—I don't pick them up and there they stay, there, there, like dead birds in the solitude of worlds, decomposing; the common man says: "**they are** sad stubs," and goes on by.

*
* *

Ideas sprout over me and hurt like hair; head of hair full of pain and dust, creaking upon sad contact with the outside, organic, quivering, trembling and, blood-charged, it resembles a handful of irremediable actions. (Radiograms and telegrams cross the hemispheres of my physiology, howling events, places, words).

*
* *

Yesterday I believed myself dead; today I affirm nothing, nothing, absolutely nothing, and I shake the cobwebs from my skeleton with the cosmopolitan feather duster of anguish, while smiling **in** the GRAY of skulls, of paradoxes, of appearances and thoughts; the truth, like a snake of fire, the truth bites gloomy Pablo in the ribs.

```
      *
   *  *
```

Aráñanme los cantos la congoja y el vientre, con las peludas garras siniestras de lo infinito; voy á abortar un mundo; (mis **calzoncillos**, mis **calzoncillos** se ríen á carcajadas! . .).

```
      *
   *  *
```

Un ataúd azul, y unas canciones sin sentido, intermitentes, guían mis trancos mundiales.

```
      *
   *  *
```

Y la manta piojenta de la vida me envuelve grotescamente cual la claridad á los ciegos... (Ruïdo de multitudes, automóviles, muchedumbres, van conmigo; como pájaro solo y loco canta lo absoluto en los álamos negros de tu cabeza, Pablo de Rokha..). (—... ... ... Universo, Universo, ¡cómo nos vamos borrando, Universo, tú y yo, SIMULTÁNEAMENTE!. . ...—).

*

*   *

My songs claw away at my gut and my anguish, with the hairy and sinister claws of infinity; I'm going to terminate a world; (my **underwear**, my **underwear** roars with laughter! . .) .

*

*   *

A blue coffin and some senseless, intermittent songs guide my worldwide strides.

*

*   *

And the lice-covered blanket of life wraps grotesquely around me as light to the blind... (Uproar of multitudes, automobiles, crowds, going with me; like a lonely and crazy bird the absolute sings in the black poplars of your head, Pablo de Rokha! . .). (—... ... ...Universe, Universe, how we go fading out, Universe, you and I, SIMULTANEOUSLY! . . ..—).

de *Cosmogonía* (1925-1927)

Aventurero

Oriente de cobre duro, fino y ensangrentado,
de tiempo a tiempo
                    tendido
de mundo a mundo.

¡Voluntad!

Soy el hombre de la danza oscura
y el ataúd de canciones degolladas;
el automovilista lluvioso,
sonriente de horrores, gobernando
la bestia ruidosa;
el tallador en piedra de catedrales hundidas;
el bailarín matemático y lúgubre,
coronado de rosas de equilibrio;
el vendedor de abismos, trágico,
de cabellera de ciudades
y un canto enorme en la capa raída.

Tren nocturno
con las hojas marchitas y un vientre humoso.

¡Ay! cómo aúllan en la tierra cóncava y madura
mis leones muertos…
Voy de estrella en estrella
acariciándole los pechos violados a las guitarras
con mi mano única;
¡oh! jugador,
agarro mi gran rueda de espanto,
despernancada,
y la arrojo contra las estrellas,

from *Cosmogony* (1925-1927)

Adventurer

Orient of hard, fine and bloody copper,
from time to time
            cast
from world to world.

Willpower!

I'm the man of the dark dance
and the coffin of beheaded songs;
the rainy motorist,
smiling in horror, in command
of the noisy beast;
the stone-carver of sunken cathedrals;
the mathematical and somber dancer,
balancing a crown of roses;
the tragic peddler of abysses,
of the hair of cities
and an enormous chant inside the tattered cloak.

Night train
with withered leaves and a smoky gut.

Oh! how my dead lions howl
on the concave and ripe earth…
I go from star to star
fondling the raped breasts of the guitars
with my one-of-a-kind hand;
oh! gambler,
I grab my giant, wobbly wheel
of terror,
and I hurl it against the stars,

arriba del cielo, más arriba del cielo
que no existe.

     Y suelo estarme cuatro y cinco mil lunarios,
como un idiota viejo,
jugando con bolitas de tristeza,
jugando con bolitas de locura
que hago yo mismo manoseando la soledad;
entonces me río,
con mis 33 dientes,
entonces me río,
entonces me río,
con la risa quebrada de las motocicletas,
colgado de la cola del mundo.

     La campana negra del sexo
toca a ánimas adentro de mi melancolía,
y una mujer múltiple y una
múltiple y una
como un triángulo de setenta lados y muchos claveles,
se desnuda multiplicando las heridas
sobre mis mundos quemantes y llenos de senos de mujeres estupefactas.

above the sky, beyond
the nonexistent sky.

And I'm likely to spend four or five thousand moons,
like an old fool,
playing with little balls of sadness,
playing with little balls of madness
that I make all by myself pawing at solitude;
then I laugh,
with my 33 teeth,
then I laugh,
then I laugh
the broken laughter of motorcycles
while clinging to the tail of the world.

The black bell of sex
tolls for the souls inside my gloom,
and a woman multiple and one
multiple and one
like a triangle with seventy sides and many carnations,
undresses and multiplies the wounds
on my worlds ablaze and flush with the breasts of stunned women.

Ciclo de piedra

I.

Autorretrato de adolescencia

Entre serpientes verdes y verbenas,
mi condición de león domesticado
tiene un rumor lacustre de colmenas
y un ladrido de océano quemado.

Ceñido de fantasmas y cadenas,
soy religión podrida y rey tronchado,
o un castillo feudal cuyas almenas
alzan tu nombre como un pan dorado.

Torres de sangre en campos de batalla,
olor a sol heroico y a metralla,
a espada de nación despavorida.

Se escuchan en mi ser lleno de muertos
y heridos, de cenizas y desiertos,
en donde un gran poeta se suicida.

II.

Viejo canto nuevo

Si me dijesen de dónde viniste
como un soldado azul te lloraría,
porque ha siete mil años que surgiste
en los infiernos de mi egolatría.

Estupefacto te contempla triste
de idolatrarte la congoja mía,
y con amor furioso te reviste
de viejas piedras negras mi herejía.

Cycle of Stone

I.

Adolescent Self-Portrait

Among the green snakes and the festivals
I find myself to be a lion tamed,
and mine is the lacustrine buzz of hives,
the barking of an ocean up in flames.

I'm rotten religion and fallen king,
surrounded by ghosts and chains or instead
I'm a feudal castle whose battlements
elevate your name like a golden bread.

Towers of blood along the battlefields,
the smell of shrapnel and heroic sun
and the sword of a nation terrified.

They echo in my being full of dead
and wounded souls, of ashes and deserts,
where a great poet commits suicide.

II.

Old New Song

Like a blue soldier I would weep for you
if I could figure out your origin,
for seven thousand years ago you grew
from the inferno of my narcissism.

My woe gazes at you astonishedly,
with idolizing eyes, sad and alone,
and with a furious love my heresy
is busy cloaking you in old black stones.

Guitarra y pan colosal del camino,
eres la gran sandía del destino,
o el mar y la manzana de la nada.

Tu corazón de miel crea la aurora,
cuando la flor de la botella llora,
y amamantas un Dios en la mirada.

III.

TALCA A LA ESPALDA

Pueblo del trueno irreal, atravesado
de arañas de humo y de sudor terrible;
un Dios roñoso y fiel está parado
sobre tu dimensión irresistible.

Tu senectud de vino y trigo ha echado
voz de la piedra arcaica, el fruto horrible
del pellejo inmortal, acrisolado
por el hierro y el fuego inconmovible.

Tus caballeros-muertos, antiquísimos,
retratos son lluviosos, tristísisimos,
en este enorme e inacabable invierno.

Y tu ley provincial y extemporánea
es una gran herida momentánea,
hecha de un tajo en medio de lo eterno.

The road's guitar and its colossal bread,
you are fate's prodigious watermelon,
or the sea and the apple of the void.

And when the flower in a bottle cries,
your heart of honey conjures up the dawn
and you suckle a God deep in your eyes.

III.

TALCA LEFT BEHIND

Town of unreal thunder overrun
with spiders of smoke and harrowing sweat;
above your unbearable dimension,
a filthy and faithful God stands in wait.

Your ripe old age of wine and wheat attests
to the archaic stone and the entire
nightmarish fruit with its immortal skin
refined by iron and enduring fire.

In this enormous and endless winter,
your dead-knights are impossibly ancient,
impossibly sad and rainy portraits.

And your law, provincial and untimely,
is a gaping and momentary wound,
a single gash across eternity.

IV.

PREMONITORIO EN 1913

Metafísico y tétrico, buscándote,
mirándote y besándote en lo obscuro,
araño la ciudad acariciándote
en el vientre de tigre del futuro.

Te palpo el pecho de cristal, mirándote
como una forma justa, el pie seguro,
llamándote, nombrándote, tocándote
con las tinieblas el corazón puro.

Pequeña Luisa Anabalón: ¡*"Menina"!*
dócil y dúctil versión femenina
de una casa de España acuchillada.

Lloras adentro de la lluvia acerba,
como un violín que se extravió en la yerba,
contra la eternidad desesperada.

V.

SURLANDIA MAR AFUERA

Puertos de barro triste y triste vino,
en donde el pobre es un manchón de herrumbre,
como la hembra preñada en el camino
o un pabellón entre la podredumbre.

La Mar-Océano y su barco, el sino
canta del gran atleta y su costumbre
del beso colosal de potro andino
a quien no hay un volcán que lo deslumbre.

IV.

1913 PREMONITION

I seek you, watch you, kiss you in the dark
night of my metaphysical sorrow,
scrabbling at the city as I stroke you
in the tiger-belly of tomorrow.

My eyes on you, I feel your crystal breast
and the proper form of your steady foot,
I'm calling you, naming you, touching you,
my shadows reaching out for your pure heart.

Little Luisa Anabalón: *"My girl!"*
malleable and soft feminine version
of a Spanish house knifed and sanded bare.

You are crying in the acerbic rain,
like a violin lying on the grass,
gone astray in eternity's despair.

V.

SOUTHLAND AT SEA

Ports stocked with doleful mud and doleful wine,
where the poor are no more than specks of rust,
like the pregnant woman crossing the road,
or a flag fluttering amid the rot.

The Ocean-Sea and its ship, destiny
is hailing the great athlete who bestows
the colossal kiss of the Andean colt
unfazed by the dazzle of volcanoes.

A cuchilla, a cebolla o a baraja
huele la faz marina y se desgaja
como una gran guitarra sollozando;

o enluta en llanto los campos mineros,
donde mordidos de hambre los obreros,
son toda la nación que está acusando.

VI.

POETA DE PROVINCIA

Parezco un gran murciélago tremendo,
lengua del mundo a una edad remota,
con un balazo en la garganta, ardiendo
y rugiendo de horror la forma ignota.

Provincias de polillas en lo horrendo
que se desangra en lluvias gota a gota,
y es una trial frazada del estruendo
o un piano negro con la lengua rota.

Definitivamente masculino,
me he de encontrar con el puñal talquino
en el desván de las calles malditas.

Solo contra la luna, dificulto
que haya un varón en los antiguos cultos
con un cacho de heridas más bonitas.

The surface of the sea smells like a knife,
an onion or a deck of cards; it splits
like a giant guitar in sobbing fits;

it casts a pall of tears over the mines,
where hunger bites the workers who become
the entire nation speaking out as one.

VI.

POET OF THE PROVINCES

I resemble a large and dreadful bat
with a bullet in its throat, the horror
of an unknown form burning and roaring,
in a distant age the tongue of the world.

Moth-eaten provinces rife with that horror
hemorrhaging in raindrops one by one
much like a triple blanket of thunder
or a black piano with a broken tongue.

Definitively male in my swagger,
I'll come face to face with Talca's dagger
walking the garret of the wretched streets.

Watch me stand alone against the moon,
you won't find a man from the ancient cults
carrying a prettier bunch of wounds.

VII.

LA FORMA ÉPICA DEL ENGAÑO

El mundo no lo entiendo, soy yo mismo
las montañas, el mar, la agricultura,
pues mi intuición procrea un magnetismo
entre el paisaje y la literatura.

Los anchos ríos hondos en mi abismo,
al arrastrar pedazos de locura,
van por adentro del metabolismo,
como el veneno por la mordedura.

Relincha un potro en mi vocabulario,
y antiguas norias dan un son agrario,
como un novillo, a la imagen tallada.

Un gran lagar nacional hierve adentro,
y cuando busco lo inmenso lo encuentro
en la voz popular de tu mirada.

VIII.

NOCTURNO MUY OBSCURO

La noche inmensa no resuena, estalla
como un bramido colosal, retumba
con un tremendo estruendo de batalla
que saliera de adentro de una tumba.

Fué un pedazo de espanto que restalla
o una convicción que se derrumba,
una doncella a quien violó un canalla
y una montura en una catacumba.

VII.

THE EPIC FORM OF DECEPTION

I don't understand the world, my self is
the mountains, the sea, the agriculture,
my intuition breeds a magnetism
that aligns landscape and literature.

As they sweep along their scraps of madness,
the wide, deep rivers spanning my abyss
go deep inside of the metabolism,
like poison through the bite mark, effortless.

A colt neighs in my vocabulary,
and, like a calf, the graven image feels
as rural as the ancient waterwheels.

A great national winepress boils inside,
and when I seek immensity I find
it in the popular voice of your eyes.

VIII.

VERY DARK NOCTURNE

The vast night doesn't echo, it just bursts
like a colossal bellow, or it booms
with an enormous battle-roar as if
emerging from the inside of a tomb.

It was a sliver of terror cracking,
the sound of a conviction caving in,
of a maiden ravished by a scoundrel
and a saddle inside a catacomb.

Calla con un lenguaje de volcanes,
como si un escuadrón de capitanes
galopara en caballos de basalto.

Porque el silencio es tan infinito
tan espantoso y grande, como un grito
que cae degollado desde lo alto.

IX.

El viajero de si mismo

Voy pisando cadáveres de amantes
y viejas tumbas llenas de pasado,
cubierto con cabello horripilante
del gran sepulcro universal tragado.

Acumulo mi yo exorbitante
y mi ilusión de Dios ensangrentado,
pues soy un espectáculo clamante
y un macho-santo ya desorbitado.

Mi amor te muerde como un perro de oro,
pero te exhibe en sus ancas de toro,
Winétt, como una flor de extranjería.

Porque sin ti no hubiera descubierto
como una jarra de agua en el desierto
la mina antigua de mi poesía.

Now its volcanic language hushes up,
as if a captains' squadron had arrived
on basalt horses in galloping flight.

Because the silence is so infinite,
so awful and expansive, like a cry
that falls beheaded from the very heights.

IX.

THE SELF-TRAVELER

I'm stepping on the corpses of lovers
and the ancient graves brimming full of years,
I'm covered in gruesome hair I swallowed
from the great universal sepulcher.

I amass my exorbitant ego
along with my bloodstained God delusion,
because I'm a clamoring spectacle,
a male-saint in dizzying profusion.

Though my love bites you like a golden hound,
its bull-haunches parade you endlessly,
you, Winétt, like an immigrant flower.

For without you I never would have found
like a jug of water in the desert
the ancient mine of all my poetry.

X.

A la manera de antaño

Gran hogar patriarcal lleno de nidos,
de muérdagos y rémoras felices;
un pan de sal para los días idos
y un pan de mar para los días grises.

La proa afronta contra la ola (heridos),
a los corsarios sobre cien países,
o andamos por la aldea atardecidos
tragando sol o cazando perdices.

Le invade de chacales la retórica,
pero yo echo la orinada histórica
sobre sus catres de metales blandos.

Y aunque toda la horda nos acosa,
medio a medio de los caminos, rosa
de humo y piedra, la tribu está brillando.

X.

THE OLD-FASHIONED WAY

A grand patriarchal home covered with nests,
with happy leftovers and mistletoes;
there is a salt bread for the days gone by
and then a sea bread for the grayest days.

The prow is riding waves and fighting off
the (wounded) pirates in a hundred lands,
in twilight we wander through the village
hunting pheasants or soaking up the sun.

While rhetoric floods the home with jackals,
I take a piss to go down in history
on its many cots made of soft metals.

And even though we're hounded by the throng
that overruns the roads entirely,
a rose of smoke and stone, the tribe shines on.

U (1926–1927)

Señales al hombre futuro

Sin embargo, es mi ausencia quien inventa las sabandijas y las telarañas del siglo.

Jamás.

Palanca de aluminio, galope de máquina en trances fatales, geografía de lo inaudito y lo estupendo, gran figura, horizonte de navío cosmopolita, he ahí, yo arrojo la llamada aclaratoria e inactual, el golpe de bronce alucinado, la campanada-llamarada encima de los cinco ladridos de la tierra: América, Europa, Asia, Africa y Oceanía.

"Ay! Ay! Ay!…"

Domino todos los triángulos de la soledad clamorosa, las arañas, los presentimientos, las tinajas de la sombra, la última luz del luto, hasta los gallos caídos.

Venía mi voz andando por la nada y se enredó mi voz en mi voz. Por eso soy eco de mi tristeza. No obstante, hay tanta altura de comba de cielo o de vientre de madre salvaje, todavía, en mi gran lazada al Infinito. Cosecha de aventurero, guiso mi guiso de palomas.

Agua de hierro teñida de azules incontestables, Dios atrabiliario.

Toda la joroba del Continente se me cuelga de las palabras, semejante a una inmensa costumbre de lluvias. Levanto, oh! levanto mi plumero de cigarras y hago montañas de libertad. O bien, agarro la esquina de mi esqueleto de amatista y rompo el saco de los vinos cornudos y obligatorios, como la muerte la bola del mundo. Como murciélagos, como metáforas y escupo filosofía. Y remezco con gritos las estrellas y los campanarios, y derrumbo con gestos las naciones y las verdades adoquinadas. Ferretería de cúpula, geometría de pólvora, cementerio con peumos chilenos, letrerito de sepultura en despoblado, y también la casa vacía y los países y las guitarras y los parientes.

Sí.

¿O ando jugando con esmeraldas y con elegías de acuario a interpretar los signos cósmicos, los proyectos oceánicos, la peluda hipocondría en atardecido?…

U (1926–1927)

Signals to Future Man

And yet, it's my absence who invents the vermin and the cobwebs of the century.

Never.

Aluminum lever, galloping machine in deadly trances, geography of the unprecedented and the stupendous, major figure, cosmopolitan ship on the horizon, behold, I cast the illuminating and unfashionable signal, the stunning bronze blow, the chime-blaze atop the five yaps of the earth: America, Europe, Asia, Africa and Oceania.

Oh! Oh! Oh!…

I command all the triangles of resounding solitude, the spiders, the premonitions, the jars of shadow, the last light of mourning, even the fallen roosters.

My voice was walking down the void and my voice got tangled in my voice. That's why I echo my sadness. Even so, I'm still as lofty as a sky-rope jumper or a mother's untamed womb when I throw my giant lasso toward Infinity. I stew my pigeon stew, harvesting adventure.

Iron water tinged with indisputable blues, cantankerous God.

The Continent's entire hump dangles from my words like vast recurring rains. I lift, oh! I lift my locust feather duster and I make mountains of freedom. Or rather, I clutch at the corner of my amethyst skeleton and I tear open the sack full of horned and necessary wine, like death gripping the globe. I eat bats, I eat metaphors and spew philosophy. And my cries rattle the stars and the belfries, and my gestures topple nations and cobbled truths. Hardware of cupolas, geometry of gunpowder, cemetery with Chilean peumo trees, tiny tombstone in no man's land, and also the empty house and the countries and guitars and relatives.

Yes.

Or am I playing with emeralds and aquarian elegies at interpreting the cosmic signs, the oceanic projects, the hairy hypochondria of dusk?…

No.

La seriedad me incluye entre las piedras y las tumbas del calendario, niña.

Arquitectura de silencio, poderosa lo mismo que la mujer preñada, mano de madera invulnerable, cruz del tiempo, cruz del verso sin naturaleza, y, además, sangre con tierra, noche con tierra y alarido; amontonado de lagares y de panales; panteón de razas y de cantos, laboratorio de cipreses indiscutibles con negros pájaros muertos y aulladores.

Situación de animal volcado, de torre inclinada pero absoluta, así.

Voy creciendo, oh! amigos inadaptados, a la manera de las nieblas honestas y los aeroplanos en la memoria. ¡Anchura de la vida quebrada en vértice! O como embudo que se llenase de sonoridades amarillas y tiempos violetas y enloquecidos.

Y empuño la fatalidad como una gran bandera despedazada.

PABLO DE ROKHA

No.

Seriousness contains me in the stones and graves of the calendar, girl.

Architecture of silence, as powerful as the pregnant woman, hand of invulnerable wood, cross of time, cross of unnatural verse, and, also, blood full of earth, night full of earth and howls; heap of winepresses and honeycombs; graveyard of races and songs, laboratory of indisputable cypresses full of dead and screeching black birds.

The state of a capsized animal, of a tower that's leaning but also absolute, like so.

I'm growing, oh! maladjusted friends, akin to the honest fogs and the airplanes in memory. Expanse of life split into vertexes! Or like a funnel to be filled with yellow sonorities and violet and frenzied times.

And I grip fatality like a great tattered flag.

PABLO DE ROKHA

1

Yo agarro la suerte y la muerte,
así, por la palabra, por la maquinaria ruidosa de la palabra, las hago
                                            canciones sin tiempo,
y voy arando de inmortalidad el día grandioso.

Mi carne es guitarra, mi sangre es tonada y mis huesos son cantos parados.

Percibo el devenir mundial c o m o i m a g e n, s ó l o c o m o i m a g e n,
siento, pienso y expreso en imágenes irremediables
la lógica matemática de los fenómenos de los fenómenos de los fenómenos;
y mi condición esteticodinámica crea el universo
a la manera formidable de los espejos despedazados.

Hombres y máquinas y hombres
viven y mueren en mis poemas acumulados
la forma tremenda del sueño.

Soy gesto, soy violencia, soy mundo elocuente;
además, no tengo sentido conceptual,
o ando disperso y movible por adentro de la belleza acuartelada,
lomismo que el pensamiento en las arterias,
y también como Dios, sí, como Dios en el alarido del hombre sublime;
sin embargo, me veo viéndome
con la mirada espectacular del análisis.

Palomas de cemento,
se me caen del traje rodante las epopeyas.

No conozco, d i g o,
no defino, n o m b r o,
agrando la naturaleza;
e x p r e s o;
detrás, allá detrás de mi corazón, aúlla la nebulosa.

1

I grab hold of fate and death,
just like that, by the word, by the noisy machinery of the word, I make
them into timeless songs,
and I'm plowing the splendid day with immortality.

My flesh is a guitar, my blood a melody, and my bones are songs that stand.

I perceive the world's becoming a s   i m a g e,   o n l y   a s   i m a g e,
I feel, think and express in irremediable images
the mathematical logic of phenomena of phenomena of phenomena;
and my aesthetic-dynamic condition creates the universe
as formidably as shattered mirrors.

Men and machines and men
live and die in my collected poems
in awesome dream-forms.

I'm gesture, I'm violence, I'm eloquent world;
plus, I make no conceptual sense,
or I wander dispersed and movable inside the confined beauty
just like thought through the arteries,
and also like God, yes, like God in the yowl of sublime man;
however, I see me seeing myself
through the spectacular gaze of analysis.

Like cement doves,
the epics tumble from my rolling suit.

I don't know, I   s a y,
I don't define, I   n a m e,
I magnify nature;
I   e x p r e s s;
back there, there behind my heart, the nebula howls.

1. GIRA la tierra volcada en los pensamientos,
   y caen palabras con los sexos lluviosos
   desde las alturas cosmográficas del grito y del mundo,
                            porque YO RESPIRO.

2. Llegaron los aeroplanos amarillos, la luna negra con flecos morados,
   y todas las fábricas
   echaron a volar humaredas y canciones ultramarinas
   sobre los aperitivos urbanos;
   murió la gran sombra nublada de sudores municipales.

3. Bandera cubriendo el occidente, ah!, bandera cubriendo el occidente,
   la voluntad genial de Vladimir Iliitch Ulianoff LENIN,
   estatua de palo encima y más arriba del puente de Brooklyn.

4. El sol se ha parado a comprar bencina sobre la catedral de Reims.

5. Los dinamos de la actividad obligatoria
   aturden a las águilas de bronce afable y polvoroso
   que duermen en el ciprés de llanto y de fuego,
   y un vértigo de ventiladores en la muerte
   abrasa los pensamientos electromecánicos del panorama;
   la luna, helada de éter, patalea
   porque a Dios se le rompieron los neumáticos. (recuerdo del futuro)

6. España y los muertos parados a la sombra del sol sonoro.

7. Einstein
   camina por la nada con el tiempo en los bolsillos panorámicos;
   y no se le cae el planeta.

8. La pregunta matemática de Edison perfora los sepulcros.

9. Acodados en las montañas subterráneas, James Joyce y Picasso definen
                            el indefinible.

2

1. THE capsized earth revolves in thoughts,
    and words with rainy sexes fall
    from the cosmographic heights of the cry and the world,
    because I BREATHE.

2. The yellow airplanes have arrived, the black moon with purple fringes,
    and all the factories
    let fly plumes of smoke and imported songs
    over cosmopolitan cocktails;
    the great shadow died under a cloud of municipal sweat.

3. Flag draping the West, oh! flag draping the West,
    the brilliant will of Vladimir Ilyich Ulyanov LENIN,
    a wooden statue over and above the Brooklyn Bridge.

4. The sun has stopped to buy gas above Reims Cathedral.

5. The dynamos of obligatory activity
    stun the eagles of affable and dusty bronze
    that sleep in the cypress of tears and fire,
    and in death a vertigo of electric fans
    scorches the panorama's electromechanical thoughts;
    frozen in ether, the moon stamps her feet
    because God's tires went flat. (memory of the future)

6. Spain and the dead standing in the shadow of the sonorous sun.

7. Einstein
    walks through the void with time in his panoramic pockets;
    and he doesn't drop the planet.

8. Edison's mathematical question pierces the graves.

9. Crouched in the subterranean mountains, James Joyce and Picasso
    define the indefinable.

10. Rumbo a Hong-Kong,
    el ZR3 olvidó la memoria geográfica,
    y un planeta nuevo
    emergió el Domingo del cartel del cielo interesante
    con todas las alas quemadas;
    la sirena del Lusitania agujereó el atardecer,
    y su ojo inmóvil
    derrumba las murallas del siglo y el color mineral de las ideas;
    anoche llegó el Transiberiano nevado de paisajes rusos;
    y cien cometas muertos evolucionan alrededor de la antena desaforada
                                                                    de Eiffel
    cantando la retórica atmosférica;
    John Rockefeller defeca un telegrama sin ombligo.

11. Morados de hambre, los esqueletos eslavos
    beben en las cunas vacías,
    y se escarban las telarañas del estómago.

12. Un gran pájaro de azufre canta sobre el eje de la tierra.

13. La boñiga negra y seria del Africa
    enluta las espadas civilizadas;
    el piojo de las trincheras ladra bajo los sobacos del mundo;
    el proletariado almuerza plomo y luto de ametralladoras,
    y el burgués, florido de babas comerciales,
    conduce sus motocicletas dementes por los caminos académicos,
                                            rebuznando de alegría;
    un Zeppelin destripado,
    la fruta inmensa de un Zeppelin destripado
    cae desde el árbol de la esfera contemporánea de faroles
    encima de las colmenas multiplicadas y humosas,
    aplastando las gargantas eléctricas;
    muñecos de estufa se abren los labios mojados del sexo y lloran
    bajo el sauce de las sedas caídas,
    y un triángulo de oscuridades se les sonríe entre las medias;
    husmea el macho rumor de calzones tibios, bramando,
    y la hora vencida se parte el vientre en los suburbios

10. En route to Hong Kong,
    the ZR3 airship forgot geographic memory,
    and a new planet
    surfaced on Sunday from the billboard of the interesting sky
    with its wings all burned;
    the Lusitania's siren pierced the dusk,
    and its motionless eye
    tears down the walls of the century and the mineral color of ideas;
    last night the Trans-Siberian arrived all snowy from Russian landscapes;
    and a hundred dead comets evolve around Eiffel's unbridled antenna
    singing the atmospheric rhetoric;
    John Rockefeller defecates a telegram with no navel.

11. Black and blue from hunger, the Slavic skeletons
    drink in the empty cradles,
    and claw at the cobwebs in their stomachs.

12. A great sulfur bird sings on the axis of the Earth.

13. The black and serious dung of Africa
    casts a pall over the civilized swords;
    the louse of the trenches barks under the armpits of the world;
    the proletariat lunches on lead and machine-gun mourning,
    and the bourgeois, wreathed in commercial drool,
    drives his demented motorcycles down academic roads, braying
                                                    with joy;
    a disemboweled zeppelin,
    the giant fruit of a disemboweled zeppelin
    falls from the tree of streetlights in the contemporary sphere
    onto multiple smoky warrens,
    crushing electric throats;
    rag dolls open the wet lips of their sex and weep
    under the willow of drooping silk,
    and a dark triangle smiles between their stockings;
    the male murmur of warm shorts sniffs around, roaring,
    and the belly of the vanquished hour bursts in the suburbs

tiñendo de espectáculos el horizonte
que emerge desde las piernas abiertas de la tarde violada
orlado de violines tristes.

14. Ford echa dólares,
   sangre de ciudades poligonales y acero
   al tubo idiota de la actividad,
   y, por la rajadura inferior del comercio van saliendo automóviles;
   van saliendo automóviles
   y a u t o m ó v i l e s
   y *automóviles*
   y AUTOMÓVILES,
   con la continuidad de la gotera en los patios clínicos,
   a u t o m ó v i l e s
   i g u a l e s   y   h o r r i b l e s,
   con tongo, con testículos, con sebo de burgueses incontestables y
                                                   hediondos,
   con toda la imbecilidad de la máquina democrática.

15. El grito en silencio del Gandhi
   toca las campanas de espanto sobre la Europa despernancada,
   y las montañas echan a correr llorando;
   los árboles mecánicos del Bois de Boulogne se arreglan la corbata azul
                                                   de la primavera
   con gestos pintados de melancolía sin chaleco.

16. Las vías públicas amarran la tierra, la amarga tierra sistemática,
   acequias de hombres desaparecidos en la fórmula h o m b r e,
   arrastran caudales de multitudes, raudales de muchedumbres patológicas;
   crucificada en la unidad,
   la figura sola se derrumba, agonizando;
   araña del bullicio, silenciosa,
   la voz múltiple y una
   ahorca las polvorosas almas a bencina.

17. G a b r i e l e d' A n n u n z i o,
   así dice el aviso cosmopolita y navegante
   de los traseros con cinco sentidos.

leaving its stain of spectacles on the horizon
that emerges from the open legs of the raped afternoon
trimmed with sad violins.

14. Ford tosses dollars,
    blood of polygonal cities and steel
    at the active idiot tube,
    and, through the lower crack of commerce automobiles come out;
    automobiles coming out
    and a u t o m o b i l e s
    and *automobiles*
    and AUTOMOBILES,
    continuous as the leak in the clinical yards,
    a u t o m o b i l e s,
    i d e n t i c a l   a n d   a w f u l,
    with derby hats, with testicles, with grease from the firm and fetid
                                                        bourgeoisie,
    with all the stupidity of the democratic machine.

15. Gandhi's silent cry
    tolls the bells of terror over a disjointed Europe,
    and the mountains run away in tears;
    the mechanical trees of the Bois de Boulogne fix their spring-blue
                                                        necktie
    with gestures daubed in coat-free melancholy.

16. The thoroughfares moor the earth, the bitter and systematic earth,
    streams of men disappeared in the formula of m a n,
    they carry the flow of multitudes, torrents of pathological crowds;
    the lone figure crumbles in its death throes,
    crucified in unity;
    spider of the hubbub, silent,
    the one and multiple voice
    hangs the dusty gasoline souls.

17. G a b r i e l e   d' A n n u n z i o,
    that's what the advertisement says with all five senses
    covering backsides, cruising and cosmopolitan.

18. La verdad triangular
    agacha las orejas, sonriendo, la tonta,
    en la mano quebrada de la a c c i ó n:
    Marte se rasga la chaqueta en los rascacielos de movimiento,
    y al invierno se le mueren las últimas hojas.

19. Los días se caen de la cara de los mendigos.

20. "En verdad, hermanos, en verdad
    la hora de las cosas peludas
    llegó,
    llegó
    la hora de las cosas peludas",
    dicen los crucificados:
    "llegó la hora de las cosas peludas",
    y se abrochan el botón de la tragedia, pensando:
    "las mujeres son un problema con pelitos";
    las tórtolas metafísicas de la Radio Company
    lloran en la plazuela de Henri Bergson;
    cerros de agua,
    las yeguas cuadradas del tumulto
    desbordan los acontecimientos,
    y la pulsación multitudinaria, tronando,
    enloquece al individuo;
    un enorme cuervo de oro asesina las rosas desnudas del día.

21. Canta-llora el hombre amarillo de los h o r n o s crematorios.

22. La lluvia suspira junto a los braseros y las abuelas.

23. El animal de ladrillo se pone condones iluminados.

24. Hirviendo, el ombligo de horrores del Gulf-Stream
    da vueltas al tirabuzón de los aullidos con su manubrio de truenos y
                                                                    vientos;
    y el disco aforme grazna las patadas oceánicas;
    sirena de hoy, la gran victrola enloquecida y dinámica,
    estira sus antenas de engaño,

110

18. Triangular truth
    puts her tail between her legs and smiles like a fool
    in a c t i o n 's broken hand:
    Mars rips its jacket in the skyscrapers of motion,
    and winter's last leaves die.

19. The days fall from the faces of beggars.

20. "In truth, brothers, in truth
    the hour of hairy things
    is here,
    here is
    the hour of hairy things,"
    is what the crucified say:
    "the hour of hairy things is here,"
    and they fasten tragedy's button, thinking:
    "women are a problem with little hairs;"
    the metaphysical lovebirds of the Radio Company
    cry on Henri Bergson's small square;
    watery hills,
    the stocky mares of tumult
    overrun the events,
    and the mass pulsation thunders,
    driving the individual crazy;
    an enormous golden crow murders the naked roses of the day.

21. The yellow man of the crematorium o v e n s sings-cries.

22. The rain sighs next to the braziers and the grandmothers.

23. The brick animal puts on illuminated condoms.

24. Seething, the Gulf Stream's navel of horrors
    turns the corkscrew of howls with its crank of thunder and wind;
    and the amorphous record squawks oceanic kicks;
    the great phonograph, crazed and dynamic siren of today,
    stretches her beguiling antennae,

cual una antigua mano electromagnética, o lo mismo que el hombre
de neblina del cloroformo;
y los transatlánticos vienen a picotear angustia en situación de pollitos
imbéciles.

25. Un niño enorme y muerto enluta la filosofía.

26. ¡Avión de Italia, lleno de soles frutales,
y las velas latinas riendo!...

27. "Soy el edificio-locura-argumento,
la alta terraza de mi frente
exhibe sus canchas de tennis dominando los espacios precipitados;
ceñido de aires felices;
la belleza mecánica, la locura mecánica,
me envuelve con mantos livianos de sportsman de día festivo a la hora
de las campanas,
mi sensibilidad es rodante y tiene ideas de automóvil", dice Carl Brown.

28. Los macacos americanos
saben qué soñó anoche la pequeña emperatriz de sándalo de Sumatra
y el rey de ceniza de la Mongolia religioso-fabulosa;
los diarios cóncavos recogen todas las noticias atmosféricas,
como la campana el eco inmóvil en el tiempo:
sincronismo-automovilismo de la vida física y psicológica;
el suicidio del tren del Sur conmovió los polos absortos.

29. La paloma automática del anuncio
anida entre el ramaje incalculable de las estrellas, tan y tan valiosas,
cantando la estética comercial del instante.

30. Unanimidad de la sensación geográfica:
la goma podrida del espacio se encoge debajo de los pájaros automáticos,
y el tiempo inútil circula por las arterias vertiginosas
como un gran expreso sin cabeza.

31. El bolcheviquismo aúlla sobre las estepas b l a n c a s
arañándose las costillas,

like an ancient electromagnetic hand, or like the chloroformed man
                                                                of fog;
and the ocean liners play the role of stupid chicks coming to peck away
                                                            at anguish.

25. An enormous and dead child casts a pall over philosophy.

26. Italian airplane, full of fruit-bearing suns,
    and Latin sails laughing!…

27. "I'm the building-madness-argument,
    the high terrace of my forehead
    shows off its tennis courts and commands the breakneck spaces;
    happy airs cling to me;
    the mechanical beauty, the mechanical madness
    wraps me in holiday sportsman blankets in the hour of bells,
    my sensibility travels and it has automobile ideas," says Carl Brown.

28. The American apes
    know what was dreamed last night by the young sandalwood empress
                                                            of Sumatra
    and the ashen king of religious-wondrous Mongolia;
    the concave newspapers gather all the atmospheric news,
    like a bell that echoes motionless in time:
    synchronism-automobilism of physical and psychological life;
    the Southern train's suicide shook up the captivated poles.

29. The automatic dove of the advertisement
    nests in the priceless foliage of the oh-so-very valuable stars,
    singing the commercial aesthetic of the moment.

30. Unanimity of geographic sensation:
    the rotten rubber of space shrivels under the automatic birds,
    and useless time moves through the vertiginous arteries
    like a great headless express.

31. Bolshevikism howls on the w h i t e steppes
    clawing at its ribs,

y la metáfora igualitaria se diluye, como el azúcar, en los ácidos
                                                    sociológicos.

32. Los caminos burocráticos de California
    se descuelgan del horizonte,
    ceñido de vacadas y trigales apresurados, en enormes trenes de árboles.

33. Saturno bebe el chop de las lágrimas y el gesto
    en los bares oscuros e iluminados,
    con el anillo de la pólvora y las clínicas diluido.

34. Un tranvía neurasténico atraviesa las cocinerías de Shanghai, suspirando
                                            hacia la callada Oceanía,
    frente al whisky tronante y lluvioso de los barrios marinos,
    y un suicidio de acordeones italianos
    ensucia las murallas arreboladas de los falansterios de Valparaíso;
    los cantos-fósforos de Andalucía encienden Yanquilandia;
    las sultanas muertas
    entristecen los crepúsculos-terciopelos morados de Constantinopla,
    y los camellos de piedra de la Arabia
    rumian los dátiles azucarados del recuerdo y del silencio
    en el Baedeker puritano de Inglaterra
    enriquecido con lágrimas de palo, e n r i q u e c i d o c o n
                                            l á g r i m a s d e p a l o;
    las queridas subafricanas de Tutankhamon
    fuman opio en Montmartre, en la pipa noruega de Strawinsky,
    y el recuerdo del faraón del alma inmóvil
    grazna en el Escorial violento
    aleteando con los triángulos flacos de sus axilas;
    la medialuna de Abd-el-Krim
    rebana las gargantas apasionadas del Mediodía;
    Warren Harding, ganadero y periodista bíblico,
    lleva la batuta del mundo
    en los bolsillos de su smoking atribulado de hombre cristiano y peludo,
    y la melena de Mary Pickford tuerce la historia;
    la risa velluda del shimmy
    babosea las adolescencias ingenuas

and the egalitarian metaphor is diluted, like sugar, in sociological acids.

32. The bureaucratic roads of California
    unhook from the horizon,
    surrounded by cattle and hurried wheat fields, in enormous lumber trains.

33. Saturn drinks the beer of tears and gestures
    in dark and well-lit bars,
    with its ring diluted in gunpowder and clinics.

34. A neurasthenic streetcar passes through the taverns of Shanghai,
                              sighing toward quiet Oceania,
    across from the thundering and rainy whiskey of seaside neighborhoods,
    and a suicide of Italian accordions
    stains the blushing walls of Valparaíso's phalansteries;
    the songs-matchsticks of Andalusia light up Yankeeland;
    the dead sultanesses
    cast a pall over the purple twilights-velours of Constantinople,
    and the stone camels of Arabia
    ruminate the sugary dates of memory and silence
    in England's puritan Baedeker
    enriched with wooden tears, e n r i c h e d   w i t h   w o o d e n   t e a r s;
    Tutankhamun's sub-Saharan mistresses
    smoke opium in Montmartre, in Stravinsky's Norwegian pipe,
    and the memory of the pharaoh with the motionless soul
    quacks in the violent Escorial
    fluttering the skinny triangles of its underarms;
    with his half moon Abd el-Krim
    slits the passionate throats of noon;
    Warren Harding, biblical rancher and journalist,
    carries the baton of the world
    in the pockets of his tuxedo made out of the troubles of a Christian
                              and hairy man,
    and Mary Pickford's mane tousles history;
    the hairy laughter of the shimmy
    drools over naive adolescents

con su agarrón al seno:
Benedicto XV solloza con las tetas caídas sobre la cristiandad;
Europa bebe champaña en el bidet de Ida Rubinstein,
y los guerreros automáticos del catorce
abonan las tierras heridas mejor que el guano de las marquesas.

35. El pájaro blanco de los cerezos de Tokio
    habla
    el pájaro blanco de los cerezos de Tokio,
    y un sol niñito juega en las plazas públicas del cielo
    con las blancuras indefinidas.

36. El Gobierno de Washington decretó: l l u v i a s,
    y todos los paraguas aletearon
    bajo la siembra inmensa y oscura del agricultor innumerable;
    los parques de Londres encanallan las viejas églogas:
    el pan maquinal y químico de las ciudades es una tal paloma
                                             domesticada,
    y los idiotas artificiales
    humedecen los muros únicos del manicomio;
    el mar de los balnearios llora en las maletas de viaje;
    y los chiquillos embotellados de las salas-cunas
    entretienen sus ideas de fetos en almíbar melancólico y deshojado
    inyectándose morfina en la imaginación de los testículos;
    la belleza de los lagos suizos, toda la belleza de los lagos suizos
    se vende en Hyde-Park encajonada,
    y t o d a la Holanda, con sus quesos, sus paisajes, sus vacas y su reina
                                             de mermelada-gelatina,
    toda la Holanda viaja en los tarros lecheros
    que difunden sobre la tierra las fábricas cosmográficas de Chicago;
    los establecimientos comerciales-industriales de Nüremberg
    elaboran tres millones de momias por lunario,
    tres millones de momias con olor a siglos y a mundos de antigüedades,
    y las envían a la piedra eterna
    por el agujero de la muerte convencional, monumental y relativa;
    Mr. Briand demuestra que la vieja quijada de la burra de Balaam es
                                             verdadera
    encarcelando a Scopes,

with its grabbing of breasts:
Benedict XV sobs, his tits drooping over Christianity;
Europe drinks champagne from Ida Rubinstein's bidet,
and the automatic warriors of fourteen
fertilize the wounded lands better than the marquesses' guano.

35. The white bird of the cherry trees of Tokyo
speaking
is the white bird of the cherry trees of Tokyo,
and a moppet sun plays with some undefined white things
in the town squares of the sky.

36. The Washington government decreed: r a i n,
and all the umbrellas fluttered
under the vast and dark harvest of many a farmer;
London's parks debase the old eclogues:
the mechanical and chemical bread of the cities is a certain domesti-
cated dove,

and the artificial idiots
dampen the lone walls of the insane asylum;
the sea of the beach towns cries in the travel suitcases;
and the baby boys bottled up in their wards-cradles
entertain their fetal notions in sad and defoliated syrup
injecting morphine into the imagination of their testicles;
the beauty of Swiss lakes, all the beauty of Swiss lakes
is sold in crates in Hyde Park,
and a l l of Holland with its cheeses, its landscapes, its cows and its
queen of marmalade-gelatin,

all of Holland travels in the milk jugs
distributed worldwide by Chicago's cosmographic factories;
Nuremberg's commercial-industrial establishments
produce three million mummies per lunar month,
three million mummies that smell of centuries and ancient worlds,
and they send them to the eternal stone
through the sinkhole of conventional, monumental and relative death;
Mr. Briand proves that the old jawbone from Balaam's ass is real
by jailing Scopes,

y no comiendo cerdo con ópalos:
sin embargo el pulgón laníjero ataca la manzana de Adán;
la araña cría pelos y se transforma en filósofo,
y la gran sardina de lata de Jonás pone huevos con ombligo y entendi-
                                    miento en las cantinas de Nínive,
danzando, a la hora del vermouth,
el tango inútil de las religiones metafóricas
con el hijo del rey del petróleo.

37. La camisa de flores de la primavera aletea sobre Wall Street;
    la gran tinaja del invierno
    gotea las alamedas sifilíticas, estornudando.

38. El gallo de Francia pisa las gallinas del mundo,
    y los pollitos metafísicos
    cacarean en las santas cátedras;
    el calzón de la condesa de Noailles perfuma la poesía;
    Collette Willy ahorca a Clemenceau con el pétalo de las ligas,
    deshojando la rosa llovida de la legión de honor
    sobre las camisas ensangrentadas de la pornografía.

39. Las usinas geológicas de Berlín hollinaron lo infinito.

40. Bandadas de hidroaviones multitudinarios
    planean sobre el círculo de horizontes;
    el pez de acero fuma la pipa naviera del periscopio;
    un gran pájaro de aventura
    emigra desde la estación radiotelegráfica de los transatlánticos
    con las alas mojadas de Benedictine;
    la Mistinguett muestra las piernas en las antenas inalámbricas del navío;
    atravesado de noticias, el mar resuena como un banco con mucho público;
    el fabricante de conservas sale a cazar langostas en aceite, en automóvil
                                    oceánico;
    fuma la nostalgia de todos los puertos cantando la Internacional;
    el emigrante se despioja las espaldas agusanadas
    encima de los molos rotundos
    que encajonan en piedra y en hierro las caletas encallecidas de antaño;

and not by eating pork with opals:
yet the woolly aphid attacks the Adam's apple;
the spider grows hairs and becomes a philosopher,
and Jonah's umbilically keen giant canned sardine lays eggs in the
                                         bars of Nineveh,
dancing the useless tango of metaphorical religions
in the hour of vermouth
with the the oil king's son.

37. The flower shirt of springtime flutters above Wall Street;
the giant jug of winter
waters the syphilitic boulevards with a sneeze.

38. The French rooster steps on the hens of the world,
and the metaphysical chicks
cackle in the sacred pulpits;
the countess of Noailles' underpants perfume poetry;
Collette Willy chokes Clemenceau with her garter's petal,
plucking the rain-soaked rose of the legion of honor
on the bloody shirts of pornography.

39. Berlin's geothermal plants sooted infinity.

40. Flocks of countless seaplanes
glide atop the circle of horizons;
the steel fish smokes the periscope's naval pipe;
a great adventurous bird
migrates from the radiotelegraph station full of ocean liners,
its wings wet with Benedictine;
Mistinguett shows off her legs through the ship's wireless antennae;
the news-covered sea echoes like a crowded bank;
the food canner goes out to catch lobsters in oil, in an oceanic
                                             automobile;
smoking the nostalgia of all the ports singing the Internationale;
the migrant delouses his worm-eaten back
on the strong breakwaters
that encase the callused coves of yore in stone and iron;

sobre la hoja caída de los mares amarillos
desparraman las islas niponas
los estilos engrandecidos de la agricultura,
—s o b r e l a h o j a c a í d a d e l o s m a r e s a m a r i l l o s ,—
y el salitre de Chile, navegando,
alimenta las tierras hambrientas de Confucio;
crucificada en los antiguos mástiles, enloquecidos de aventuras,
la leyenda oceánica, sol trizado,
agita las alas quebradas y rumorosas como los recuerdos empapelados
o como
los racimos de uvas, también, de uvas tan polvorosas que son pájaros
muertos, o velorios;
sin embargo, la tierra se sumerje en la bruma acuaria,
París, Berlín, Madrid son bahías universales
y muelles eternos con los ojos teñidos de viajes e itinerarios,
un recuerdo de navegaciones joviales, se difunde sobre Castilla, la vieja,
y hasta los caminos apolillados y polvorientos
son como navíos sin agua y sin corsarios elementales,
anclados en el gesto inmóvil de las solteronas.

40. Onofroff descubre la última muela de Sócrates y el tercer huevo de
Jesucristo.

41. La rasgadura comercial, internacional y pedagógica,
la llaga cívica de las rameras
se abre, como una gran institución pública, encima de la civilización
moderna,
y los funcionarios, todos los esclavos-lacayos de ahora,
—los cocheros, los prestamistas, los sacerdotes, los policías, los
notarios y los jueces—,
van a comprar t o d o s los sábados
el derecho de pasarles oficialmente la lengua por las verijas.

42. Lloran en la vía pública
las hojas marchitas del asfalto
y los poetas horizontales.

across the fallen leaf of the yellow seas
Japan's islands scatter
exalted styles of agriculture,
—across the fallen leaf of the yellow seas,—
and Chile's saltpeter sails
until it feeds the hungry lands of Confucius;
crucified on the ancient, adventure-crazed masts,
the oceanic legend, a smashed sun,
flaps its broken and noisy wings like wrapped memories or like
bunches of grapes, too, grapes so dusty they are dead birds, or wakes;
nonetheless, the earth plunges into the aquarian mist,
Paris, Berlin, Madrid are universal bays
and eternal piers whose eyes are stained with trips and itineraries,
a memory of cheerful navigations spreads through old Castile,
and even the moth-eaten and dusty roads
are like ships without water and without basic pirates,
anchored in the static gesture of old maids.

40. Onofroff discovers Socrates's last wisdom tooth and Jesus Christ's
                                                    third ball.

41. The commercial, international and pedagogical slit,
    the whores' civic sore
    opens over modern civilization, like a great public institution,
    and the civil servants, all the slaves-lackeys of today,
    —the coachmen, the moneylenders, the priests, the policemen, the
                                          notaries and the judges—
    spend a l l their Saturdays shopping
    for the official right to lick their crotches.

42. The asphalt's withered leaves
    and the horizontal poets
    are crying on the thoroughfare.

43. Las masas obreras tienen toda la vulva podrida
    y los piojos arriba de la palabra;
    sin embargo, la cuchilla desventurada remece las cadenas y las banderas,
    el chancro de la rebelión económica muerde los esqueletos,
    y la ladilla democrática se multiplica en los ensueños del planeta;
    maduró la hora tremenda de los gremios, y ya no existe el h o m b r e,
    existen el zapatero, el minero, el carpintero y el albañil entre el cielo
                                                                    y el mundo.

44. El bigote de Guillermo II y la filosofía alemana
    piensan, en actitud de sauces llorones,
    que el pobre, el triste y el vencido t a m b i é n son necesarios.

45. Además los bandoleros cinematográficos de la Manchuria
    castraron al Príncipe de Gales
    con una gran cuchilla de soles prudentes.

46. Todavía el Maharajá de "Las Islas Cóncavas"
    se pone calcetines de diamante
    y atraviesa la geografía con la luna desnuda en los brazos.

47. Las mariposas evolucionan en el foyer agreste,
    y un triple aroma a gasolina
    tiñe la farmacia atmosférica y se deslíe sublimemente
    en la botella terapéutica del aire-máquina
    abierto y extenso como un sanatorio:
    la mecánica de este paisaje al oxígeno,
    aquella tal sonoridad de establo
    que le ciñe de victrolas de matrimonio,
    y aquel bicolor de tablero de ajedrez,
    volcado en la mesa de billar de un garito completamente azul de azules
    conmueven el ferrocarril que parte su gran área agronómica,
    y el animal de hierro desparrama su carcajada eléctrica y esférica;
    la seriedad geométrica de los eucaliptos domina operarios y animales.

43. The vulva of the working masses is rotted
    and their words are covered with lice;
    however, the ill-fated blade rattles the chains and flags,
    the chancre of economic rebellion bites the skeletons,
    and the democratic crab louse multiplies in the planet's daydreams;
    the awesome hour of unions has come of age, and m a n is no longer,
    instead there's the cobbler, the miner, the carpenter and the brick-
                    layer between the sky and the world.

44. In weeping willow posture,
    Wilhelm II's mustache and German philosophy are thinking
    that the poor, the sad and the defeated are a l s o necessary.

45. Furthermore Manchuria's film bandits
    castrated the Prince of Wales
    with a big blade of prudent suns.

46. Still the Maharaja of "The Concave Islands"
    puts on diamond socks
    and crosses geographies with the naked moon in his arms.

47. The butterflies evolve in the wild foyer,
    and a triple aroma of gasoline
    tarnishes the atmospheric pharmacy and dissolves sublimely
    into the therapeutic bottle of the air-machine
    as open and vast as a sanatorium:
    the mechanics of this oxygen landscape,
    resounding like a stable
    surrounded with wedding phonographs,
    and two-toned like a chess set,
    upturned on the pool table of a dive swarmed with blue
    unsettle the train as it cuts through its vast agronomic area,
    and the steel animal belts its electric and spherical guffaw;
    the geometric seriousness of the eucalyptuses rules over workers and
                    animals.

48. Las estufas del departamento de calefacción de Yanquilandia
    ordenan la temperatura del continente,
    y los barómetros consultan los calendarios norteamericanos.

49. Krupp oprime el botón de los cataclismos y paren todas las estrellas.

50. Sin embargo la agricultura ve la hora en el sol,
    y el gesto de los edificios
    copia la euritmia panorámica del árbol,
    o la montaña escalonada.

51. ¡Dios mínimo y cosmogónico del radio,
    gran turbina filosófica,
    puñado de soles, puñado de mares ardiendo en las clínicas!…

52. ¿Quién tuerce el eje del espanto hacia los patíbulos?…

53. Al día se le reventaron los dinamos
    y cayó la noche degollada,
    cayó la noche, estrellada de cinematógrafos, desde las terrazas;
    —Essenin, suelta los pájaros negros.

54. Los ojos ingenuos del almanaque
    miran las vidrieras del otoño y sonríen
    con aquella tan rubia figura del año.

55. Paloma de acero de la ciudad,
    asoma el instante de las motocicletas oblicuas,
    y emerge la niña trizada de las pistolas.

56. Pío Baroja mueve los teatros con el ombligo,
    les vacía un tintero de idiotas aportillados y rabones,
    mientras se le sonríen las tripas.

57. Las lunas artificiales
    hojean, en la gramática de los cielos urbanos,
    el folletín eléctrico del tráfico.

48. The stoves of Yankeeland's heating department
    regulate the continent's temperature,
    and the barometers consult North American calendars.

49. Krupp presses the cataclysm button and all the stars give birth.

50. Yet agriculture tells time by looking at the sun,
    and the buildings mimic
    the panoramic eurhythmia of the tree,
    or the tiered mountain.

51. Minimal and cosmogonic god of radio,
    great philosophical turbine,
    fistfuls of suns, fistfuls of seas ablaze in clinics!…

52. Who turns the axle of terror toward the gallows?…

53. The day's dynamos burst
    and night fell beheaded,
    cinematically, the starry night fell from the terraces;
    —Essenin, release the black birds.

54. The almanac's naive eyes
    stare at the shop windows of autumn and smile
    at that very blonde figure of the year.

55. Steel dove of the city,
    the instant when oblique motorcycles appear,
    and the broken girl with the pistols emerges.

56. Pío Baroja rouses the theaters with his navel,
    he douses them with inkwells of broken-down and naked idiots,
    his guts smiling all the while.

57. In the grammar of urban skies,
    the artificial moons
    leaf through the electric rag of traffic.

58. París descolgó su manta de fríos
    del ropero del Norte, la echó encima de la Opera,
    y le dejó los senos desnudos.

59. También los negritos antropófagos
    se comieron a una señora en aceite indiferente,
    quedando con la garganta llena de rosas.

60. Y es indiscutible
    que siempre suceden esmeraldas
    cuando el mar suspira.

61. Los inviernos llenos de cárceles
    demuestran la grandeza embanderada del Estado;
    las ranas clínicas de la Morgue
    planean sobre los hospicios, las iglesias y los manicomios
    creando las apologías del carabinero Maroma
    y los lacayos metafóricos del Metropolitan House
    prueban la dignidad republicana;
    el elefante de madera, sin pensamiento,
    canta la canción nacional en checoslovaco
    lamiéndose el colmillo de oro.

62. Parado
    en todas las esquinas del universo,
    el polizonte.

63. La araña telefónica empuña la esponja cloroformada de los
                                              acontecimientos.

64. Sardina de vidrio,
    cruje el volante internacional de los suplementeros
    ensuciando el tea-room del crepúsculo.

65. Nació el instante de la rosa querida,
    giraron los molinos pedagógicos del meridiano,
    murió la hora confusa de las violetas,
    y la pollera negra se deshizo en murciélagos;

58. Paris pulled out its winter shawl
    from the dresser of the North, threw it over the Opera,
    and left its breasts uncovered.

59. Also the little black cannibals
    ate a lady in some kind of oil
    and their throats ended up full of roses.

60. And it's undeniable
    that emeralds always occur
    when the sea sighs.

61. The winters full of jails
    give proof of the flag-waving grandeur of the State;
    the Morgue's clinical frogs
    glide over the hospices, the churches and the insane asylums
    providing Officer Lanyard with an alibi
    and the metaphorical lackeys of the Metropolitan House
    are proof of republican dignity;
    the wooden elephant, without thinking,
    sings the national anthem in Czechoslovakian
    while licking its golden tusk.

62. A cop
    is standing
    on every corner of the universe.

63. The telephonic spider grips the chloroformed sponge of events.

64. The newsboys' international supplement
    swooshes like a glass sardine
    littering the tea room of dawn.

65. The instant of the beloved rose was born,
    the meridian's pedagogical mills turned,
    the confused hour of violets died,
    and the black skirt unraveled into bats;

horario de la tribuna contemplativa;
viajan las semanas con las maletas llenas de días;
guardapolvos cuotidianos;
por aquella gran línea circulatoria e inmóvil,
clavada de tiempo a tiempo,
de mundo a mundo.

               —Sola!...

y de canto a canto,
va la caída enloquecida de la vida, rodando
como el electrón, el sol, las carrocerías
y el universo;
¿de dónde deviene la costumbre de vivir?...
nada:
itinerario sin cabeza:
día a día;
     —c r o n ó m e t r o   d e   h o r r o r e s   d e   l a   l i t e r a t u r a ......
día a día;
y las águilas asesinadas coronando los c a l e n d a r i o s;
mes:
he ahí la rueda-cinema de las épocas:
la época frutal de los graneros, las vendimias y los balnearios,
la época de la hoja marchita y el automóvil gris,
la época fluvial de los tejados, las estufas y los cementerios,
y la época del duraznero y las claras muchachas sin calzones,
además, la época innominada, f u e r a   d e l   t i e m p o,
la gran época en suspenso, en la cual no se vive ni se muere sin embargo;
tranco
a
tranco;
ferrocarril de soledad, amedrentado,
transatlántico,
barómetro de pólvora también, o taxímetro de automóviles desaforados
                                         y horrendos,
viaje sin viaje, rumbo sin rumbo,
y, ¿e l   t i e m p o?...
encerrado en las relojerías.

schedule of the contemplative platform;
the weeks travel with suitcases full of days
storing quotidian dust;
along a great and motionless line
precisely circulating from time to time,
from world to world.
                              —Alone!...
and from song to song,
and along that line goes the frenzied fall of life,
rotating like the electron, the sun, the coachwork
and the universe;
where does the habit of living come from?...
nothing:
headless itinerary:
day to day;
              —l i t e r a t u r e's   s t o p w a t c h   o f   h o r r o r s......
day to day;
and the murdered eagles crowning the c a l e n d a r s;
month:
there's the wheel-cinema of the ages:
the fruit-bearing age of the barns, the grape harvests and the watering
                                                            holes,
the age of the withered leaf and the gray automobile,
the rainy age of rooftops, stoves and cemeteries,
and the age of the peach tree and the pale girls without underpants,
also, the nameless age, o u t s i d e   o f   t i m e,
the great suspenseful age, in which one doesn't live but also doesn't die;
stride
to
stride;
railroad of solitude, terrified,
ocean liner,
barometer of gunpowder too, or taximeter of boundless and ghastly
                                                            automobiles,
voyage without voyage, course without course,
and, t i m e ?...
trapped in watch shops.

66. Los gatos marinos del Norte
    aúllan, desde el ventisquero de Petowik, sobre Chicago,
    tonadas y conciertos en esquimal isócrono.

67. Parece que todos los ríos tapados
    tuvieran intenciones violentas de salirse de lo oscuro
    con las alas tendidas;
    ah! la g r a n brújula patológica;
    el hombre ve mejor con los ojos cerrados;
    amanecieron las auroras subterráneas,
    y los sentidos multiplicados
    ven la sombra,
    oyen todos los silencios,
    ven la sombra,
    y palpan las antiguas cosas con el dedo inédito,
    el gran dedo inédito,
    con el dedo inédito de las tinieblas
    y los terremotos;
    ya no cantamos, s o m o s   c a n t o;
    he ahí la verdad integral del mundo:
    ha parido la montaña negra.

68. Paciencia del tiempo
    detenido encima de las máquinas.

69. Como es la época del espanto y del andrajo,
    caminan degolladas las paradojas,
    y el árbol de hierro da rosas lluviosas de romanticismo.

70. ¿Qué pretende el paisaje aquel con tantos pájaros en la cabeza?…

71. Lloran los últimos tangos
    en las almas-guitarras de los telégrafos;
    y hay fábricas de mujeres funiculares
    que les ponen a las más pequeñas y rubias un sexo enorme y oscuro
    como el sentido de la época.

66. From the snowdrifts of Petowik and over Chicago,
the sea otters of the North
howl melodies and concertos in isochronous Eskimo.

67. It seems as if all the clogged rivers
were violently intent on spreading their wings
and fleeing the dark;
oh! the g r e a t pathological compass;
man sees better with his eyes closed;
the subterranean sunrises dawned,
and the multiplied senses
see the shadow,
they hear all the silences,
see the shadow,
and feel ancient things with their unknown finger,
their big unknown finger,
with the unknown finger of darkness
and of earthquakes;
we no longer sing, w e a r e s o n g;
that's the whole truth of the world:
the black mountain has given birth.

68. Patient time
standing still over the machines.

69. Since it's the age of terror and rags,
the paradoxes walk with their throats slit,
and roses soaked with romanticism bloom from the iron tree.

70. What's that landscape up to with all those birds in its head?...

71. The last tangos cry
in the souls-guitars of the telegraphs;
and there are factories that make funicular women
and outfit the youngest and blondest ones with a sex as enormous and dark
as the meaning of the age.

72. Millones de ascensores evolucionan filosofando entre las cunas y las tumbas.

73. El directorio de la "H u g o   S t i n n e s   y   C í a." acuerda la estrella
de turno.

74. Seguramente, los ferroviarios tullidos van a desrielar la filosofía o la
literatura.

75. Pero los naranjos iluminados del Mediterráneo
arrojan sobre la vida inicua
toda la confianza de los huertos.

76. Techumbres calcinadas y polvorientas de las Colonias.

77. Las doradas girls
se hacen besar el capullo de la virginidad
por serios esclavos de negrura.

78. Cien
m u l t i m i l l o n a r i o s   n o r t e a m e r i c a n o s revolotean
sobre el Oriente.

79. El sol químico de los laboratorios
gravita en torno de aquel hombre terrible y mecánico de las probetas;
de repente se quiebra un átomo
y se derrumban todas las fronteras del siglo
con los huesos deshechos;
la pequeña luz delgada y tímida de las catástrofes
troncha el sí de las torres y los puentes
con su alita de ave doliente y avasalladora,
y las fórmulas matemáticas
rompen el carácter de piedra de los fenómenos.

80. Cigarros de bencina
sobre las terrazas republicanas y astronómicas;
la geometría plástica de los campos;
y luego, los pinos, todos los pinos que son depósitos de aguarrás,
y las aceitunas y las avellanas del paisaje,

72. Millions of elevators evolve, philosophizing between cradles and graves.

73. The board of "H u g o   S t i n n e s   & C o." agrees on the star of the
                                                                                    moment.

74. Surely, the crippled railway workers will derail philosophy or literature.

75. But the illuminated orange trees of the Mediterranean
    cast all the confidence of the orchards
    over iniquitous life.

76. Scorched and dusty rooftops of the Colonies.

77. The golden girls
    make the serious slaves of darkness
    kiss the bud of their virginity.

78. One hundred
    N o r t h a m e r i c a n   m u l t i m i l l i o n a i r e s hover over the
                                                                                    Orient.

79. The chemical sun of the laboratories
    revolves around that awful and mechanical test-tube man;
    suddenly an atom cracks
    and all the century's borders crumble
    with shattered bones;
    the fine and meek little light of catastrophes
    truncates the self of the towers and bridges
    with its tiny wing like a hurt and overwhelming bird's,
    and the mathematical formulas
    break down the stony temperament of phenomena.

80. Gasoline cigars
    on the republican and astronomical terraces;
    the plastic geometry of the fields;
    and then, the pines, all the pines that are turpentine deposits,
    and the olives and hazelnuts of the landscape,

y también los canelos, los boldos, los espinos, los muermos y los
                                        peumos soberbios,
tan bonitos y tan felices.

81. ¡Cuidado con la sombra de la sombra de la sombra!...

82. Viene el instante sin paraguas,
    la hora lluviosa de la estampilla-calavera-gusano,
    el día en calzoncillos,
    y los pájaros galvanizados estiran su voz de aluminio;
    las últimas motocicletas
    cantan en el ramaje del crepúsculo
    su grito enorme como un mitin;
    tristeza del municipio enluta los tranvías preocupados,
    y la Asistencia Pública
    dirige la palabra blanca a los enfermos.

83. Desembarcó del tiempo la florista del calendario
    con sus saquitos de agua de Colonia,
    y todos los sombreros como eras salieron a recibirla;
    el cinema del comercio
    está florido de sastrerías en botón;
    cantan las colmenas del corazón del hombre
    y los arbolitos chilenos
    florecen en las mejillas calenturientas y difíciles
    como el tiempo en los libros;
    las últimas vírgenes aprietan las piernas
    estirándose el calzón de ingenuidad que les ciñe los sexos menudos,
    y los duraznos nuevos
    les rompen toda la camisa.

84. Jack Dempsey no es rumiante,
    además se murió diez veces iguales cuando era tiempo;
    dejemos que los molinos serios
    circulen con ruidos ruidosos adentro de la anatomía,
    y no nos preocupemos de González;
    rebuzna la justicia en los establos diplomáticos;
    y el marrueco de la filosofía

and also the cinnamon trees, the boldo trees, the hawthorns, the
                              muermo and proud peumo trees,
so pretty and so happy.

81. Beware of the shadow of the shadow of the shadow!…

82. Here comes the instant with no umbrella,
    the rainy hour of the stamp-skull-worm,
    the day in its underpants,
    and the galvanized birds straining their aluminum voice;
    in the foliage of twilight
    the last motorcycles belt out
    their cry as enormous as a rally;
    municipal sadness casts a pall over the worried streetcars,
    and Public Assistance
    metes out a white word to the sick.

83. The calendar's florist disembarked from time
    with her small bagfuls of eau de cologne,
    and all the hats like ages came to meet her;
    the cinema of commerce
    is decked out with tailor shops in bloom;
    the hives of the heart of man are singing
    and the little Chilean trees
    flower in the feverish and difficult cheeks
    like time in books;
    the last virgins squeeze their legs together
    smoothing out the guileless underpants that cling to their slight sexes,
    and their budding peaches
    rip open their shirts.

84. Jack Dempsey is not a ruminant,
    besides he died all ten times when the time came;
    let's let the serious mills
    circulate through the anatomy making noisy noises,
    and let's not worry about González;
    justice brays in the diplomatic stables;
    and the fly of philosophy

se abrocha con tres botones y un testículo
sacándole la lengua a los difuntos
detrás de la esquina de los problemas trascendentales.

85. Hoy. (Tres botones de tibia de muerto muy muerto).

86. "Es menester que me ponga mi frac cosmogonario".

87. Anoche no trabajó el pegador de carteles imprescindibles,
    por eso toda la mañana quedó fuera del mundo.

88. Croan los pálidos cuervos que andan vestidos de sacristanes.

89. Job publica los siete dilemas de las lágrimas, las grandes lágrimas
                                            que no se lloraron.

90. Los ópalos enamorados arañan la noche y la muerte.

91. Se oye un gran olor a angustia,

92. olor morado,

93. olor de la ramera madrugadora y los sepulcros,

94. olor mojado.

95. "Antaño me llamaba mundo:
    ahora no tengo caminos que arar con las costillas;
    por eso entono la tonada vertiginosa
    que escriben los círculos del planeta desvencijado e importante como
                                            la vejiga
    encima de la inexistencia", exclama la abuela de Praxíteles.

96. "Es menester que me ponga mi frac cosmogonario".

97. La última niña vende los frutos podridos del abdomen
    y los dos racimos del pecho

gets done up with three buttons and one testicle
sticking its tongue out at the dead
around the corner from transcendental problems.

85. Today. (Three buttons from a very dead man's shinbone).

86. "I must wear my cosmogonary tails."

87. The indispensable billposter was off duty last night,
    that's why this morning was left out of the world.

88. The pale ravens croak dressed up as sextons.

89. Job publishes the seven dilemmas of tears, the big tears that were
                                                                not wept.

90. The lovestruck opals claw away at night and death.

91. One hears a great smell of anguish.

92. purplish smell,

93. smell of the early-rising whore and the tombs,

94. wet smell.

95. "Back in the day my name was world:
    now I have no roads to plow with my ribs;
    that's why I sing the vertiginous ballad
    written by the loops of a planet as dilapidated and important as the
                                                                bladder
    above nonexistence," exclaims Praxiteles's grandmother.

96. "I m u s t w e a r m y c o s m o g o n a r y t a i l s."

97. The last girl sells the rotten fruits of her abdomen
    and the two harvests of her chest

en las ferias desnudas y estrelladas,
y la gran esponja borra las vidas
empapada en el vinagre de los lutos.

98. pero,

99. tu corazón es como las campanas desventuradas.

100. "Voy a comprar soledad para mi auto,
oh! amigos enloquecidos,
adiós!, hasta la hora soberbia de los esqueletos".

in the naked and star-riddled markets,
and the great sponge wipes out lives
soaked in the vinegar of mourning.

98. but,

99. your heart is like the ill-fated bells.

100. "I'm going to buy solitude for my car,
oh! my friends gone mad,
goodbye!, until the mighty hour of the skeletons."

3

Soy el hombre casado, yo soy el hombre casado que inventó el matrimonio;
varón antiguo y egregio, ceñido de catástrofes, lúgubre;
hace mil años, mil años hace que no duermo cuidando los chiquillos y
las estrellas desveladas;
por eso arrastro mis carnes peludas de sueño
encima del país gutural de las chimeneas de ópalo.

Dromedario, polvoroso dromedario,
gran animal andariego y amarillo de verdades crepusculares,
voy trotando con mi montura de amores tristes...

Alta y ancha rebota la vida tremenda
sobre mi enorme lomo de toro;
el pájaro con tongo de lo cuotidiano se sonríe de mis guitarras tentaculares
y absortas:
acostumbrado a criar hijos y cantos en la montaña,
degüello los sarcasmos del ave terrible con mis cuchillos inexistentes,
y continúo mis grandes estatuas de llanto;
los pueblos futuros aplauden la vieja chaqueta de verdugo de mis tonadas.

Comparo mi corazón al preceptor de la escuela del barrio,
y papiroteo en las tumbas usadas
la canción oscura de aquel que tiene deberes y obligaciones con lo infinito.

Además van, a orillas mías, los difuntos precipitados de ahora y sus
andróginos en aceite;
los domino con la mirada muerta de mi corbata,
y mi actitud continúa encendiendo las lámparas despavoridas.

Cuando los perros mojados del invierno aúllan, desde la otra vida,
y, desde la otra vida, gotean las aguas,
yo estoy comiendo charqui asado en carbones rumorosos,
los vinos maduros cantan en mis bodegas espirituales;
sueña la pequeña Winétt, acurrucada en su finura triste y herida,
ríen los niños y las brasas alabando la alegría del fuego,

I'm the married man, I'm the married man who invented matrimony;
ancient and eminent man, covered in catastrophes, gloomy;
for a thousand years I haven't slept, a thousand years looking after the
                                        kids and the wakeful stars;
that's why I drag my hairy dream-flesh
over the guttural country of opal chimneys.

Dromedary, dusty dromedary,
great wandering and yellow animal of crepuscular truths,
I'm trotting with my saddle of sad loves…

Awesome life bounces high and wide
atop my huge, bull-sized back;
the everyday bird with the derby hat smiles at my tentacular and self-
                                        absorbed guitars:
accustomed to raising children and songs in the mountains,
I behead the awful bird's sarcasms with my nonexistent knives,
and I continue my great statues of tears;
future peoples applaud the old executioner's jacket of my melodies.

I compare my heart to the preceptor at the neighborhood school,
and I babble in the worn-out graves
the dark song of someone who has duties and obligations to infinity.

Furthermore, there, on my shores, go the hurried dead of now and
                                        their androgynes in oil;
I command them with the dead stare of my necktie,
and my stance keeps on lighting the terrified lamps.

When the wet dogs of winter howl, from the next life,
and, from the next life, the waters drip,
I'm eating charqui roasted over murmuring coals,
the mature wines sing in my spiritual cellars;
little Winétt dreams, curled up in her sad and wounded delicacy,
the children and the embers laugh praising the joy of fire,

y todos nos sentimos millonarios de felicidad, poderosos de felicidad,
contentos de la buena pobreza,
y tranquilos,
seguros de la buena pobreza y la buena tristeza que nos torna humildes
                                                    y emancipados,
...entonces, cuando los perros mojados del invierno aúllan, desde la
                                                    otra vida...

"Bueno es que el hombre aguante, le digo,"
así le digo al esqueleto cuando se me anda quedando atrás, refunfuñando,
y le pego un puntapié en las costillas.

Frecuentemente voy a comprar avellanas o aceitunas al cementerio,
voy con todos los mocosos, bien alegre,
como un fabricante de enfermedades que se hiciese vendedor de rosas;
a veces encuentro a la muerte meando detrás de la esquina,
o a una estrella virgen con todos los pechos desnudos.

Mis dolores acuartelados
tienen un ardor tropical de orangutanes;
poeta del Occidente,
tengo los nervios mugrientos de fábricas y de máquinas,
las dactilógrafas de la actividad me desparraman la cara trizada de
                                                    abatimiento,
y las ciudades enloquecieron mi tristeza
con la figura trepidante y estridente del automóvil:
civiles y municipales,
mis pantalones continúan la raya quebrada del siglo;
semejante a una inmensa oficina de notario,
poblada de aburrimiento,
la tinaja ciega de la voluntad llena de moscas.

Un muerto errante llora debajo de mis canciones deshabitadas.

Y un pájaro de pólvora
canta en mis manos tremendas y honorables, lo mismo que el permanganato,
la vieja tonada de la gallina de los huevos azules.

and we all feel like happiness millionaires, powerful from happiness,
happy in our good poverty,
and at peace,
certain of the good poverty and the good sadness that makes us humble
                                             and emancipated,
…then, when the wet dogs of winter howl, from the next life…

"It's good for a man to bear it, I tell you,"
that's what I tell the skeleton when he starts falling behind me, grumbling,
and I give him a kick in the ribs.

I often go to buy hazelnuts or olives at the cemetery,
I go with all the pipsqueaks, full of joy,
like a manufacturer of diseases who would become a rose vendor;
I sometimes find death pissing around the corner,
or a virgin star with naked breasts.

My confined pains
have a tropical fervor of orangutans;
poet of the West,
my nerves are grimy from factories and machines,
the typing girls actively lay out my face wracked with despondency,
and the cities turned my sadness into madness
with the frenzied and strident figure of the automobile:
civil and municipal,
my pants continue the broken line of the century;
akin to an immense law office,
populated by boredom,
the blind jar of the will full of flies.

A wandering dead man cries under my uninhabited songs.

And a gunpowder bird
sings in my terrible and honorable hands, the same as permanganate,
the old tune about the hen with the blue eggs.

de *Satanás* (1927)

YO EXISTO,
¡ah!,
YO EXISTO sobre el día corriendo,
AQUÍ,
pregunto mi dirección a las alondras del infinito más infinito,
CANTO, CANTO, CANTO,
agarrándome a los aeroplanos de mi voz, ¡oh!, de mi voz embanderada
y americana,
o borneo, monologando, una gran palmera de volcanes,
abro los sétimos ojos encima de ese rodaje de láminas y triángulos
indiscutibles,
refuto la argumentación desdentada del esqueleto,
y, tocando la canilla despavorida,
inicio el tiempo, amigos, inicio el tiempo,
el tiempo de los vocabularios y los siglos partidos en figuras;
  A,
  E,
  I,
  O,
  U;
cuando la tarde inmóvil, como un toro, en la derrota del gesto y del signo,
rodea de ciudades agonizantes el acordeón de los últimos sueños,
yo escupo, lleno de saliva la guatita de las estrellas, yo escupo, pero yo escupo;
además, los lagartos empapelados me lamen la filosofía;
los frutos maduros del sol
lloran en mis teatros de azufre y sangre quemada,
y el problema de luto
me araña las entrañas de celuloide terrible
con los serruchos del *jazz-band*,
irremediablemente,
ME ARAÑA LAS ENTRAÑAS DE CELULOIDE TERRIBLE,
entonces, se me ríen las tripas,
se me ríen las tripas,
y se me ríen las muelas lo mismo que a los tontos y a los muertos

from *Satan* (1927)

I EXIST,
ah!,
I EXIST above the course of day,
HERE,
I ask for directions from the larks of most infinite infinity,
I SING, SING, SING,
latching on to the airplanes of my voice, oh! of my flag-bearing and
American voice,
or I veer, in mid-monologue, around a great volcanic palm,
I cast my seventh eyes on that reel of sheets and indisputable triangles,
I refute the skeleton's toothless arguments,
and, with a tap on the terrified shinbone,
I originate time, my friends, I originate time,
the time of vocabularies and centuries split into figures;

    A,
    E,
    I,
    O,
    U;

when the static afternoon, like a bull, in the downfall of the gesture and
the sign,
surrounds the accordion of last dreams with dying cities,
I spit, filling the belly of the stars with saliva, I spit, and how I spit;
also, the paper lizards are licking my philosophy;
the ripe fruits of the sun
cry in my theaters of sulfur and burnt blood,
and the problem in mourning
scrapes the dreadful celluloid of my entrails
with the jazz-band's saws,
inevitably,
SCRAPES THE DREADFUL CELLULOID OF MY ENTRAILS,
then, my guts burst out laughing,
my guts burst out laughing,
and my molars burst out laughing like the dumb and the dead,

a los parientes de adobe que hacen costumbres,
a la vieja mohosa que cuida los despoblados con su tristeza,
a los ataúdes sin candado,
a las emociones sin candado,
a los emigrantes sin candado,
a las botellas rotas y rojas encima del crepúsculo,
y a los crucifijos empeñados y espantosos
en el desván de los somieres y los colchones de las putas nubladas,
entonces, se me ríen las tripas,
se me ríen las tripas,
y se me ríen las muelas lo mismo que a los tontos y a los muertos,
empuño los látigos metafísicos
y me azoto el corazón,
agarro las palabras por la garganta y, aunque me muerden, las voy
                                                    domesticando,
y afirmo,
y niego,
y afirmo,
entonces, se me ríen las tripas,
se me ríen las tripas,
y se me ríen las muelas lo mismo que a los tontos y a los muertos;
es la cosa lluviosa y sin título,
la angustia adoquinada, del color del periodismo y del color del cementerio,
el limón de las agrias provincias,
la religiosidad colonial y tan española de los tejados enmohecidos como
                                                    las medallas,
las brujas paridas de la fatalidad,
el petate indemostrable y los mantos usados y las niñas y las lunas usadas
                              y los finados sin velas constantes,
los recuerdos coleccionados en alcancías;
por eso soy como la cuaresma y como la obscenidad AMARILLA:
así, altanero y abismado como los cipreses o como los poetas,
quebrado a la manera del riel violento,
con aburrimientos de termómetro, de epopeya y de oficina,
blanco y negro, a planos totales,
lo mismo que la psicología del Buonarroti, o la moral colosal del fuego
                                                    y del hierro,

like the adobe relatives who get into habits,
like the musty old woman who minds the deserts with her sadness,
like the unlocked caskets,
like the unlocked emotions,
like the unlocked immigrants,
like the broken red bottles above the twilight,
and like the pawned and awful crucifixes
in the attic with the bleary whores' bed frames and mattresses,
then, my guts burst out laughing,
my guts burst out laughing,
and my molars burst out laughing like the dumb and the dead,
I grab metaphysical whips
and lash at my heart,
I grab words by the throat and, though they bite me, I break them in,
and I affirm,
and I deny,
and I affirm,
then, my guts burst out laughing,
my guts burst out laughing
and my molars burst out laughing like the dumb and the dead;
it's the rainy and untitled thing,
the cobbled anguish, the color of journalism and the color of cemeteries,
the lemon of the sour provinces,
the colonial and very Spanish religiosity of rooftops rusted like medals,
the hags born of fatality,
the indemonstrable bed mat and the used blankets and the used girls
                    and moons and the deceased without constant candles,
the memories stored in collection boxes;
that's why I'm like Lent and like YELLOW obscenity:
just like that, haughty and reserved like cypresses or poets,
broken like the violent rail,
with the boredom of thermometers, epics and offices,
black and white, in total planes,
the same as Buonarroti's psychology, or the colossal morals of fire and iron,

y también, sí, también, ¡oh!, matemático,
parecido a una discusión de los terremotos con los terremotos;
uno se compara a todo lo aciago, lo oscuro, lo acerbo,
se define entre los naufragios,
y le sobra espanto capaz de vestir de herrumbre a toda la alegría humana,
semejante a las águilas contradictorias,
vuelo en tirabuzones entusiastas y ofensivos en la tristeza,
quebrándome en umbrales insospechables,
o hago la caída acuarelada del avión sin desterrados;
agujerear lo absoluto,
dominar la tiniebla endurecida y el mar de azogue,
triplicar la voluntad,
y demostrar a Dios a carcajadas, como los pájaros,
geométrico y maquinal como las catástrofes;
meto mi alma en los bolsillos del mundo
y saco polillas y mates de verdades muertas,
me paro encima de mi esperanza,
aspiro a los rascacielos estrafalarios, al puente tirado de siglo a siglo,
y todos los versos se me cuelgan del corazón,
entonces, mi cansancio dobla la cabeza,
y un signo inmóvil se remonta encabezando los presidiarios y los vagabundos;
tribulación, horrenda tribulación del camino que quiere hacerse fin;
es, también, la acción dispersa y ahuecadora, es tal vez, un desequilibrio
que responde a arquitecturas perdidas;
sólo la soledad me acompaña en este ardiente derrumbamiento sin murallas,
destino de ametralladora quebrada, exactamente, de ametralladora
                              quebrada, o mucho teatro en ruinas;
¡ay!, como perro loco aúllo a orillas de las noches peludas,
los gallos huidos cantan en la eternidad,
encima de los árboles serios y negros de las naciones incendiadas,
estiro los brazos de punta a punta de la tierra,
y muchos los ámbitos ciegos,
echan a volar desde mi figura incorruptible,
borneo agrios cantos, altos cantos de ladrones,
rodeado de mujeres agonizantes,
por eso goteo sudores de gente destruida,
sin embargo, mi voz es contentamiento,

and also, yes, also, oh!, mathematical,
akin to an argument earthquakes have with earthquakes;
one compares oneself to all that is ill-fated, dark, bitter,
defines oneself amid shipwrecks,
with enough excess terror to cover all human joy in rust,
like contradictory eagles,
I fly through the sadness in eager and offensive spirals,
shattering in unsuspected thresholds,
or I watercolor the freefall of the airplane without exiles;
to pierce the absolute,
to command the hardened darkness and the mercury sea,
to triple the will,
and to prove God by guffawing, as birds do,
geometric and mechanical like catastrophes;
I stick my soul in the pockets of the world
and extract the moths and gourds of dead truths,
I'm standing on my hope,
I aim for outlandish skyscrapers, for the bridge from century to century,
and all the verses dangle from my heart,
then, my weariness turns its head,
and a motionless sign soars ahead of the inmates and drifters;
suffering, the awful suffering of the road that wants to come to an end;
it's also the dispersed and burrowing action, perhaps an imbalance
that answers to lost architectures;
I'm joined only by solitude in this smoldering collapse without walls,
the fate of a broken machine gun, exactly, of a broken machine gun,
                                    or so many theaters in ruins;
oh!, like a mad dog I howl on the brink of the hairy nights,
the fugitive roosters sing in eternity,
above the serious and black trees of burning nations,
I stretch my arms across the ends of the earth,
and many are the blind regions,
they take flight from my incorruptible figure,
I steer sour songs, high songs of thieves,
surrounded by dying women,
that's why I drip the sweat of ruined people,
however, my voice is contentment,

congoja a electricidad, actitud patético-dinámica, con piedras azules,
violoncelo sin violetas,
emoción de máquina y de máscara, caricatura en bronces fatales,
mi gramática es alegremente lúgubre,
sí, lo mismo que el asesinato en las batallas,
pólvora con alcohol morado y polvoso,
opresión al espíritu de aquel que viviese al pie de la más alta cantina,
o se asomase al pensamiento, desde el borde del mundo, sobre los abismos,
                              temblando, a la orilla, bien a la orilla,
y se resbalase de repente, sí, sí,
además, el dolor es durable como la mala comida,
dinamo a millones de actividades por segundo,
con la inminencia y lo espantoso de las revoluciones astronómicas,
mi corazón está ahí, girando,
porque yo soy el que espera el tren que no existió nunca,
y el que escucha todas las horas del cielo,
el condenado a la gotera que cae encima del cerebro, una a una,
sin embargo, querría, ¡ah!, querría todos los pescados del sol sonoro,
la nave inmóvil anclada encima de los sepulcros desaparecidos,
y el timón de las estrellas oceánicas,
para tocar la campana del genio,
en ese instante cuadrado y declamatorio de la poesía,
o ando vendiendo mi corazón de pobre enorme,
y mis espectáculos de girasoles, ¡ay!, con negros tremendos,
además, la llamarada vegetal del porvenir, además,
y el ejercicio en patines de alambre o de aceite circulatorio,
la guitarra apolillada del aviador, tirada sobre los crepúsculos y los
                              telégrafos, impunemente,
avizorando los últimos;
entonces, cacarean las gallinas trascendentales;
pero yo no comprendo, yo no comprendo
cómo el diamante del día no corta aún el vidrio inútil e impresionante;
timoneo mis buques piratas, y tus cielos tenaces y rubios, FILOSOFÍA,
levanto las compuertas imaginarias,
y los cien tranques iguales avasallan la curva siniestra, persiguiéndose,
luego las ideas asesinadas,
la intuición escalonada en escalonado, verde-podrido, granate, tuerta,
                              negra, ciega, con ocasos guillotinados,

electric anguish, patho-dynamic mindset, with blue stones,
violoncello without violets,
emotion of machine and mask, fatal bronze caricature,
my grammar is joyously somber,
yes, the same as murder in battles,
gunpowder with purple and powdery alcohol,
oppressed be the spirit of one who lives at the foot of the highest tavern,
or who peers at thought from the edge of the world, above the abysses,
                              trembling, on the brink, way on the brink,
and slips all of a sudden, yes, yes,
besides, pain endures like bad food,
a dynamo at millions of activities per second,
as imminent and ghastly as astronomic revolutions,
my heart is there, spinning,
because I'm the one who waits for the train that never was,
and who listens to all the hours of the sky,
the one doomed to the droplets that fall on the brain, one by one,
nonetheless, I'd like, ah! I'd like all the fish from the sonorous sun,
the motionless ship anchored above the missing graves,
and the rudder of the oceanic stars,
so as to toll the bell of genius,
in that firm and declamatory instant of poetry,
or I go around peddling my enormous pauper's heart,
and my sunflower spectacles, oh!, awesomely black,
also, the vegetable blaze of the future, also,
and the exercise on skates with wires or circulating oil,
the aviator's moth-eaten guitar lying on the twilights and the telegraphs
spying on the latter with impunity;
then, the transcendental hens cluck;
but I don't understand, I don't understand,
how the day's diamond still can't cut the useless and impressive glass;
I steer my pirate ships and your tenacious and blond skies, PHILOSOPHY,
I open the imaginary floodgates,
and, one after another, the hundred identical dams stymie the sinister curve,
then the murdered ideas,
the staggered intuition in tiers, rotten-green, maroon, one-eyed, black,
                              blind, with decapitated dusks,

151

el ademán de tempestad innumerable,
la conciencia aulladora, la clínica, lo polvoroso, lo derrengado,
y la voluntad del mueble durable,
el animal no usado, no,
la abulia, la inercia, la descomposición ilimitada y abarcadora;
ya viene llegando la noche, ¡ay!, la noche, la noche con su ramo de violetas;
sí, eso es todo;
aquella gran honorabilidad de cordero clavada al alma;
palanca del suceso en la mano demente y gris, PALANCA, PALANCA,
sobre los gestos cóncavos, LA NADA,
la camisa incomprendida que me ciñe entonces, siempre,
corona de arañas,
el día quebrado, sin literatura,
el hombre sublime,
y un pantalón de fuego y de llanto encima,
Dios llorando,
no vendo caminos ni ciudades,
y es el instante exclusivo y asombroso que apunta la carabina del destino,
por eso comprendo lo apenado,
y el color de la ley violenta,
las piedras llagadas, sin sombra, la enfermedad del acero y del andrajo,
las osamentas, las espesuras de mástiles,
la orquesta despernancada del terremoto, tan sincero y tan soberbio,
la risa judía del automóvil,
levantándoles los vestidos a las montañas;
recuerdo el estilo de la vieja que vendía pescado con ojos profundos,
y el chófer variable como la temperatura,
las baladas diplomáticas de la motocicleta enamorada, bien enamorada;
ahora soy quien define las madreselvas,
también los edificios, las tonadas definitivas,
y el gesto en agua inmóvil;
lo mismo desembarcan del recuerdo aquellas enfermeras violetas;
o ando buscando a Pablo de Rokha desde las alturas desprestigiadas,
y, aunque me encuentre en sus obras de sueño, en las estampillas y en
                                                    las sepulturas,
soy lo errante, lo inencontrado, lo ausente,
no el viajero, el viaje, ¡oh!, ¡oh!, el viaje, la rueda andariega, extranjera,
                                untada de países invulnerables,

the gesture of countless tempests,
the howling or clinical conscience, what's dusty or twisted,
and the will of durable furniture,
the animal not used, no,
the apathy, the inertia, the unlimited and encompassing decomposition;
the night is coming now, oh!, the night, the night with its bouquet of
violets;

yes, that's all;
that great lamb-like integrity nailed to the soul;
the lever of events in the demented and gray hand, LEVER, LEVER,
above the concave gestures, NOTHINGNESS,
the misunderstood shirt that clings to me, always,
crown of spiders,
the broken day, without literature,
sublime man,
and trousers of fire and tears above,
God crying,
I sell neither roads nor cities,
and the sole and astonishing instant is pointing the rifle of fate,
that's why I understand the sorrowful,
and the color of the violent law,
the ulcerous stones, without shade, the sickness of steel and tatters,
the skeletons, the densities of masts,
the sprawling orchestra of the earthquake, so sincere and so proud,
the Jewish laugh of the automobile,
lifting up the mountains' dresses;
I remember the ways of the old lady who sold fish with deep-set eyes,
and the driver as moody as the weather,
the diplomatic ballads of the motorcycle in love, deep in love;
now I'm the one who defines the honeysuckles,
also the buildings, the definitive melodies,
and the gesture in standing water;
maybe those violet nurses disembark from memory;
or maybe I'm searching for Pablo de Rokha from the ramshackle heights,
and, even if I find myself in his dream works, in stamps and graves,
I'm what's errant, what's missing, what's absent,
not the traveler, the voyage, oh!, oh!, the voyage, the wandering wheel,
foreign, slathered with invulnerable countries,

la sirena patológica del transatlántico,
arrinconada en las distancias desmejoradas del pretérito,
con las cejas llovidas de acordeones;
aterrizó el minuto de la canilla despellejada,
el minuto del costillar y las cuencas abstractas, adentro del invierno,
y el minuto del hueso inútil y abandonado;
agarro mi sombrero,
y es dolor,
agarro mi palabra,
y es dolor —y ES DOLOR mi sombrero y mi palabra—,
dolor, dolor caído de las bocas de los mundos, dolor, dolor,
trizado de verdades continentales,
camino, yo camino,
y mis huesos ignoran cómo se anda andando,
tiempo sin canciones,
y la culebra literaria y española,
automóvil de ceniza,
árbol con gusanos en el cerebro,
y frutos calientes,
sol de herrumbre, empavesado, en la caída estrafalaria,
cosas de solos,
oficinas con mucha sucia, mucha,
y un paraguas incontestable,
goteado de siglos y gestos de maquinarias,
sol urbano,
manada de tribulaciones,

                              GRIS,

manada de tribulaciones,
recuerdo que hubo épocas
en que pedí prestada la congoja al astrónomo,
y a Dios lo absurdo,
hoy vendo la capa morada por treinta silencios,
y este jumento de añil, de oro, de carbón,
que se pasa comiendo estrellas y asuntos,
y bebiéndose, a cada jornada,
todas las bodegas de LA POESÍA,
inventar un mundo, o un mundo,

the ocean liner's pathological siren,
cornered in the run-down distances of the past,
its eyebrows drenched in accordions;
the minute of the skinned shin has landed,
the minute of the ribcage and the abstract eye sockets, inside of winter,
and the minute of the useless and abandoned bone;
I grab my hat,
and it's pain,
I grab my word,
and it's pain—and PAIN IS my hat and my word—,
pain, pain fallen from the mouths of worlds, pain, pain,
shattered by continental truths,
I'm walking, walking,
and my bones don't know how they go on walking,
time without songs,
and the literary and Spanish serpent,
automobile of ash,
tree with worms in its brain,
and warm fruits,
sun decked in rust, in the outlandish fall,
lonely stuff,
offices covered in so much filth, so much,
and an indisputable umbrella,
dripping centuries and gestures of machinery,
urban sun,
herd of tribulations,

                                        GRAY,

herd of tribulations,
I remember there were times
when I asked the astronomer to lend me his anguish,
and asked God for the absurd,
today I sell the purple cape for thirty silences,
and this indigo, golden, coal-black donkey,
that spends its time eating stars and affairs,
and drinking away, every day,
from all the wine cellars of POETRY,
to invent a world, or a world,

echárselo a la espalda, en vértice, solo, sin grandeza,
y sentirse como las mantas mojadas,
voy a degollar mi canto con mi burla;
asumo toda la desgracia distribuida;
por eso escribo, desde las plataformas, los varios estados trascendentales,
en la carátula extasiada, más adecuada;
mandato de existir y devenir testarudo;
he ahí que yo corono las glorias antiguas, francamente;
además, digo: CANTO, digo: TIEMPO, digo: MUNDO,
y la verdad colosal levanta la cabeza desde los sepulcros y los aeroplanos,
como si se le hubiesen roto las arterias a la conciencia;
mi sueño define, UNO, sin bayonetas, sin heliotropos, en la eternidad
                                        honorable u honorable;
soy, y sollozan las atmósferas,
porque se les perdieron los estilos matemáticos;
me voy haciendo,
y mi tranco talla la estatua innominada,
MOVIMIENTO ABSOLUTO;
ignoro los cuerpos diversos que me ciñen,
pero no comprendo, y sé todas las cosas, aun las hipotéticas,
con aquella dual astronomía del subconsciente;
tuerzo mi cordura de avión indispensable
hacia la palabra de los objetos,
y oscilo a una altura subterránea y muy difícil;
anecdotario de los sepultureros eternos;
naturalmente, yo concibo el sol, el mar y el cielo artista,
entiendo la fruta preñada,
y entiendo el carácter romano del bronce,
la oración moral de la piedra,
la gritada entusiasmada del eucalipto encima del colegio de esmeralda,
la voz latina de la abeja vendimiadora,
y, sin embargo, mi corazón se parece a un antiguo Dios abandonado;
todavía la poesía,
el umbral invisible e inminente, en donde nos partiremos la cabeza,
el abismo, el abismo, el abismo;
enrollo mi acción al malestar único, al ademán único,
y mis venas se arrancan de la tierra soberbia como grandes ríos de angustia,

to carry it on one's back, at an angle, alone, without glory,
with that wet-blanket feeling,
I'm going to slash my song with my mockery;
I take on all the allotted misfortune;
that's why, from the platforms, I write the many transcendental states,
on whichever rapt face is most apt;
headstrong mandate of existence and becoming;
honestly, that's why I crown the ancient glories;
besides, I say: SONG, I say: TIME, I say: WORLD,
and colossal truth lifts its head from the tombs and airplanes,
as if the arteries of conscience had ruptured;
my dream defines, ONE, without bayonets, without heliotropes,
                              eternally honorable or honorable;
I am, and the atmospheres sob,
because they lost their mathematical styles;
I'm making myself,
and my stride sculpts the nameless statue,
ABSOLUTE MOVEMENT;
I overlook the various bodies that surround me,
but I don't understand, and I know all things, even the hypothetical,
with that dual astronomy of the subconscious;
I twist my essential airplane sense
toward the word of objects,
and I oscillate at a subterranean and highly unlikely altitude;
diary of the eternal gravediggers;
naturally, I conceive the sun, the sea and the artist sky,
I understand the pregnant fruit,
and I understand the Roman character of bronze,
the moral sentence of stone,
the enthusiastic clamor of the eucalyptus above the emerald school,
the Latin voice of the harvesting bee,
and, yet, my heart looks like an old, abandoned God;
still there's poetry,
the invisible and imminent threshold, where we'll split our heads open,
the abyss, the abyss, the abyss;
I roll my action into the sole malaise, the sole gesture,
and my veins uproot themselves from the proud earth like great rivers
                              of anguish,

planeo sobre la metafísica,
evoluciono arriba del tiempo amóvil,
agarro los caballos maleducados,
y se me destruyen los puntales del universo,
o la jarcia morada;
sistema de lamentos, oficina de cantos y llantos,
y las tías echadas entre los membrillos y las caobas, adentro del porta-
monedas,
sí, las oscuras uvas de polvo,
los murciélagos colgados del mes de agosto, de la tos pulmonar de junio
y julio,
y la matemática de platino del poema,
el fantasma duro y vago, a la vez, construido y destruido de símbolos,
la arquitectura, el álgebra, el émbolo de tracciones imprescindibles;
es la bruma, la niebla de diamante, tan arbitraria,
el bulto inhábil que se sumerge,
la función infantil, abismada, abstraída y adivinatoria,
lo contradictorio que coincide con lo contradictorio por todo aquello,
y se adapta y se acopla al imprevisto ecuacionable,
el ciego que intuye las formas eternas, iluminadas por todas las sombras,
la libertad mecánica y frenética del individuo;
mismamente la encina azul amamanta sus hijitos artificiales,
y la estupenda guagua amarilla
eructa de leche celeste la gran negrura filosófica;
porque la soledad, como el invierno, requiere mantas de agua;
pero jamás, jamás, jamás salió el sol por el occidente,
a pesar de que todas las noches más noches no son, apenas, sino días
olvidados;
con la hijita muerta encima del pecho de fiera,
sí, agujereó la muralla de metal polvoroso y girante,
arrasó los puentes y las torres acumuladas;
la espada y el amor, señora, son materias indiscutibles;
ahora la tarde con tres tetas, principalmente, la tarde con tres tetas sin
importancia,
y los pájaros matemáticos,
el ave de cartón o de latón con porcelana y aun de vidrio de botella de
botica,

I glide over metaphysics,
I evolve above amobile time,
I grab hold of the insolent horses,
and the universe's buttresses crumble on me,
or the bruised rigging;
system of laments, office of songs and tears,
and the aunts sprawled between the quinces and mahoganies, inside the
                                        change purse,
yes, the dark grapes of dust,
the bats dangling from the month of August, from June and July's
                                        pulmonary cough,
and the platinum mathematics of the poem,
the ghost both harsh and slight, built and destroyed with symbols,
the architecture, the algebra, the piston of essential tractions;
it's the mist, the diamond fog, so arbitrary,
the awkward form that sinks,
the child-like, amazed, rapt and prophetic function,
the contradiction that coincides with the contradiction all around,
and adapts and adjusts to the unforeseen equation,
the blind man who intuits the eternal forms illuminated by every shadow,
the mechanical and frenetic freedom of the individual;
actually the blue oak suckles its artificial little children,
and the awesome yellow baby
burps her celestial milk into the vast philosophical darkness;
because solitude, like winter, requires raincoats;
but never ever ever did the sun rise in the west,
even though all the nights upon nights are hardly more than forgotten days;
with the little dead daughter on the savage breast,
yes, it pierced the wall of dusty and spinning metal,
it destroyed the bridges and the stacked towers;
love and the sword, madam, are indisputable matters;
now the afternoon with three tits, mainly, the afternoon with three
                                        unimportant tits,
and the mathematical birds,
the bird made of cardboard or brass with porcelain and even pharmacy-
                                        bottle glass,

cantando en la astronomía del hemisferio y del esqueleto,
la tronada argumentada de resortes;
y después, los astros quebrados,
la bandera del cielo enlutada, amarrada a las astillas del mundo,
el acordeón de la muerte sonando
encima de la obscuridad amedrentada, ¡ah!,
dominando el drama mugriento,
la gran seriedad sin triunfos de estrella ni de abismo,
y el aire de metales tuberculosos,
yo, egregio, enderezando fatigas sin dinero,
apuntalando mis debilidades de héroe,
llenando la tinaja desventurada
con el llanto de las historias viudas
al sol mojado,
acumulando caras de mundos en la dinamita del estilo;
amontono, yo amontono tu actitud encima del oriente,
a la manera de grandes ciudades de otoño, de grandes ciudades de invierno,
tu actitud semejante a los últimos frutos del castaño, del manzano, del
                                                               naranjo,
tu actitud semejante a los recuerdos de la tía soltera,
tu actitud semejante a los versos honestos de las guitarras y las provincias,
¡oh!, tu actitud olorosa a cedrones y a limones pretéritos,
atraco leños, grandes leños a las hojas caducas,
y tus hogueras innumerables
van alegrando la antigüedad parada del crepúsculo
lo mismo que el aroma útil de las panaderías;
¡ay!, la inmensa tos de sangre que viene del poniente;
deshojados pantalones asesinos;
en fin, un sol maricón que parece vidrio muy grande;
sobreviene la rosa lluviosa y pobre;
pero yo veo la sombra partida en colores emocionantes;
los pájaros blancos del Mediterráneo y aquella gran vela moderna,
                                                         corrigiendo,
porque la nada agranda;
la risa nerviosa del automóvil del hospicio
quiebra las botellas del día,
y las escuelas huelen a rosas maduras;

singing in the astronomy of the hemisphere and the skeleton,
the sprung arguments of thunder;
and then, the cracked stars,
the flag of the sky in mourning, tied to the splinters of the world,
the accordion of death playing
above the frightened darkness, ah!,
commanding the filthy drama,
the great gravitas of stars and abysses in defeat,
and the air full of tubercular metals,
eminent and penniless, I unravel fatigues,
shoring up my hero's weaknesses,
filling up the wretched jar
with tears from widowed tales
under the wet sun,
collecting the faces of worlds with my dynamite style;
amassing, I'm amassing your attitude above the east,
in keeping with the great cities of autumn, the great cities of winter,
your attitude akin to the last fruits of the chestnut tree, the apple tree,
                                                        the orange tree,
your attitude akin to the memories of the spinster aunt,
your attitude akin to the honest verses of guitars and provinces,
oh!, your attitude fragrant with lemon verbena and past lemons,
I moor logs, giant logs to shed leaves,
and your countless bonfires
enliven the stalled antiquity of twilight
the same as the useful aroma of the bakeries;
oh!, the big bloody cough that comes from the west;
murderous pants stripped bare;
in short, a sissy sun that resembles a giant glass shard;
the poor and rainy rose comes up suddenly;
but I see the shadow split into thrilling colors;
the white birds of the Mediterranean and that great modern sail,
                                                        righting itself,
because the void enlarges;
the nervous laughter of the orphanage automobile
shatters the bottles of the day,
and the schools smell like roses in bloom;

recuerdo los mercados, las bodegas y las cocinerías,
las caletas mariscadoras,
el corazón de los vinos honrados y polvorientos,
la cara de tinaja o de guitarra de la malaya asesinada en rubíes,
los morrones entusiastas y anarquistas como el pescado,
y, a la izquierda del mundo,
el sol falsificado de los cementerios;
las carretas huracanadas
vinieron a alojar en las lluviosas y enmohecidas canciones de entonces,
                    con aquel copioso aroma a vacas perdidas;
ahora yo me acuerdo de Licantén, orillas del Mataquito,
me acuerdo de la casa aquella, como de polvo, con duraznos, con mem-
                    brillos, con naranjos, con un farol, sí, con
                    un farol en la esquina de la noche y con palomas
llorando más arriba del pueblo del sueño,
me acuerdo de la tía Clorinda, oliendo a chicha florida, y de don Custodio
                    y de la Rosa y de la Flora Farías y de la beata doña
                    Rosario y del Oficial Civil y del cura don Liborio,
me acuerdo de los chicharrones y de los pigüelos y los causeos de don
                    Vicho, y del poruña Abdón Madrid y de la tonta
                    Martina y del compadre Anacleto y del borracho
                    Juan de Dios Pizarro y Juan de Dios Chaparro,
me acuerdo de las piaras costinas, tan olorosas a cochayuyos y a senti-
                    mientos de Iloca,
y me acuerdo de los lagares, ciertamente, de los lagares de buey, arrumados
                    en los graneros, llenos de huevos y
                    herramientas, "entre junio y julio",
y me acuerdo de las botas y las mantas españolas de mi abuelo,
me acuerdo de la media rayada del silabario y de las enredaderas polvo-
                    rientas de la escuela,
y después, Talca, la ácida, la árida Talca,
la lluviosa ciudad negra, seria, fea y atribulada, de santos de sombra y de
                    aceitunas,
la vieja escuela cluequeando entre los tamarindos,
la vieja escuela primaria, la vieja escuela primaria, y don Tomás, el pre-
                    ceptor don Tomás, sí, don Tomás,
                    el amigo de Dios, y las bolitas,

I remember the markets, the wine shops, the eating houses,
the fishing boats,
the heart of the honest and dusty wines,
the jar- or guitar-like face of the steak butchered into rubies,
the red peppers as fervent and anarchistic as fish,
and, to the left of the world,
the counterfeit sun of the cemeteries;
with hurricane force the carts came
seeking shelter in the rainy and rusty songs of old, with that copious
                                    aroma of lost cows;
now I remember Licantén, the banks of the Mataquito,
I remember that house, as if made of dust, with its peach trees, its quince
                    trees, its orange trees, with a lamp, yes,
                    with a lamp in the corner of the night and
                    with doves
crying above the town of dreams,
I remember aunt Clorinda, smelling like rosy chicha, and don Custodio
                    and Rosa and Flora Farías and pious doña Rosario
                    and the Civil Officer and the priest don Liborio,
I remember the cracklings and the pihuelos and don Vicho's meals, and
                    that shark Abdón Madrid and slow Martina
                    and the comprade Anacleto and the wino Juan
                    de Dios Pizarro and Juan de Dios Chaparro,
I remember the coastal herds, so fragrant of seaweed and Iloca feelings,
and I remember the winepresses, certainly, the oxen winepresses, kept in
                    barns full of eggs and tools,
                    "between June and July,"
and I remember my grandfather's boots and Spanish blankets,
I remember the spelling book's striped stocking and the school's dusty
                                    vines,
and then, Talca, acid, arid Talca,
that rainy, black, serious, ugly, anguished city of shadows, saints and olives,
the old school clucking among the tamarinds,
the old elementary school, the old elementary school, and don Tomás, the
                    preceptor don Tomás, yes, don Tomás,
                    the friend of God, and the marbles,

y el volantín azul arriba de la provincia enmohecida,
aquella gran bronconeumonía y los anchos armarios de carretillas y la
vida de Colón, la vida de Edison, la vida de Washing-
ton con monitos, y los lacrimatorios del mapa-mundi,
y las matitas de poroto y de zapallo creciendo, ardiendo en los extramuros
del alma,
los caminos de estatuas, apuntalando un sol cuadrado y polvoso,
y los himnos escritos en la piedra, por la obscura mano que nadie conoce,
y después, el Seminario de las polillas, catres de chinches meados de perros
y muertos, el Seminario de las arañas y el gran invierno
abandonando su huevo enorme en los soberados de la infancia,
la yegua cristiana y difícil,
la cola peluda y colonial del catolicismo
enlazándome, envolviéndome, amarrándome,
la humedad filosófica, la humedad matemática, de aquel animal aceitoso y
amarillo con lo aceitoso y lo amarillo del mausoleo,
entelequia espantosa creciendo del adolescente, abismado como la llama
ambigua del aguardiente,
la llaga cristiana o la desgarradura, anidada de murciélagos,
y el pecado, el pecado madurando una gran callampa negra, entre las
sabandijas y las brujerías,
y después, después las niñas Pinochet
y las cacerías y las borracheras en la montaña, adentro del espíritu
irreparable,
y los versos honestos entre los sembrados, los espinales, los viñedos y las
islas profundas de Pocoa,
que era lo mismo que un causeo de invierno, que era,
y después, el niño inhábil, el confundido, el planetario,
a patadas con los manicomios,
y las cartas lluviosas: "estudia, hijo, estudia, las cosechas van malitas, a la
bodega vieja se le cayó el cielo
y a la Chepita un diente, ¿qué te sucede?...
cobra un giro y reza por nosotros, el año inútil, hijo, sí, el año inútil,
tu mamá te manda un pavito, abrazos, hojuelas y charqui de la guitarra,
aquí, ya hay violetas, cuídate, van aceitunas, patitas de chancho, miel, quesi-
tos de cabra, murió el rucio Caroca, tu padre, Ignacio",

and the blue kite above the rusted province,

that massive bronchopneumonia and the wide cupboards on wheels
and the life of Columbus, the life of Edison, the life of
Washington with little monkeys, and the world map's
lachrymatories,

and the little beanstalks and pumpkins growing, burning on the outskirts
of the soul,

the roads with statues, propping up a stocky and dusty sun,

and the hymns written in stone, by the dark hand that no one knows,

and then, the moth-eaten Seminary, bedbug-ridden cots pissed on by
dogs and corpses, the Seminary full of spiders and the vast winter
leaving its enormous egg in the attics of childhood,

the Christian and difficult filly,

the hairy and colonial tail of Catholicism

roped around me, wrapped around me, binding me,

the philosophical wetness, the mathematical wetness, of that oily and
yellow animal as oily and as yellow as a mausoleum,

ghastly pipe dream that grows inside an adolescent as dumbfounded as
firewater's ambiguous flame,

the Christian sore or the slit, full of roosting bats,

and sin, sin growing a massive black mushroom-head, amid vermin and
witchcraft,

and then, then, the Pinochet girls

and the hunting and getting drunk in the mountains, inside the irrep-
arable spirit,

and the honest verses in the fields, the thickets, the vineyards and the deep
islands of Pocoa,

which was the same as a winter dish, which it was,

and then, the clumsy, confused, planetary boy,

kicking and screaming at the asylums,

and the damp letters: "study, son, study, the harvests are not going well,
the old cellar lost its roof and Chepita lost
a tooth, what's going on with you?...

cash a money order and pray for us, a wasted year, son, yes, a wasted year,

your mother sends you a little turkey, hugs, pastries and guitar charqui,

here, the violets are out already, take care, we're sending olives, ham hock,
honey, goat cheese, red-haired Caroca died, your father, Ignacio",

y yo dentro de la vida tremenda, llorando con los finados, en camiseta,
marchando, marchando, muy contento y
muy bohemio, marchando, marchando así:
Pedro Sienna, el Tonto Barella, Jorge Hübner, Vicente Huidobro, Daniel
de la Vega, Mariano Latorre, la Wini, Angel Cruchaga
S. M., Gabry Rivas, Fray Apenta, marchando, marchando,
y después, la caída hacia Talca, ¡ay!, hacia Talca,
solo y loco,
los días terribles con cabeza de zapallo,
las arañas degolladas de la literatura, andando la noche difícil,
el amigo Jara y las putas, y el amigo Jara y Mejías,
y las botellas y las colillas sin esperanza y los gallos de la adolescencia
llorando en las camas amargas,
el espíritu esquinado y triangulado, trizándose en acciones intermitentes,
y el joven que quiere matarse,
sucediendo el pan filosófico a riberas del eucalipto militar de Pelarco,
el hombre salvaje y titánico, el hombre sublime y dinámico que le aprieta
el cogote a la desesperación y se lava la cara
con salmuera y con vinagre, y come carnero,
y después, LA LUISITA, más bonita que un continente,
las palomas florecidas de "Juana Inés de la Cruz",
la cuchillada en la garganta del espíritu, la cuchillada,
yo gozoso como un tomate,
la niñita linda que pisa alfombras de ternura derrumbada y dolorosa
y uno que lo encuentra todo bueno y nuevo, lo mismo que en los Evan-
gelios, y anda alegre como una luna o un caballo,
el círculo de pólvora y a la vez de tarde llorante y de musculatura y de filo-
sofía de océano,
la tal tristeza de miel de los enamorados,
la moneda melancólica sonando en la oscuridad del hombre,
y después, ¡ay!, después, después el Coronel,
el CORONEL, el CORONEL, el CORONEL y el cine,
la perilla dominadora de los aeroplanos,
y el Coronel enseñándole urbanidad a mi heroísmo,
como un elefante que le tirase la barba al mundo,

and me inside the terror of life, crying with the dead, in my undershirt,
walking, walking, very happy and
very bohemian, walking, just walking:
Pedro Sienna, el Tonto Barella, Jorge Hübner, Vicente Huidobro, Daniel
de la Vega, Mariano Latorre, Wini, Angel Cruchaga
S.M., Gabry Rivas, Fray Apenta, walking, walking,
and then, down toward Talca, oh!, toward Talca,
alone and crazy,
the awful numbskull days,
the spiders of literature, traveling the difficult night, with their throats
slashed,
my friend Jara and the whores, and my friend Jara and Mejías,
and the bottles and cigarette butts all hopeless and the roosters of adoles-
cence crying in beds full of bitterness,
the cornered and triangulated spirit, shattering in intermittent actions,
and the young man who wants to kill himself,
the philosophical bread turning up on the banks of Pelarco's military
eucalyptus,
the wild and titanic man, the sublime and dynamic man wringing
despair's neck and washing his face with
brine and vinegar, and eating mutton,
and then, LUISITA, prettier than a continent,
"Juana Inés de la Cruz" and her doves in bloom,
the gash in the throat of the spirit, the gash,
myself as happy as a tomato,
the pretty little girl who walks on carpets of demolished and painful
tenderness
and one finding it all good and new, just like in the Gospels, and wand-
ering as lively as a moon or a horse,
the ring of gunpowder and at the same time of afternoons full of tears
and muscles and ocean philosophy,
this honey-sweet sadness of lovers,
the melancholy coin jangling in the darkness of man,
and then, oh!, then, then the Colonel,
the COLONEL, the COLONEL, the COLONEL and the movies,
the goatee that commands airplanes,
and the Colonel teaching manners to my heroism,
like an elephant tugging at the beard of the world,

la suegra peluda y metafórica como el patíbulo,
y Carlitos tan cumplido, tan caballerito…—eche la patita mi hijito!…
y la tía Zoila y la tía Julia
y Adardio y las muelas casadas y la tía Clarisa,
y el Coronel, el Coronel, ¡atención: firm!…
y ahora, solos,
arrinconados contra la montaña, solos,
o domando bestias de hierro,
arrojándoles huevos de águila a esa trinchera,
el tren lluvioso o nublado de acordeones, crujiendo mundo a mundo,
Buin, Maipo, Barrancas, San Felipe, Concepción, Valparaíso, Santiago
de Chile
y los hoteles y las pensiones con telarañas sin solución divina, en donde
devienen solteronas, usureros y comida triste,
y las patronas empapeladas con diarios leídos y moscas,
el bastón imperial azotando fieras de cemento;
¡ah!, traía la muerte adentro, la guagua,
sí, sí, como un fruto de azufre, anidado en la rosa de las entrañas, sí,
por eso era tan vieja y tan soberbia su actitud de vidrio trizado,
¡ay!, de vidrio trizado, ¡ay!,
y su alma imponente de ciego o de muerto,
y su carita triste y grande y fuerte,
y su belleza como el mar o como el sol, o como todas las montañas del
mundo,
o lo mismo que un verso de fuego,
¡ay!, un Dios miserable la seguía desde lo infinito,
las frutas profundas de la tierra
no alegraron, no, no alegraron su juventud equivocada,
el huevo de ceniza de la tristeza,
valía más que todas las cosas ella, yo lo juro;
edifico la impresionante soledad, edifico
el cinturón de gozo y de llanto, la vida parida de huesos,
el círculo girante y variable alrededor del ideal,
la gran muralla de latigazos,
la perspectiva de triángulos y láminas y vértices atrabiliarios, hacia la
última voz humana;
he ahí, el hombre que tiene un ojo, sólo un ojo de diamante serio,

the mother-in-law as hairy and metaphorical as the gallows,
and Carlitos so polite, such a little gentleman…—get that leg up, my son!…
and aunt Zoila and aunt Julia
and Adardio and the married grind and aunt Clarisa
and the Colonel, the Colonel, attention!…
and now, we're alone,
pinned against the mountain, alone,
or taming iron beasts,
hurling eagle eggs at that trench,
the train with its accordions of rain or clouds, grinding from world to
world,
Buin, Maipo, Barrancas, San Felipe, Concepción, Valparaíso, Santiago
de Chile,
and the hotels and boarding houses with cobwebs and with no divine
solution where spinsters, loan sharks and sad food all meet,
and the landladies covered in read newspapers and flies,
the imperial cattle prod flogging cement beasts;
ah!, the baby, she carried death inside,
yes, yes, like a sulfur fruit, nested in the rose of the heart, yes,
that's why she had the ancient and proud temperament of broken glass,
oh!, of broken glass, oh!,
and the imposing soul of a blind or dead man,
and a sad little face all big and strong,
and a beauty like the sea's or like the sun's, or like all the world's mountains,
or the same as a verse of fire,
oh!, a miserable God followed her from infinity,
the deep fruit of the earth
did not bring, no, did not bring joy to her confused youth,
the ashen egg of sadness,
she was worth more than all things, I swear;
I assemble the awesome solitude, I assemble
the sheath of joy and tears, the life born of bones,
the variable circle spinning around the ideal,
the great wall of whiplashes,
the perspective of triangles and layers and irascible angles, toward the
last human voice;
there he goes, the man with one eye, just one serious diamond eye,

y setenta manos sin causa,
cuerpo de piedra, pies de bronce errante y circulatorio como un planeta,
                    o como las jaivas ancianas,
y rostro movible, andariego y errabundo, semejante al calendario,
y está cruzado de naciones y de verdades, y vestido de una gran manta
                    pintada con crepúsculos,
empuñando el bastón de los sucesos, los destinos y las palabras,
he ahí
y he ahí, que saca la lengua ardida,
en lo negrazo,
y se ríe con la dentadura;
despernancado y despavorido,
yo vengo viviendo a zancadas incoherentes,
solo,
mundo abajo, ¡ay!, siglo abajo, desgarrándome las entrañas imaginarias
en los espejos despedazados del instante;
historia del espanto;
parece un dolor cerebral, amiga,
y son, apenas, los instintos adoloridos,
la carne maltratada y vagabunda,
la estatua atribulada que llora adentro del hombre forzudo,
en verdad, soy amargo como la salmuera,
pero lo soy combatiendo, lo soy peleando contra la amargura,
tengo la fe tremenda del que no cree en nada,
por eso, sí, por eso mi corazón guerrero y soberbio camina con la espada
                    desenvainada, bramando,
como un toro notable,
por la vía férrea de las batallas

[...]

and seventy hands for no reason,
body of stone, feet of bronze as nomadic and circulatory as a planet, or
                                             as the ancient crabs,
and a face that's movable, restless and roving, akin to the calendar,
and is crisscrossed by nations and truths, and wrapped in a big blanket
                                             painted with twilights,
gripping the staff of events, destinies and words,
there he is
and that's when he sticks out his burnt tongue,
in pitch-blackness,
and he laughs with his teeth;
waddling and terrified,
I've been living in incoherent strides,
alone,
downworld, oh!, downcentury, tearing away at my imaginary entrails
in the shattered mirrors of the instant;
history of terror;
it seems like a pain in the brain, girlfriend,
but it's just the pain of instincts,
the battered and vagabond flesh,
the anguished statue that cries inside the tough guy,
the truth is I'm as bitter as brine,
but even so I'm battling, fighting against the bitterness,
I have the unspeakable faith of someone who believes in nothing,
that's why, yes, that's why my proud and warrior heart walks with its
                                             sword drawn, roaring,
like a prominent bull,
along the railway of battles

[…]

Suramérica (1927)

santo de plata viviendo en la electricidad geometría que se retuerce
dirigiéndose con palomas sin índice originario en la aventura todavía
silencio de banderas todavía luna tan luna del comercio hacia el
hombre hacia el hombre todavía la esmeralda casada y el navío en
carácter indemostrable todavía la lógica que tiene paredes con tunas sin
embargo la casa estricta con los calendarios del radiotelegrama adiós es
posible nunca se parece al huracán la violeta eléctrica cantarita con ojos
frondosos la nieve inútil entonces al taita choapinos del balneario ahora
los peumos sinceros que se oponen al charlestón el urgente adolescente
océano y whisky obscuro cara de llanto a la madera juro por los sueños
cruzados arando filosofía de ferrocarriles elegantes arreando las yeguas
desnudas soy como los telégrafos y lo mismo que las guitarras que se
parecen al mar encima de lo antiguo sobrecogido paloma de luto del
atardecer asfaltado estrellas con melena de episodios y adentro de las
victrolas rubias el periodismo del shimmy and soda alegremente carita
de humo pirograbada en los bastones cotidianos hacia el horizonte único
en actitud de monumento desplumado con razones simultáneas como
las peras grandiosas en caída o la leche abajo clavándose volviéndose
tremendo rodaja obsesionante girando sobre lo mismo hacia lo mismo
galope de asnos impresionantes rajadiablos guardabajo entre los robles de
concreto palanca del trotamundos fuertemente libremente francamente
rojo como las guantadas canciones de ladrones cuchilleros solazándose
la flor llagada de sol con voz así sobrepujando las vacadas más de acero
nunca boleadora en tirabuzón contra el cielo arriba los asesinos tallados
musculatura descubrimiento sin naturaleza son aquellos los boldos
redondos y aquella gran batea debajo de los brazos mojados de la madru-
gada como los ríos contentos frazada del hipódromo tendida sobre bra-
midos admiro las patatas abriendo la tierra guatona y el alfalfal de pintura
tan espesa laceadura de potrones avanzados como el trigal como el maizal
mijita sin embargo lagares hirviendo entonces alegría de uvas trituradas
estupenda de grandes huevos azules y felices reunión de pajares ruidosa-
mente y la heredad patética posiblemente drama del mundo a la grupa de
las leonas amarillas contrallorando las victrolas acordeón sin porvenir una
dirección ultra e innumerable galopando lo adoquinado verso de francia

Southamerica (1927)

silver saint living in electricity writhing geometry setting out with doves
with no index endemic to adventure still silence of flags still moon quite
a moon trafficking with man with man still the wedded emerald and the
indemonstrable ship still the logic with walls covered in cactus fruits
nonetheless the house strict with calendars with the radiogram goodbye
is possible never resembles the hurricane the electric violet little jug with
lush eyes the snow useless then to daddy beach rugs now the sincere
peumo trees that object to the charleston the urgent adolescent ocean
and dark whiskey face weeping to wood i swear on crossed dreams
plowing the philosophy of dapper railroads herding the naked fillies i am
like the telegraphs and the same as the guitars that resemble the sea above
startled antiquity dove mourning dusk paved over stars with serial manes
and inside blond phonographs the journalism of the shimmy and soda
cheerfully smoky little face pyrographed on everyday canes toward the
horizon alone holding a monument pose fleeced with reasons simultaneous
as magnificent pears in freefall or milk below riveting becoming
formidable haunting sliver spinning in place toward the same place gallop
of impressive donkeys hellraiser tumbling between the concrete oaks
globetrotter lever as forcefully freely frankly red as slaps in the face songs
of thieves wielding knives basking in the cankerous flower of the sun with
a voice that outdoes the steeliest cattle just like that never lassoing
corkscrewing against the sky up high the sculpted assassins musculature
discovery without nature those are the round boldo trees and that big
washpan under the wet arms of dawn like happy rivers racetrack blanket
hung out over roars i gape at the potatoes splitting the paunchy earth and
the alfalfa field thick as paint lassoed stallions progressing like the
wheatfield like the cornfield my girl nonetheless winepresses then boiling
the awesome joy of crushed grapes of big and happy blue eggs noisy
reunion of barns and the pathetic farm possibly drama of the world
riding the yellow lionesses counterwailing the phonographs accordion
with no future one direction ultra and innumerable galloping cobblestones
french verse with alcoholic chestnuts the consumptive and dramatic
whore hooked on ether and as honest as the shattered glass of the ideal
god wireless emperor of sown field and awful office surely car without

con castaños alcohólicos la tísica dramática eterómana ramera tan honesta como los vidrios trizados del ideal dios inalámbrico emperador de sementera y de oficina terrible seguramente auto sin alas con ópalos astronómicos la palidez claudica en ese prudente sol de box tan violeta y la locomotora con sombrero apasionado son ésos los vinos furiosos que muerden adentro del alma ardientes potrancas enormes más buenas pero es la norma cortada a pico como el asesinato como la suerte como el analfabeto o lo mismo que el corazón de entonces seminario de valores continentales y máquina la bicicleta estaba más nerviosa que el crepúsculo ahora se iba cayendo del alambre de la velocidad cuando yo la afirmé y la empujé con la mirada pegándole trancazos de espíritu afeitado de angustia en lagares sombreros maduros arriba de los pueblos techados de abejas cebolla del sexo tan redonda debajo del verano panza de vino con trigo es historia más arada que vientre de botella yo cosecho solitarias maquinarias literarias con zapallos oceánicos poniente de sauces mundiales mistela de tiempo color redondo color peludo llanto sin lengua panal lagar trigal todo lo rojo con cloroformo pero con ganados con graneros con pescados vino de cebada bien alegre vino de manzanas escuela de potros melena de choclos urgencia de toros sin cultura era la niña bonita como un automóvil caramba la olla panzuda de legumbres con barros morados u oxigenados güiras de maqui pial de raigun infantil como coco caramba atando buey asado caramba y todo el sol adentro de los higos cuadrados de miel oh bonito comparable a una laguna de tinta o a las bolas redondas de las vitrinas de los boticarios mugrientos gran mujer lechera nido de gallina es decir empolladora ulpo de harina grande tobillo de maleta de licores finos guitarra de ciriaco contreras tendida a orillas de los peromotos mojados avanza tu cesto de lechugas ahora entonces sol con loros redondos alegremente sin violetas corazón agua de porotos peumo del alma chamanto de los puñados americanos anca del cielo valiosa como un todo tallada en chile potrero de animales desnudos provincias de jesucristo tan andadas polcas de gallos que son cementerios tremendos postal del pariente pobre palmatorias de la familia sin catre dorado invierno de aceitunas y el domingo de los empleados públicos que es como los gramófonos demócrata del murciélago sin corbata ay la tristeza solterona a donde vamos a enterrar el horizonte cuando se clausuren los caminos además es el automóvil quinchado de teatinas el guaina de la manta trizada y los novillos que devienen bueyes tan bueyes eso lo perdido

wings with astronomic opals pallor capitulates in that prudent very violet
sun box and the locomotive with a hat all passionate those are the furious
wines that bite into the soul enormous ardent fillies so fine but it is the
norm as steep as murder as fate as the illiterate or the same as the bygone
heart seedbed of continental values and machines the bicycle was more
nervous than the twilight it was now falling headlong from the wire and
i steadied it and prodded it with my gaze flogging its spirit shorn of
anguish in winepresses vintage hats overlooking the towns buzzing
rooftops onion of sex so round under the summer belly of wine and
wheat a history more plowed than the gut of a bottle i reap solitary
literary machineries with oceanic pumpkins sunset of worldwide willows
sweet wine of time with a round and hairy color tongueless cries beehive
winepress wheatfield everything red with chloroform but with cattle with
barns with fish barleywine full of joy apple cider school of colts mane of
corn urgency of bulls without culture dammit the girl was as pretty as an
automobile dammit the pot made of purple or bleached clay all paunchy
with beans maqui wood ropes rooted lasso of childhood like coconut
dammit tying up oxen roast dammit and all the sun inside the figs squares
of honey oh so pretty comparable to a pool of ink or the round balls of
the grimy pharmacy windows great woman milkmaid hen roost that is to
say egglayer flour gruel giant ankle for a suitcase of fine liqueurs ciriaco
contreras his guitar stretched out on the shore next to the wet black mint
plants your lettuce basket moving forward now then sun with round
parrots happily without violets heart bean water peumo tree of the soul
poncho of the american handfuls haunch of sky valuable as a whole
carved in chile pasture of naked animals rundown provinces of jesus
christ rooster polkas that are awesome cemeteries postcards from poor
relatives family candlesticks with no golden cot winter full of olives and
civil servant sundays as democratic as gramophones and full of bats
without a tie oh the spinster sadness where we will bury the horizon once
the roads close it is also the automobile thatched with teatina grass the
kid with the shredded blanket and the calves that become the most oxlike
of oxen all that is lost catalogs of machines in the rain unshaven snacking
my friend she is a portrait of a yellow nature with a cloudy voice that she
forgets and suffocates just like the heart forgets antiquity or like the
babies that die then moths of the world inside the pillow used god of the
sky of the people the hunchbacked little woman as old as the pole that

catálogos de máquinas a la lluvia causeo sin afeitarse mi amiga retrato de
carácter amarillo que tiene la voz nublada que se le olvida que se le ahoga
como el corazón a la antigüedad o como las guaguas que se mueren
entonces polilla del mundo en la almohada dios usado del cielo del
pueblo la chepita vieja como el polo aquello del alma que es día pueblino
que está arrumado y mosqueado en las vidrieras de los boliches italianos
rosarios fiambres de hambre sin elegancia y tos rumiando la pancutra
económica tampoco es la risa química lo declaro ni el sol obeso con su
cadena de tonto arando no andando los cielos públicos nunca atardecer
municipal literatura de alquiler sobre las antenas oh árbol quebrado de la
grúa periódico roto oh periódico roto de la ciudad ahora oh ojos oblicuos
que tienen colores urbanos de jockeys el orador el orador que se incendia
agonizando aviones del occidente hurra los bares cubistas que degüellan
la uva peluda de lo clandestino niña del año virgen a la manera de los
teléfonos calzón de jersey con labios racimo de los besos pintados que
parecen botellas de humo aguafuerte del obrero sin familia un dolor
mercantil como de ciudades como planta que tuviese deudas o como
recuerdo sin guaguas ahorcado lo mismo que casa de ladrones semejante
a esas maletas tan cargadas de kilómetros comparable a la criada con
espanto y a dios vendiendo la gran tierra soberbia historia de hueso son
los palos de fósforos empinándose significa dinamita hoy pobre inútil y
atornillado medallones de costumbres terreno con terremotos miedo del
alma que ignora y que afirma sol exacto la vida afuera yo lo mismo ahora
antaño antaño sombra en triángulos bueno palidez de palidez la luna
parada mirándonos en el instante se presiente eso lo aquello matemático
en geométrico conyuntura de ocasos con vidrios u ojo con muerto la
soledad perentoria que se dirige a la letra u como el rocío al agua florida
adentro la pulga morena produciendo los otoños a la manera del charqui
asado con la melancolía aquella sí con la melancolía aquella tan nublada
del hombre que cruzó llorando pitando viajando los pueblos siempre en
el instante de lo amarillo más morado arma de fuego semejante a la
carabina lluviosa en lo dramático a la ametralladora conmovida cerrada la
cara cruzada tumba de guerrero pero asirio pero egipcio biblia del mar
que es entonces plano y alto sin altura lo mismo que las plataformas y
también la mano inmóvil del orador chalet muy feroz a cualquiera o auto
blindado torre de peones de bronce y es la espada la espada no la espada
que hace deslindes absolutos acuchillando lo imaginario en tajos idiotas

part of the soul that is the day of the people all overcast and full of flies in the windows of the small italian shops rosaries cold cuts of hunger without elegance and cough ruminating the economic pantruca dough nor is it the chemical laughter i dare say nor the obese sun with its stupid chain plowing never walking the public skies the municipal dusk literature for rent above the antennae oh cracked tree of the crane torn newspaper oh torn newspaper of the city now oh oblique eyes the urban color of jockeys the orator the orator ablaze in agony airplanes of the west hurray the cubist bars that behead the hairy grapes of the clandestine girl of the year as virgin as the telephones the jersey underpants with lips the cluster of painted kisses that resemble bottles of smoke the etching of a worker with no family a mercantile pain like that of cities like a plant in debt or like a childless memory hanged just like a den of thieves akin to those suitcases so weighed down with kilometers comparable to the terrified maid and to god selling the great proud earth history of bone as in the matchsticks rising it means dynamite today poor useless and screwed lockets of customs the land full of earthquakes fear of the soul that ignores and that affirms exact sun life outside self the same now bygone bygone triangular shadow alright pale pallor the moon standing still looking at us instantly one foresees this the mathematics in the geometry juncture of dusks with glass or eye with corpse the peremptory solitude that approaches the letter u like dew toward perfume water inside the dark flea producing the autumns reminiscent of charqui roasted with that melancholy yes with that awfully cloudy melancholy of the man who walked on by crying whistling traveling the towns always in the instant of purplest yellowness firearm as dramatic as the rainy rifle as the stricken machine gun overcast face crossed the tomb of a warrior except assyrian except egyptian bible of the sea that is then level and high without height the same as the platforms and also the motionless hand of the orator deadbeat very vicious to anyone or armored car tower of bronze pawns and the sword is the sword not the sword that marks definitive boundaries stabbing the imaginary with stupid cuts like kicks bathtub january palm tree the urban fruit of traffic is a motorcyclist and is the municipal watering cans is the washed tire of commerce the one that enlivens the storefronts of the spirit garden streams coupled with violet women without underpants water of sex of wayward schoolgirl melodramatic underwear sport of the enormous plowman since all noise rises the

como patadas tina de baño palmera del enero motociclista es la fruta urbana del tráfico y son las regaderas municipales es la goma lavada del comercio la que alegra las vidrieras del ánimo chorros de jardines sumados de mujeres violetas sin calzones agua de sexo de colegiala perdularia ropa interior de las novelas deporte del hombre enorme a aradura como todo el ruido se va para arriba la maquina astronómica sonando se añade a los regimientos o esas mujeres sanas y puras y a los asnos dormidos voy copiando a los brutos chúcaros esquivando las lazadas que enarbola el arreador de los treinta puñales parece que la mañana fuese a degollar a ese con las cuchillas tan filudas que anda trayendo y que el dios le ayuda con su actitud de criado no es un solo filo sólo quien nos rebanó ya las últimas tripas es la sierra esfera circular de los aserraderos la atmósfera deviene agua demasiado destilada demasiada agua hombre blanco claro parado liviano delgado chaqueta de hierro que es enormemente fragante a antigua cama de novios lo que parece negro y es negro lo otro lo todo tan difuso horriblemente cruz actitud morada destacándose arriba del abajo perteneciendo no en suceder astronómico lo corriendo certidumbre de neblinas de aluminio sueño de lámpara la cosa que se sumerge desde siempre la máquina metafísica y la obscuridad ay la obscuridad soberbia de lo totalmente iluminado rigiendo las metáforas que son caminos que son sentidos que son estilos semejante a la electricidad con tanta alma plana la presencia ultravioleta que arrastra sacos de figuras indescriptibles como el olor del vidrio mijita estructura de mosaico o sea las rayas cruzadas de la geometría cuando son dados cuadrados alucinados algo que sucede a la espalda del cementerio un bulto variable pasado a química y muy lejos ahora demoroso como los zapallos giratorio como las dinamos pensamiento de vaselina redondo como los focos lo mismo que la palabra gozo pero con planos supuestos que devienen sucediéndose así es el huevo del aviador yo lo comparo en lo inminente en lo imposible efectivo o cuando ladrando los perros fraternales pareciendo abstracta la patagua que hay arriba aquello que abre las puertas abiertas partir la sandía buscando la sandía que está toda adentro toda afuera y no está trepidación de ferrocarril a mansalva no se oye en el entendimiento cuando se oye que llora inmóvil dios inusitado comparémoslo a muchas botellas a los palos parados de los teléfonos más artistas prolongándose en los espejos subterráneos y al alma frondosa y enronquecida del vino se encuentra en los extramuros de la distancia alrededor de lo desusado y lo preterido coro-

astronomic machine resoundingly joins the regiments or those healthy and pure women or the sleeping asses myself aping the dumb beasts dodging the lassos hurled by the herder with the thirty daggers it seems as if the morning were to behead him with the awfully sharp blades that it carries and with the help of god and his servile attitude it is not just one single blade that already sliced what was left of our guts it is the saw circular sphere of the sawmills the atmosphere becomes water too distilled too much water pale white man standing light thin jacket of iron that is enormously fragrant with the smell of old newlywed beds that which seems black and is black the rest all of it so horribly diffuse cross purple stance noticeable above the below belonging not as an astronomic event that which courses certainly aluminum fogs lamplight dream the thing that is forever submerged the metaphysical machine and the darkness oh the proud darkness of what is totally illuminated governing the metaphors that are paths that are senses that are styles akin to electricity with so much soul flat is the ultraviolet presence that drags a bagful of figures as indescribable as the smell of glass my girl mosaic in structure in other words the crossing lines of geometry when they are square hallucinated dice something that happens at the back of the cemetery a variable shape chemical past and very far away now slow like pumpkins revolving like dynamos vaseline thoughts as round as the spotlights the same as the word joy but with supposed planes becoming in succession like the ballsy aviator me comparing them in their imminence in their impossible effectiveness or when the fraternal dogs bark seeming abstractness of the patagua tree up above that which opens the open doors to split open the watermelon looking for the watermelon that is all inside all outside and is not there railroad trepidation at close range cannot be heard in the sense of understanding when one unexpectedly hears god cry motionless let us compare him to many bottles to the most artful telephone poles standing stretching toward the subterranean mirrors and to the lush and hoarse soul of wine located on the outskirts of the distance surrounding the outdated and the bygone crowning old wife tales with bonfires with winters with morsels under the watery ponchos it seems that nobody knows the egg that lays the egg that lays and lives inside that is why suddenly the ink spills or we feel the coffin sticking its tongue out at us fucking hell the alfalfa field with the milk carts on the road the women in stripes descend on the tennis shop windows and the hall of the american

nando cuentos de viejas con braseros con inviernos con causeos debajo de los ponchos acuosos parece que nadie conoce el huevo que pone el huevo que pone y vive adentro por eso de repente se derrama la tinta o sentimos que el ataúd nos saca la lengua carajo el alfalfal de los carros lecheros sobre la vereda aterrizan las damas listadas en las vitrinas del tenis y el hall de los papagayos americanos bulla de botones de dioses entonces contra la concha redonda a cada grito que pego le pongo un collar azul a una muchacha hip hip hurra a a ahora los pescados entusiasmados de sentirse muertos pescan la última luna con los ojos y se sumergen en la piscina de las risas vecinas del vecindario es el tomate rojo de la poesía quien brama lo mismo que los notarios satisfechos el sol en panne otoñal alumbra como la fruta madura los guardianes blancos llevan la aurora al cinto y un entusiasmo de cabrones inútilmente griegos hincha los pechos de los pinos honrados cada uno tiene un jarro de agua sí un jarro de agua y sonríe como un planeta bien vestido semejante a un rascacielos a un presidiario a una sardina yo ando cantando recantando contracantando con mis papeles subterráneos mis pantalones rojos mi sombrero amarillo mis alpargatas verdes y mi chaqueta transparente color dios y mi voz negra espesa como aguardiente de cadáver aquella nueva enferma tan rubia entre las sábanas de río que era lo mismo que las yeguas tordillas relinchando la infancia y los médicos rojos alumbrando la clínica politécnica entonces la enfermera-cloroformo llenando de llamas blancas mirando en actitud de dado de cacho el hospital vendado de heridas la asistencia pública partiendo los vidrios nublados sobrevinieron las neuralgias arrasando los veranos ahora las botellas color dolor más enfermas copretéritas agua de paico y heridas maduras son los carros de cosechas contentos como entierros de hombres jóvenes el membrillo de los aguaceros anticipados rodeada de vinos y quesos la señora está soberbia y profunda como un catre de bronce dormida en pupilas de heliotropo campana del aguacero toda de tonadas paridas o de albahacas tan aplastadas que deviene canto de pavo o de gallo afónico galopan las tías muertas en sus yeguas como eras arreboladas y los pueblos caídos del naranjo adentro el violín de la primera violeta cuando era virgen como la piedra soltera yo era valiente y alegre y venía enarbolando aquella gran verga de montañez confianzudo estaba más delicada que el celuloide tibio peleé a guantadas con el animal de madera y me acosté encima gritando lo mismo que los burros adentro del horizonte abierta la ponía en actitud

parrots bustles with bellhops with gods then against the round gash every time i holler i put a blue necklace on a girl hip hip hurrah ah ah now keen on feeling dead the fish go fishing with their eyes for the last moon and they dive into the neighborhood pool full of neighboring laughter it is the red tomato of poetry that roars the same as the stuffed notaries the sun in the breakdown of autumn shines like ripe fruit the white guardians carry the dawn in their belt and the zeal of uselessly greek bastards puffs the chests of the honest pines each one has a water jug yes a water jug and smiles like a smartly dressed planet similar to a skyscraper to a prisoner to a sardine myself walking singing resinging countersinging with my subterranean papers my red pants my yellow hat my green sandals and my transparent jacket the color of god and my voice as black and thick as corpse moonshine that new and very blonde patient between the bedsheets of the river that was the same as the dappled mares neighing the childhood and the red doctors giving life to the polytechnic clinic then the nurse-chloroform swelling with white flames eyes cast like a pair of dice on the hospital with its bandaged wounds the public health service breaking the dull glass suddenly the neuralgias came and ruined the summers now the bottles the color of pain more preterite patients wormseed infusion and mature wounds it is the harvest carts as happy as burials of young men the quince of the forecast downpours surrounded by wines and cheeses the lady is proud and deep like a bronze cot asleep in the pupils of the heliotrope bell of the downpour awash in melodies or in basil so crushed that it becomes the song of a turkey or a hoarse rooster the dead aunts gallop on their mares like crimson ages and the nations that fell from the orange tree inside the violin of the first violet when it was as virgin as the maiden stone i was brave and happy and was brandishing that massive rod like a brazen highlander it was more sensitive than warm celluloid i traded slaps with the wooden animal and lay on top shouting the same as the donkeys inside the horizon i opened her like a balcony above the grapes and the corncobs and it was the same as feeding peumo trees to the fire and it was the same as entering the sheep pen with the sun inside the satchel oh when we sleep between the fennel and the fog willows coupling us together like black rams beneath the stars shouted full of blue turkeys or me smashing watermelons against her laughter the rotund and visceral moon came about without floral rivers that which writes itself fuel of smoke monotonephonochrome

de balcón sobre la uva y los choclos y era lo mismo que echar peumo al fuego y era lo mismo que entrar al corral de las ovejas con el sol en la mochila oh cuando dormimos entre los hinojos y las nieblas mimbreras agrupándonos como los carneros negros debajo de los astros gritados de pavos azules o le reventaba sandías contra la risa aconteció la luna rotunda de las entrañas poemas sin ríos florales aquello que se escribe solo alimento de humaredas lo monótonofonócromo cuando la lana lanada deviene solo fofo todo y sucede nada o polvo lloroso con termómetros así como cuando todo se empapelase con ceniza con pizarras almacén de huesos de pianos de muertos calvicie de eclipse más plana que la vocabla aplanatada soledad con centro abajo a mucha máquina girando pero viene luego la yegua gloriosa pero mal herrada se cae en lo mismo como las caídas dolorosa elipse giratoria en ese instante sucede la niña morena toda tan desnuda y es como entrar al mar lloviendo algo así confusorio excesivo algo así disparado o como entrar a la montaña a caballo en un bastón de quillay florido yo salgo debajo de sus calzones de diamante como quien saca la cabeza del río con la alegría alborotada de los borrachos asoma a la hora del tranvía de azahares con mucho contento cuando hay una blancura más blanca que de costumbre herida de sol lunada como las bolas redondas de noche pantorrillas de transatlántico telas de melones adolescentes y agua guatita de naranjo y cabellera que extiende lenguas de sexo hasta aguas altas del pie que florece puñalito de apancora distinguida o insecto en la media obscura es alegre como la industria maderera y caliente como el ladrillo de las fábricas o lo mismo que asta de burro o lo mismo que las papas asadas al rescoldo entonces me revuelco en su belleza con esotra gran audacia de los cerdos chicha de maqui con zarzamoras por los sobacos y la resina embotellada del eucalipto entre medio de las piernas abiertas en actitud de alas más anchas y todo lo peludo que deviene cuando me acuesto el alma inútil encima del aroma ultramarino menea la caricia sus remeros de uniforme omnipotente pongo la noche lloviendo con lluvia alegre y negra en sus ojos totales distanciándola es la poesía geográfica del vagabundo alumbrada de colores negativos el terciopelo de miel oscura que define toda la presencia levantándola y se extiende como la eternidad en los muertos honestos y todos los puertos de su audacia con gallos parados arriba del horizonte cielo del atleta muy pintado de granjas en deporte volante de azogue desenrollándose en la llamarada de los pájaros con la cinta ruidosa y el mar al alba augusta

when the wool in its woolliness becomes one big slab of flab and nothing happens or just the dust with thermometer tears just like when everything gets wrapped in ash in slate warehouse of bones of pianos of corpses bald eclipses flatter than that slack word solitude whose center is spinning beneath many a machine but then comes the glorious yet shoeless filly and falls into the same habit of falling painful ellipse revolving in that instant the dark girl shows up so completely naked and it is like going into the sea when it rains something like that confusional excessive something like that like a shot or like going up the mountain on horseback with an ornate cane made of quillay wood and me emerging from under her diamond underpants like someone who sticks his head out of the river with noisy drunken joy peeking out gleefully at the hour of the blossoming streetcar when there is a whiter than usual whiteness wounded by the sun and shaped like the moon like the round balls of night ocean liner calves fabric of adolescent melons and water little belly of the orange tree and head of hair that sticks out tongues of sex at the high water mark of the foot that flowers like a little dagger of venerable pancora crab or an insect in the dark stocking is as happy as the lumber industry and as hot as factory brick or the same as a donkey shaft or the same as potatoes baked in embers then me wallowing in her beauty with that other great audacity of pigs chicha de maqui with blackberries in her armpits and the eucalyptus resin bottled between legs as open as the widest of wings and all the hairy things that happen when i rest my useless soul on that overseas aroma the caress sways its uniformed oarsmen myself omnipotent while pouring the rainy night with its joyful and black rain into her absolute eyes distancing her is the geographic poetry of the wanderer lit up with negative colors the dark velvet honey that defines all presence lifting her up and she stretches like eternity across the honest corpses and all the ports of its audacity full of roosters standing on the horizon the athlete sky all painted like barns its flying mercury sport unfolding in the conflagration of birds with the noisy movie and to the sea the august dawn always gasoline hair cries of machines tragic-bacchic urban beat with mown grass the automobile licks her happy hands and when the city approaches the domestic airplanes neigh like the well-fed sea ancient woman with no noteworthy solitude it was not headed toward her nor does it warn her however because her sex was noisy and it was the same as the custard apple methinks it resembled a word with its back turned to

siempre cabellos de bencina gritos de máquinas trágica-báquica son
urbano con pasto segado el automóvil le lame las manos felices y cuando
aboca la ciudad rebuznan los aeroplanos domésticos como el mar bien
comido antigua mujer sin soledad notable no se dirigía a ella ni a ella
entera sin embargo porque tenía ruido en el sexo y era lo mismo que las
chirimoyas sostengo que se parecía a una palabra de espaldas a la lengua
de los choros viciosos al público de las plazas preñadas de septiembre y a
las potrancas americanas orino su memoria con respeto de animal
encarcelado color guitarra color ciruela color tinaja voy a almorzar sobre
tumba hecha de cueros de puñales imponentes zapallos de ceniza del
continente tubos de pus acerbo atravesando el horizonte de chunchos y
cuervos fatales pulmones de cementerio que son tambores de dioses
podridos en ataúdes que se divierten a una altura más desenfrenada yo
distingo yo formulo todavía no es bastante seguramente aun hay
presencias que se defienden con espanto aúlla dios aportillado en lo
subalterno enarbolando los métodos de la lágrima y el crujido de la vida
nos torna sensibles como las maletas o como lo mismo afuera luz adentro
reprochándose organizado rodaje de metales contradictorios atmósfera de
taquígrafos con mucho apuro de morirse acaricio la máquina virgen con
la gran plumera entonces cien dificultades me comprenden y yo domino
la materia como los viejos notarios a todas las bolas afligido de toronjiles
y de arrayanes cuotidianos todo merodea y lo contengo y lo deseo todo y
todo me define contento desde la otra orilla que ley preside mi sistema
desaforado emana un orden del desorden y las últimas velocidades son
reposo por eso aprendo a manejar autos altos soy lo mismo que el corazón
de todas las uvas nervios de planeta vegetariano tampoco vihuela de
asesino sol pintado pintado pero que alumbra mucho a esta órbita de
astro responde la naturaleza como al bramido de la eternidad la oscuridad
de los toros nocturnos encima de ese ambiente electrificado acumulo
abismos sobre abismos con intención de hombre alegre que defiende su
alegría la españa embanderada de choapinos remontándose diucas con
pueblos durmiendo olvidados en lo urbano cajas de fósforo de los
inviernos anteriores un presente melancólico de malezas que son los
vagabundos más vagabundos de la botánica lloviendo castañas felices
ausencias de horno de tardes rurales letreros con romero predominando
sobre los rascacielos y las cicutas y las ortigas del desengaño gran agua de
culén gran agua contenta gran agua no manzanilla con nublados pera

the tongue of the drugged out thugs to the crowds of the teeming town squares of september and to the american fillies i piss on their memory respectfully like a jailed animal the color of guitars the color of prunes the color of jars me going to have lunch on a tomb made of hides of daggers imposing ashen pumpkins of the continent tubes full of bitter pus traversing the horizon full of owls and deathly ravens cemetery lungs that are drums of gods rotting in coffins who frolic at a more unbridled height me distinguishing me formulating not yet enough already surely there still are presences that defend themselves in terror howling god broken down in the subaltern brandishing the methods of the tear and the creaking of life makes us manifest like suitcases or like the same outside light inside reproaching itself organized wheelwork of contradictory metals atmosphere of stenographers in a rush to die myself caressing the virgin machine with the giant featherduster herself then a hundred hardships comprise me mastering the matter like the old notaries going for all the marbles myself afflicted with lemon balm and everyday myrtle everything lurks and i contain it and i desire it all and everything defines me happy from the other shore whose law presides over my boundless system an order emanates from disorder and the last velocities are at a standstill which is why i learn to drive big cars myself the same as the heart of all grapes nerves of a vegetarian planet nor the murderous vihuela painted sun that although painted casts much light on this astral orbit nature answers as if it heard the roaring of eternity the darkness of the nocturnal bulls above that electrified environment myself piling abysses on top of abysses as intent as a happy man who defends his happiness spain waving its doormat flags harking back diuca birds and towns asleep forgotten in the urban matchboxes of past winters a melancholic present of weeds that are the most vagabond vagabonds of botany raining chestnuts happy rural afternoons without ovens rosemary signs overshadowing the skyscrapers and the hemlocks and the nettles of disillusion wondrous culén herb water wondrous joyful water wondrous water not camomile with storm clouds dried pear pantruca dead fig the ponchos crying blue oregano native to the wrinkled joy surname without dentists cup of firewater with lemon verbena and firewater lemon that saddens the woman demarcates the eastern border with the west and the western border with the east and to the south with its beds of aged water the shy girl whose underpants smell like a ship moon with blood on its

seca pancutra breva muerta llorando los ponchos orégano azul del lugar que es alegría arrugada apellido sin dentistas pocillo de aguardiente con cedrón y con limón de aguardiente que entristece la mujer limita el oriente con el poniente al poniente con el oriente y al sur con camas de agua madura huele a navío el calzón de la niña cerrada luna con sangre en el corpiño y la aorta exagerada del sol hinchado de rameras es un canasto de pan de cemento el corazón de las esposas y un establo de almas en alcurnia acodadas en las ventanas del crepúsculo todas las novias ahorcan gatos amarillos y el amor se parece a una camisa de fuego arroz con pimentón sí sí y patos joviales enrojeciendo las espadas ciudades de mujeres entreabiertas papagayos de anilina comiendo chirimoyas alegres y aromas inusitados torcazas de vino que son desnudos con ajos morados y perejil estridente es la canción nacional de la empanada pastoreando sus abejas encima de lagares filosofales que parecen panzas de santos felices oh potros sonoros tetas del gusto sin retórica que suceden huevos de águilas eminentes el clavel partido que huele entonces a rajadura de vírgenes y la albahaca pisada tan manzana arriba las espuelas de bravura cuyo sable con pañuelos se remonta sobre el alma trazando la última cueca el beso es como el maqui maduro cuando han dormido las culebras en los macales deja la boca de las niñas teñidas de negro y el corazón como los pájaros a la hora preñada de las escopetas alma del pigüelo olorosa a aceitunas de mayo que son lo más íntimo que existe cielo de vacas con ojos obscuros de madres ese entusiasmo se parece a las papayas o a los renuevos de eucalipto y también a pajares incendiados barriga de manzano con nietos castaños jubilados y la patagua alimentada con guairabos duraznos anidados las higueras siriocaldeas sonando como grandes vientos tan cargadas de choroyes parlamentarios que devienen fiestas del dieciocho de septiembre y los toros besando la virginidad de las vaquillas nadie le conoce y anda adentro y afuera rodeándolo mirándolo buscándolo lo mismo pisándose la voluntad semejante a las ametralladoras que se suceden que se persiguen fuera del tiempo y a los matrimonios con muchos hijos a la fruta muy desnuda o muy profunda al agua cansada o al animal que asusta niños

brassiere and the exaggerated aorta of the sun swelling with whores the heart of the wives is a basket of cement bread and a stable of souls leaning aristocratically on the windows of twilight all the fiancées strangle yellow cats and love resembles a fire curtain pepper rice yes yes and cheerful ducks turning swords red cities full of half-open women aniline parrots eating bright custard apples and uncommon aromas pigeons in wine that are nudes with purple garlic and parsley the national song of the empanada is strident shepherding its bees above philosophical winepresses that resemble the bellies of happy saints oh resonant colts tasty tits without rhetoric in succession eggs of eminent eagles the cut carnation that smells then like the slit of virgins and the basil trampled like an apple upward spurs of bravery whose saber with handkerchiefs soars above the soul tracing the last cueca dance the kiss is ripe like the maqui berry when the snakes have been sleeping in the maqui bushes it leaves a black stain on the mouths of girls and the hearts like birds in the pregnant hour of the shotguns pihuelo soul redolent of may olives that are the most intimate thing there is sky full of cows with dark motherly eyes as enthusiastic as papayas or eucalyptus branches and also as haystacks ablaze belly of the apple tree with grandchildren retired chestnut trees and the patagua tree fed by guairabo birds peach trees full of nests the syro-chaldean fig trees resounding like great winds and so packed with parliamentary choroy birds that they become independence day celebrations and the bulls kissing the virgin calves nobody knows him and he wanders inside and outside surrounding himself looking at himself looking for himself likewise trampling his own will akin to the machine guns in succession following one another outside of time and to the marriages with many children to the very naked or very deep fruit to the weary water or to the animal that frightens children

Ecuación

[CANTO DE LA FORMULA ESTÉTICA] (1929)

1.

Al poema, como al candado, es menester echarle llave; al poema, como a la flor, o a la mujer, o a la actitud, que es la entrada del hombre; el poema, como al sexo, o al cielo.

2.

Que nunca el canto se parezca a nada, ni a un hombre, ni a un alma, ni a un canto.

3.

No es posible hacer el himno vivo con dolores muertos, con verdades muertas, con deberes muertos, con amargo llanto humano; acciones de hombres, no, trasmutaciones; que el poema devenga ser, acción, voluntad, organismo, virtudes y vicios, que constituya, que determine, que establezca su atmósfera, su atmósfera y la gran costumbre del gesto, juicio del acto; dejad al animal nuevo la ley que él cree, que él es, que él invente; asesinemos la amargura y aun la alegría, y ojalá el poema se ría solo, sin recuerdos, ojalá sin instintos.

4.

¿Qué canta el canto? Nada. El canto canta, el canto canta, no como el pájaro, sino como el canto del pájaro.

Equation

[SONG OF THE AESTHETIC FORMULA] (1929)

1.

The poem, like the lock, must get its key; the poem, like the flower, or the woman, or the mindset, which is man's entry; the poem, like sex, or like sky.

2.

May the poem never resemble anything, neither a man, nor a soul, nor a song.

3.

It is not possible to make the living hymn with dead pains, with dead truths, with dead duties, with bitter human tears; actions of men, no, transmutations; let the poem become being, action, will, organism, virtues and vices, let it constitute, let it determine, let it establish its atmosphere, its atmosphere and the great custom of the gesture, the act's judgment; leave to the new animal the law that it creates, that it is, that it invents; let us murder the bitterness and even the joy, and hopefully the poem will laugh on its own, without memories, hopefully without instincts.

4.

What does the song sing? Nothing. The song sings, the song sings, not like the bird, but like the bird's song.

5.

Seguramente, arden grandes mares rojos, y un sol de piedra, negro, por ejemplo, hincha la soledad astronómica con su enorme fruto duro, tal vez la tierra es un gran cristal triangular, otra vida y otro tiempo gravitan; crecen, demuestran su presencia, atornillados a la arquitectura que canta su orden inaudito.

6.

Cojo un tomate, adquiero la vieja moneda del otoño, tomo un cinema, voy organizando aquel beso y aquel verso que anidó en aquellas pestañas inmensas.

7.

Si un volumen, únicamente, un volumen agranda o empequeñece la astronomía del poema, incendiad el poema, no el volumen, degollad el poema porque no aguantó el desorden necesario a la colosal aritmética de lo pitagórico, lo geométrico, lo matemático, lo filosófico —en el teorema expresivo-inexpresable—: ¿sobra la forma?, ¿una forma?, ¿una ley?, ¿una voz?, ¿una luz?, ¿un régimen o un vértice?, ¿un ritmo índice adentro de la libertad numérica del arte?, incendiad el poema, degollad el poema; el porvenir del canto, su destino innumerable y único, exige que giren todos los elementos épicos alrededor de su eje astronómico, amarrándose a esa justicia, a esa presencia, a esa cordura que es el poema, el porvenir del canto, su destino innumerable y único, exige que giren todos los elementos épicos alrededor de su eje astronómico, amarrándose a esa justicia, a esa presencia, a esa cordura que deviene lo absoluto, límite del límite, arte, lo exacto, lo exactísimo, arte, lo dinámico-trágico e inmóvil.

5.

Surely, vast red seas burn, and a sun of stone, black, for instance, swells the astronomical solitude with its enormous hard fruit, perhaps the earth is a large glass triangle, another life and another time gravitate; they grow, they give proof of their presence, bolted to the architecture that sings their unprecedented order.

6.

I grab a tomato, I acquire the old coin of autumn, I take in a movie, I'm arranging that kiss and that verse that nested in those immense eyelashes.

7.

If one volume, only, one volume expands or shrinks the astronomy of the poem, burn the poem, not the volume, behead the poem because it could not withstand the disorder necessary to the colossal arithmetic of the pythagorean, the geometric, the mathematical, the philosophical —in the expressive-inexpressible theorem—: surplus of form?, a form?, a law?, a voice?, a light?, a system or a vertex?, an indexical rhythm inside the numerical freedom of art?, burn the poem, behead the poem; the future of the song, its innumerable and only destiny, demands that all the epic elements revolve around its astronomical axis, mooring themselves to that justice, to that presence, to that sanity that is the poem, the future of the song, its sole and innumerable destiny, demands that all the epic elements revolve around its astronomical axis, mooring themselves to that justice, to that presence, to that sanity that becomes the absolute, limit of the limit, art, the exact, the exactest, art, the dynamic-tragic and motionless.

8.

¿Edificio de intuiciones? Edificio de imágenes, sí, edificio de imágenes, que son productos químicamente puros del no-consciente.

9.

Arte de cristales electromagnéticos, ultravioletas, extrarradiales, supravitales, equilibrio de volúmenes ingrávidos e impávidos, libre juego de formas libres, como formas, exclusivamente como formas, pero sometidas a la gran esclavitud del canto, a la gravitación lírica, que es la gravitación cósmica.

10.

Escoged un material cualquiera, sí, un material cualquiera; no obstante, un material cualquiera determina la biología del poeta, la diagnostica; escoged un material cualquiera, como quien escoge estrellas entre gusanos...

11.

Porque hay un material auténtico, como la aceituna del soltero, la empanada del casado, o lo mismo que el vino del día lluvioso, que es la guitarra del calendario, y un material de estafa, de escarnio, que se parece a las locomotoras en el templo, al militar que seduce garzas claras con la espada, gimiendo hacia adentro aquellas violetas enfermas de tiempo y pianos sin aureola, a la higuera que produce lirios.

12.

Pero se trabaja exactamente con barro y con sueño...

8.

Building of intuitions? Building of images, yes, building of images, that are chemically pure products of the non-conscious.

9.

Art of electromagnetic, ultraviolet, peripheral, supravital crystals, equilibrium of weightless and dauntless volumes, free play of free forms, as forms, exclusively as forms, but subjected to the great slavery of song, to lyric gravitation, which is cosmic gravitation.

10.

Choose a material at random, yes, a random material; however, a random material determines the biology of the poet, diagnoses it; choose a random material, like one who picks out stars among maggots...

11.

Because there is an authentic material, like the bachelor's olive, the married man's empanada, or the same as the rainy-day wine, which is the calendar's guitar, and there is a fraudulent, ridiculous material that is similar to the locomotives in the temple, to the soldier who seduces pale herons with his sword, wailing inward those violets sick with time and pianos without aureoles, to the fig tree that produces irises.

12.

But one works precisely with clay and with dreams...

13.

Sólo que la alegría de la golondrina depende de la primera gota de agua…

14.

Cuando Dios estaba aún azul adentro del hombre…

15.

Es menester hacer océanos, no fotografiando océanos, no, es menester hacer océanos con el rumor del calzón femenino, con esos recuerdos de tamaño azul-azul, con el enorme elemento de agua que canta en la garganta de los niños chiquitos y en la línea agrícola, y aun con la gran ola oscura de aquel dios jodido de adentro; es menester hacer, poder hacer una niña de pueblo con una violeta y una aceituna y una tonada; es menester hacer la ciudad imperial de hoy con la trepidación de la gramática, aquella cosa inmensa y mecánica, dinámica, difícil, que es, ¡por Dios!, el lenguaje colocándose.

16.

Que el poema haga reír y haga llorar como una mujer rubia o un hermoso caballo.

17.

Y, además, que se ría solo y llore solo, y llore solo como la más morena de las colegialas, sacándose la camisa.

13.

Except that the swallow's joy depends on the first drop of water...

14.

When God was still blue inside of man...

15.

One must make oceans, not by photographing oceans, no, one must make oceans with the murmur of a woman's underpants, with those big blue-blue memories, with the enormous watery element that sings in the throats of small children and along the agricultural line, and even with the great dark wave of that fucked up inner god; one must make, be able to make a small-town girl with a violet and an olive and a melody; one must make the imperial city of today with a trembling grammar, that immense and mechanical, dynamic, difficult thing that is, by God!, language finding its place.

16.

Let the poem make one laugh or make one cry like a blonde woman or a beautiful horse.

17.

And, furthermore, let it laugh alone and cry alone, and cry alone like the darkest schoolgirl, taking off her shirt.

18.

El canto, como el sueño, ha de estar cruzado de larvas.

19.

El canto, como el mundo.

20.

El canto, como el genio, ha de crear atmósfera, temperatura, medida del universo, ambiente, luz, que irradie de soles personales.

21.

Medio a medio de la poesía. Tú, lo mismo que el sexo, medio a medio.

22.

Ahora, la ronca noche, galopando entre laureles de fuego, determina aquel gran diapasón del siglo…

23.

Y un yo dormido lo calcula……

18.

The song, like the dream, shall be maggot-ridden.

19.

The song, like the world.

20.

The song, like the genius, must create atmosphere, temperature, measure of the universe, environment, light, radiating from personal suns.

21.

In the midst of poetry. You, the same as sex, in the midst.

22.

Now, the hoarse night, galloping through laurels of fire, determines that great cadence of the century…

23.

And a sleeping I calculates it……

de *Escritura de Raimundo Contreras* (1929)

bandera de luto

Aquí, en este vértice, Tomás, hago un abismo, trazo un vacío imponente, paro mi vida.

Aún escucho crujir la naturaleza y el corazón de tu madre, aún veo el sonido de mundo, de tiempo que se derrumba, de sol, de mar, de luz partida de la última gota de aceite alcanforado, aún siento que la pequeña lengua lame la eternidad ensangrentada.

Oloroso y campesino de estatura, alegre como los ganados.

Ahora te come la tierra, más glotona que tú, hijo mío, niño mío, Tomás, y yo te lloro.

Eras muy hombre, Tomás.

Minero, soldado, marino, explorador, se quebraron los vientos de la muerte en tu frente de dos años, y era como una gran tempestad, arrasando pinares de noche, tu actitud agonizante.

Morías como un héroe del absoluto.

Fuerte, libre, gloriosamente cósmico, el dramatismo te agrandaba las entrañas.

Hoy, aromo de albahacas de Chile tu memoria.

Oh! amigo mío, Tomás, bebo mi jarra de espanto a la salud de tu alma, y te consagro **Raimundo**, a quien tú, **TOMÁS DE ROKHA**, entristeciste "**por los siglos de los siglos**", con tu alegría incalculable.

from *Raimundo Contreras's Writing* (1929)

mourning flag

Here, in this apex, Tomás, I make an abyss, I trace an extraordinary void, I stop my life.

I still hear the rustle of nature and your mother's heart, I still see the sound of the world, of crumbling time, of sun, of sea, of light leaving the last drop of camphor oil, I still feel the little tongue licking bloodstained eternity.

With your smell and peasant stature, happy as cattle.

Now the earth devours you, more gluttonous than you, my son, my boy, Tomás, and I weep for you.

You were quite a man, Tomás.

Miner, soldier, sailor, explorer, the winds of death battered your two-year-old brow, and your agony was like a great tempest razing pine forests at night.

You were dying like an absolute hero.

Strong, free, gloriously cosmic, as the drama swelled inside you.

Today I perfume your memory with Chilean basil.

Oh! my friend, Tomás, I drink my jug of terror to the welfare of your soul, **TOMÁS DE ROKHA**, and I anoint you **Raimundo**, the one saddened "**for ever and ever**" by your incalculable joy.

alcohol
el miedo y el fuego
la locura imaginaria

palanca de humo   quebrada   de la voluntad   destruida entre las
colillas amarillas   que persiguen esos grandes ecos   saldo de formas
emigrantes   paquete de fiebres ingentes   inertes o aumentadas   en
poliedros de suicidio

adentro del bostezo   la naranja atropellada   bola con viento enfermo   girante polilla ladrando   soluciones destronadas

es un ruido que abarca   que agranda   que agarra   enrollado a la
noche partida   un ruido que va saliendo   un ruido que va creciendo y
desenvolviéndose   arrastrando a Contreras   entre las patas velludas de
sus neumáticos   parte del eje síquico   y remonta al alma en confusión
y alza puñados de cosas sin destino   y anda llamando las últimas voces
estipuladas   produciendo cataclismos   organizando sus vaivenes contra
Raimundo   sobre Raimundo   volcándolo o volándolo o volcándolo
confundido como terremoto vergonzoso   palanca en giro   alrededor de
sus islas fatales   aristadas de peligros   semejanza de sepulcro en arriendo
a la orilla de un mar desterrado

Raimundo Contreras   el espirituoso   es decir   calentura de
sobresaltos   el que tiene terrores de teléfono agonizante   y el que anda
pisando oblicuas   el que arrastró escobas nerviosas sobre los otros otoños
en actitud de impeler lo amarillo   barco ciego   viviente de capitanes
borrachos   sí   matonería y melancolía alcohólica

¡ah! besando siempre pies de amores metafóricos   bestias de llanto
trazadas en la abertura de las noches   como lobo de sol podrido   la
pequeña novela sin calzones   y "entre cortinas verdes"   la fruta obscura
con mareos premeditados de tranvía   carajo   ser retriste   ideas con vinagre   nó   los versos piojentos   con los piojos de la tristeza   fomentando
astros masturbados   lamento de planta en los sesos   crecidos de flojera
sin peinarse

un acordeón de edades universales   bramando en la sepultura de
Raimundo   humaredas de inviernos añejos   provincias del calendario

alcohol
the fear and the fire
the imaginary madness

broken   lever of smoke   of the will   destroyed among the yellow
stubs   followed by those great echoes   remainder of migrant forms
bundle of massive fevers   inert or rising   in polyhedrons of suicide
   inside the yawn   the trampled orange   ball of ill wind   spinning
moth barking   dethroned solutions
   it's a noise that spans   that extends   that coils   around the broken
night   a noise that's coming out   a noise that's growing and unfolding
dragging Contreras   between the hairy legs of its tires   it splits from
the psychic axis   and soars past the confused soul   and lifts fistfuls
of fateless things   and it's calling the last stipulated voices   causing
cataclysms   marshaling its stirrings against Raimundo   over Raimundo
toppling him or hurling him or toppling him   confused like a timid
earthquake   lever turning   around his fatal islands   bounded by perils
akin to a tomb for rent   on the shores of an exiled sea
   Raimundo Contreras   the spirited one   that is to say   shock fever
the one with the terrors of a dying telephone   and the one that steps
on oblique lines   the one who dragged nervous brooms over the other
autumns   as if to propel yellowness   blind ship   alive with drunken
captains   yes   drunken thuggery and melancholy
   oh! always kissing the feet of metaphorical loves   sobbing beasts
traced in the fissure of nights   like a wolf in the sun rotting   the short
novel without underpants   and   "between green curtains"   the dark
fruit   as deliberately dizzying as a streetcar   fucking hell   really sad
being   ideas full of vinegar   nó   the lice-ridden verses   full of the
lice of sadness   inciting masturbated stars   a plant moaning inside the
brain   vast in its feebleness   uncombed

an accordion of universal ages   bellowing in Raimundo's grave
smoke clouds of vintage winters   provinces of the calendar   shadow to

sombra en sombra   mordiendo su pan funeral   a saltos   a tumbos hacia
la estrella   ¡Jesucristo!   rueda de cansancio   olor a piedra tremenda
    ¿cómo va a mejorar el que está enfermo de salud?   el prudente y el
exuberante   a la vez   por ejemplo: un cataclismo de madreselvas   el que
abunda mucho   pero tanto   y gravita   empobrecido de abundancia?
yo lo declaro   podrirse es llenarse de ruido de silencio de silencio   dice
Raimundo Contreras   entonces   y fermenta la tinaja emputecida   cri-
ando y cuidando la verdad criminal   que le ha nacido expresamente
asomado a su ansia inútil
    cuando comienza la mañana   a colocar pájaros en las banderas del
día   ¡ay! Raimundo   ese vino grande que se quiebra sonando a ventana
de invierno   ese vino libre y polvoroso   vino de puta en catre salvaje
negra la tonada   corazón ofendido y andariego……
    toronjil en alcohol   la concomitancia terrible que establece Rai-
mundo entre su leyenda y el volantín amarillo de los suicidas   entre su
leyenda y ese hueso triste de las familias en copretérito   ese hueso triste
de la cazuela de la antigua abundancia averiada   ese hueso triste   que
parece hoja de otoño   entre su leyenda y la palabra **siempre**   novio de
estrellas muertas   con aquel animal adentro del horizonte   calentamiento
de apancora   hombre que anda sufriendo este olor a muerte   que tiene
la luna en la camisa   y goza llorando   a la manera del que camina
retrocediendo o del que orina ennegreciendo ventanas curiosas   sí
Raimundo   Raimundo   amontonando lo andado   cuidando   losa a
losa   de no pisarle la cabeza a un muerto   mandando a Talca   como
nublándola   como lloviéndola   sobresaltando la gravitación familiar
asustando y espantando   echando a volar los crepúsculos dormidos en
la gran tonada del álamo
    bornea Raimundo la lazada imaginaria   entonces   la volición
fallida lo domina   lo arrastra   empujándolo   lo arrastra el proyecto
lo arrastra el deseo   el embudo de la tromba   adelantándose   y él se
persigue   persiguiéndose destruido   arruinado en las fuerzas superfluas
    qué ganas de matarse tiene Raimundo Contreras   tan apasionado
tan atrabiliario   y con tanto cansancio   arrinconándole tan valerosa
cobardía   qué ganas de tener ganas de matarse   manera lujosa
costumbre luciente y gris de suicidio de otoño   semejante al individuo
que educa piojos en los sobacos   deportista en entrenamiento al estilo
de ese que lame vinagre con espanto en la ojera dramática y dinámica

shadow   biting into his funeral bread   jumping   jolting toward the
star   Jesus Christ!   wheel of weariness   smell of awful stone
     how will the sick one get better?   the one who is prudent and
exuberant   at the same time   for instance: a cataclysm of honeysuckles
the one who is mighty plentiful   mightily so   and gravitates
impoverished by abundance?   I dare say   to rot is to fill oneself with
noise with silence with silence   says Raimundo Contreras   then   and
he ferments the furious jar   rearing and nursing the criminal truth
born specifically to him   peering into his useless longing
     when the morning starts   putting birds on the flags of the day   oh!
Raimundo   that great wine that shatters like a winter window   that
free and dusty wine   wine of a whore on a cot all wild   black is the
melody   aggrieved and restless heart......
     lemon balm in alcohol   the awful concomitance that Raimundo
establishes between his legend and the yellow kite of the suicides
between his legend and that sad bone of families past   that sad bone
from the stew of old abundance in disrepair   that sad bone   that
resembles an autumn leaf   between his legend and the word **always**
engaged to dead stars   with that animal inside the horizon   pancora
crab warming   man who suffers this smell of death   who wears the
moon on his shirt   and he cries as he enjoys   like someone who
walks backwards or one who pisses on curious windows until they turn
black   yes   Raimundo   Raimundo   stockpiling strides   making
sure   while crossing tombstones   to not step on a dead man's head
commanding Talca   as if he were its clouds   as if he were its rains
shaking up the familiar gravitation   scaring and frightening   setting
free the twilights that sleep in the poplar's mighty melody
     Raimundo sidesteps the imaginary lasso   then   the faulty volition
overpowers him   drags him   pushing him   the plan drags him   desire
drags him   the funnel of the whirlwind   moving ahead   and he chases
himself   chasing himself in ruins   destroyed amid superfluous forces
     what an urge to kill himself Raimundo Contreras has   so passionate
so irascible   and so full of weariness   cornered by such a brave
cowardice   what an urge to want to kill himself   opulent manner
bright and gray custom of an autumn suicide   akin to the individual
who trains lice in his armpits   athlete in training reminiscent of someone
terrifiedly licking vinegar from the dramatic and dynamic eyebag   to

para entender el sentido del agua   sí   eso parece que fuese   pero
nó   nó   no hay sistemas del arbitrario   del que arde y cunde sin
objeto   definiéndose   como la ola ociosa   en acciones truncas
nubladas   ciegas   con la mano derecha del ideal   cortada   sí   el
obstinado   el cejijunto en la voluntad dispersa   y no rasga pero llora
el calzón de la amiga   sin embargo   él va a alguna parte   es decir
va a ninguna   perfectamente en buen caballo   con dominio de sus
finalidades   seguro y soberbio de su egregia incertidumbre   abrigado
de amargura   utilizando los ajenjos de la caída desvencijada   en
cálculos de alacrán o de asesino   o de dios falso   o de extranjero en
todas las leguas   que lo afronta todo por todo   porque empuña siempre
irremediablemente   siempre   en condición de amo   a plena
grandeza de hombre tranquilo en las últimas cosas   algo que le defiende
¿qué?   la muerte

     y   además   literato   ¿literato?   literato   es decir   una
gran máquina   es decir   el que riega duraznos con petróleo   y el
que siembra terrenos a dinamita y ara a patadas o balazos   es decir
el que esteriliza y produce aquella fruta egregia del veneno: **el poema**
gran química metasíquica   sí   Raimundo Contreras   **el liter-**
ato   reencuentra al poeta   incendiándose
     es inabordable el animal animal   es inabordable   se canta
Raimundo   el que ve lo que ve   sin arañas   aislado   en límite
determinable   condicionado por espacios humanos   por eso le
domina la prostituta y no la goza entera   le gobierna la prostituta   y
queda extraño y hambriento   la imaginación usada   en vigilia   en
espera   en figura de sed bebiendo   y todo le confunde ante la bestia
por lomismo   porque su luz es indivisible   y le destierra en la inmensa
circunferencia de soledad   Raimundo   Raimundo   Raimundo
apenas él aguanta **su actitud**   cadena de presidio   va arrastrando la
personalidad por debajo de los grandes puentes del suceder   Raimundo
afirma su derecho otoñal   el hombre cósmico y álgido   que emerge
del ingente adolescente   y todas las cosas se le encogen   se le esconden
arrojándole la tristeza para que resbale   haciendo lo vago   cayendo y
sufriendo en la ecuación forastera   mal amigo   tristeza y prejuicio de
mujeres   atribulado de pedregales aventureros   ¡ay!   borrado gallo
cantando en las comunas transatlánticas   perro de lluvias con muertes

understand the meaning of water   yes   that seems to be it   but
nó   nó   there are no systems of the arbitrary kind   of the sort that
burns and spreads without aim   defining itself   like the idle wave   in
actions that are truncated   blurry   blind   with the ideal's right hand
gashed   yes   he's the stubborn one   the one with the eyebrows that
meet in the dispersed will   and the girlfriend's underpants don't rip but
cry   however   he goes somewhere   that is to say   he goes nowhere
perfectly on his good horse   in full control of his aims   sure and
proud of his eminent uncertainty   cloaked in bitterness   using up the
absinthe from the tumbledown fall   as calculating as a scorpion or an
assassin   or a false god   or a foreigner to all distances   who confronts
everything and all   because he always brandishes   always   inevitably
always   like a master   with the full greatness of a man at peace among
final things   something that protects him   what?   death

　　　　and also a man of letters   man of letters?   man of letters   means   a
big machine   it means   the one who waters peach trees with oil   and the
one who sows fields with dynamite and who plows with a kick or a bullet
it means   the one who sterilizes and produces that eminent poisoned
fruit: **the poem**   great metapsychic chemistry   yes   Raimundo
Contreras   **man of letters**   reconnects with the poet   catching fire

　　　　the animal animal is unapproachable   is unapproachable   Rai-
mundo sings himself   he who sees what he sees   isolated   in a
loveless web   within a determinable boundary   determined by human
spaces   that's why the prostitute dominates him and he can't enjoy her
fully   the prostitute governs him   and he's left feeling strange and
hungry   his imagination spent   sleepless   waiting   a figure of thirst
drinking   and as he faces the beast everything confuses him   same
reason   because its light is indivisible   and it exiles him in the vast
circumference of solitude   Raimundo   Raimundo   Raimundo   even
he can barely stand **his attitude**   prison chain   dragging his personality
under the massive bridges of the occurrence   Raimundo   affirms his
autumnal right   the cosmic and crucial man   emerging from the
prodigious adolescent   and everything shrinks on him   hides from him
hurling sadness at him so that he'll slip   idling   falling and suffering
in the outsider equation   bad friend   sorrow and prejudice of women
anguishedly kicking the rocks of adventure   oh!   erased rooster singing
in the transatlantic communes   rain dog with eternal deaths   virgin is

eternas   virgen el triángulo de la faz egipcia   porque él es fino y duro
estampa de rosa de piedra azul y herida   e irradia voz de sol enojado
parece niño   toro o cordero   ese monstruo de violetas   ese que
significa Raimundo Contreras   casa de instintos desaforados   piño de
audacias contradictorias   todo hombre   el hombre

     rodeado de amores mentales   entristecido de besos imaginarios   a-
gazapados en las rendijas de la noche enorme   vampiros de sombra
agobiado en la remolienda astronómica   afronta la realidad   defraudado
y   defraudado   afronta el sueño inmóvil   disco de vidrio   que gira
parado en las últimas torres

     piando caen los frutos heridos de las escopetas   son las castañas del
cielo   crepita la hoguera del otoño   y un aroma a bestia asada agranda
la garganta de las tinajas   el humor cerebral del vino   la situación de
golondrina de aquella naranja postrera que se olvidó en la memoria del
tiempo   el calzón amarillo del balneario   los pollos nacidos que van
lloviendo   desde la pálida hoja de la tarde   a esa laguna de humo   que
cava Raimundo Contreras   de punta a punta de la vida

     chirimoya de cementerio   amarga naranja morada   higuera de
fuego y de hierro imponente   pera muerta de la tristeza de Raimundo

     él querría querer   querer algo   un dios   un perro   un deseo   una
mujer **la vida** ¿y   para qué?   ¿y   para qué?   entonces le sucede
éso tan turbio e irreparable   éso tan falso   éso tan frío que se parece al
que va a pegar un hachazo y agarra un espectro en la tiniebla   o al que
caza pájaros de goma   o al que se va a matar   porque se va a matar
no se mata   y compra un ataúd blanco en la taberna   éso   estado de
comedia   en el cual gravita la bomba madura de todo lo funesto   di-
namita olvidada   tragedia vestida de lirio   desgracia sin tiempo

     de repente   asoma la naturaleza   entre las grandes aguas marchitas
doblado hacia adentro   atento a la imperial polea sicológica   escu-
chando los anillos del indefinible herido en heridas   afuera del suceder
kantiano   Raimundo   mirando su soledad   en todas las cosas   no
alcanza a ver la tierra

     busca los actos logrados   porque son algo   algo hecho   con
cuerpo directo   algo estructurado en geografías   e individuos independ-
ientes   busca los actos logrados   y reconoce pequeños caracoles eternos
altos y anchos hongos viudos   que viven alegres   arriba de los esqueletos

the triangle with the Egyptian face   because he's smooth and hard   an
image of a blue and wounded stone rose   and he radiates the voice of an
angry sun   he resembles a child   bull or lamb   that monster of violets
the one that signifies Raimundo Contreras   home to unbridled instincts
herd of contradictory audacities   every man   the man

   surrounded by mental loves   saddened by imaginary kisses   hidden in
the crevices of the enormous night   vampires of shadow   overwhelmed
amid the astronomic revelry   he faces reality   disillusioned and
disillusioned   he faces the motionless dream   glass disk   spinning in
place atop the last towers

   with a chirp the wounded fruits fall to the shotguns   they are the
chestnuts of the sky   the bonfire of autumn crackles   and a smell of
roasted beasts expands the wine jars' throats   the cerebral humor of wine
the state of that last orange forgotten like a swallow in the memory of time
the yellow underpants of the watering hole   the newborn chicks raining
down   from the pale leaf of the afternoon   toward that lake of smoke
that Raimundo Contreras digs   from one end of life to the other

   cemetery custard apple   bitter blood orange   fig tree of fire and
imposing iron   dead pear of Raimundo's sorrow

   he'd like to love   to love something   a god   a dog   a desire   a
woman   **life**   and   for what?   and   for what?   then something so
shady and irreparable happens to him   something so fake   something
so cold akin to someone who swings an ax and catches a ghost in the
darkness   or who hunts rubber birds   or who's going to kill himself
because he's going to kill himself   he doesn't kill himself   and he buys
a white coffin at the bar   that's it   comic state   where the ripe bomb
of all fatality is dropped   forgotten dynamite   tragedy clad in irises
timeless misfortune

   suddenly   nature peeks out   from the vast dried-up waters   he's
turned inward   attuned to the imperial psychological pulley   listening
to the rings of the unspeakably wounded in wounds   outside the Kant-
ian event   Raimundo   staring at his solitude   in all things   can't
manage to see the earth

   he seeks out the completed acts   because they are something
something done   straight from the body   something structured
in independent geographies   and individuals   he seeks out the
completed acts   and recognizes small eternal snails   tall and wide

extranjeros   (ocupación de animales augurales)   y encuentra **éso**   que parece tiempo del tiempo   ancianidad del tiempo   y son los actos logrados   hinchando la ecuación vital   llena de acciones   como bellota de castaño   como barriga de botijo   echada a la sombra de los olivos cósmicos   por eso los hechos añejos   bornean la trizada voz llamándole   gritándole desde adentro de los mundos

   siente como tristeza   como vergüenza de ser   y ataca   defendiéndose   ciego de espadas   tajeado por la propia cuchilla   oblicuo   en cascabel de burla inútil o espantosa

   hombre de noche   deshojado   desteñido de banderas invernales cuadricula Raimundo   cantando   lloviendo los pueblos del alma aullado y agachado y arrumbado   así   rompiendo lágrimas entre esos dientes de diamante ultramarino   sonando a tumba vacía   llorando gritando   ladrando hacia la condición infinita

widower mushrooms   that live happily   above the foreign skeletons
(occupation of augural animals)   and finds **that**   which resembles
the time of time   ancientness of time   and it's the completed acts
swelling the vital equation   full of actions   like a chestnut acorn   like
the belly of a wine jug   sprawled out in the shade of the cosmic olive
trees   that's why the vintage acts   bend the broken voice   beckoning
him   shouting at him from the inside of worlds

    he feels something like sadness   like shame of being   and he
attacks   in self-defense   blinded by swords   slashed with his own
blade   oblique   in the rattle of a useless or awful joke

    man of night   defoliated   faded from winter's flags   Raimundo
draws a grid   singing   raining nations from the soul   full of howls and
crouched and cornered   and so on   cracking of tears between those
ultramarine diamond teeth   sounding like an empty grave   crying
shouting   barking toward the infinite condition

geometría del razonamiento
kant
la lógica transatlántica

grandes planos   que refieren grandes libros   implantan su eje cuadrado en las astronomías de Raimundo

comprende que comprende   y está la seriedad enarbolando eminentes y elocuentes banderas   en el solar español de Contreras   entretanto Contreras se extiende colocando puentes de trenes urgentes   encima de sus situaciones soberbias

sin embargo   hay una higuera de fuego muerto en su juventud de metales

él anda abstracto   en totalesimperialesrurales soledades   con dominio astrosíquico   como aquél que después encontró que encontró lo que encontró   e iba llorando   desde para siempre   y anda orgulloso y aplaudido en sus entrañas   estipula su vértice   y obra tranquilo porque el suceder le topa y no le toma el alma   le deja intacto   obscuro antiguo el teorema del corazón

actos que se le caen   se quiebran   pero se quiebran   no lloviendo   acumulando la voluntad con sonido de mármoles continentales

sólo en lo inmenso de Contreras   en lo eterno de Contreras   algo le duele bastante a Contreras   lo algo clásico   la guitarra agusanada a tonadas   desde los tiempos abuelos

poleas de sueño devienen en el laboratorio de Contreras

parte la madre línea matemática   vihuela de Dios   desde el hombre   agujereando lo desproporcionado   riel de imperios   llorado de signos y gritos   palo de bandera del mundo   timón   gran timón de un país naufragado en carcajadas desvestidas   gran timón

cien mujeres indescriptibles le lamen la voluntad   llenan de sexo el triángulo de energías educadas en lo valiente y lo cobarde simultáneamente   se le cuelgan gozando

frecuentemente   los tumultos le despedazan las amarras del límite otras abruptas olas que suceden soberbiamente   establecidas y acumuladas   y son lomismo que mucho tiempo bruto reventando su dinamita

geometry of reason
kant
the transatlantic logic

    great planes   referred to in great books   impose their square axis
on Raimundo's astronomies
    he comprehends that he comprehends   and gravitas is hoisting emi-
nent and eloquent flags   above Contreras's ancestral Spanish house
meanwhile Contreras reaches out and is bridging urgent trains   above
his proud states
    however   there is a fig tree of dead fire in his youth of metals
    he ambles abstractly   in totalimperialrural solitudes   in astro-
psychic realms   like someone who later discovered that he discovered
what he discovered   and had been crying   since forever   and he
ambles full of pride and applause deep inside   he stipulates his vertex
and he acts calmly   because the chain of events encounters him and does
not take his soul   it leaves intact   the dark   and ancient theorem of
his heart
    the acts that tumble from him   shatter   how they shatter   not
pouring down   gathering up a will as resounding as continental marble
    alone in the immensity of Contreras   in the eternity of Contreras
Contreras feels something pretty painful   something classical   the
guitar rotting with melodies   since grandparent times
    dream pulleys evolve in Contreras's laboratory
    the mathematical mother line   vihuela of God   departs from man
piercing the disproportionate   rail of empires   in a lament of signs
and cries   flagpole of the world   rudder   giant rudder of a country
shipwrecked in naked guffaws   giant rudder
    a hundred indescribable women lick his will   their sex fills the
triangle of energies schooled in courage and cowardice simultaneously
they cling to him with delight
    frequently   the commotions shred the boundary's moorings   more
sudden waves in grand succession   established and accumulated   and
they're the same as so much raw time exploding its untold dynamite

incalculable   en veces de veces   se le quiebran todos los vidrios y   desde todas las leguas usadas   lo acusa un Dios asesinado

madura ese poema grandegrande   amarillo y asustado   que vive entonces   todavía   entre rendijas de razones   ese poema neutro   ese poema cierto y apaleado   sin volumen astrológico

recordando la pintura tristisísima de los cielos de los charcos   un hoy prematuro oscila   sin embargo   en la ansiedad parada y definitiva de Raimundo Contreras   en su voz lograda   con temperamento redondo de epopeya   en sus frenos mundiales y terribles   con parecido a auroras apresuradas   que presumen el porvenir de reventarse grandemente

ahora va a sujetar el tiempo   sujétalo!   sujétalo! Raimundo

ya no le requiere nunca aquella lluvia inmensa sobre tejados de provincia de invierno   a tales minutos son truenos tremendos   con acero adentro   corresponde un temporal duro y recto de ametralladora   un temporal de máquina   un temporal de símbolos   que adquieren la colosal electricidad rodeando las bayonetas de Raimundo los cementerios   las poesías de Raimundo   su luz determinada   las treinta culebras de su país   mordiendo su verdad

y tiene sonido de ley   la arquitectura de Raimundo

from time to times   all his mirrors shatter and   from all the worn
distances   a murdered God betrays him

   that poem grows up all bigbig   yellow and scared   and lives then
still   in the cracks between reasons   that neutral poem   that true and
bludgeoned poem   with no astrological volume

   recalling the terribly sad painting of the puddle skies   a premature
today oscillates   however   in Raimundo Contreras's idle and definitive
anxiety   in his accomplished voice   with its roundly epic temperament
in his global and awful brakes   that resemble hurried dawns   that
predict the future in a giant crash

   now he's going to grab a hold of time   grab a hold of it!   grab a
hold of it! Raimundo

   he's no longer summoned by that massive winter downpour on the
province rooftops   every few minutes there are awesome thunder-
claps   packed with steel   matched by a hard and straight storm of
machine guns   a storm of machines   a storm of symbols   that
absorb the colossal electricity surrounding Raimundo's bayonets   his
cemeteries   Raimundo's poems   his determined light   the thirty
snakes of his country   biting into his truth

   and Raimundo's architecture   has the sound of law

cruz de lo único

crisis del rumbo ahora que conoce fin   camino escrito en ladrillo de
civilizaciones de esmeralda   límite de miel   amargura

ya no será capitán de ladrones   ni herrero   ni pirata   ni trovador-
cazador de búfalos en las novelas   ni vagabundo de aventura   ya no
será el borracho que duerme en los pajares cosmopolitas   ya no será el
solitario y el sinvergüenza que agarra   libremente   la fruta sonora de
los caminos y sonríe   ¡ay! Raimundo   ya no serás ni asesino   ni santo
ni extranjero en todas las fórmulas

una luz rodante   va parada en la alegría poderosa del huaso   que
florece frente de automóvil

digamos que Contreras arrastra la carga sagrada de su felicidad   y es
semejante a quien camina   entristecido de carcajadas

Lucina le conduce alegremente   sin saberlo   como a Dios
los pájaros

es la idea que duele y que arde   no es la idea   es la herida que
duele y que arde   no es la herida   nó   es el umbral tronador de las
banderas y los suicidios   la flor oblicua   el alimento incendiario en las
entrañas desventuradas del enamorado   la imagen-perro que le muerde
el placer degollado   el placer destruido que espande dolor irremediable

escribe un acto y piensa   impone un tranco y sueña   llorando su
actitud perdida

e insiste   como los molinos   o lomismo que los recuerdos sucios
o la ley biológica   o la ley mecánica   o el calendario   o el amante
viejo   feo y sin jardines

por Dios!   Raimundo   tiene Ud. siempre la misma pupila en las
pupilas   universo igual e infinito igual

arena del cerebro   mal vertical   cuchillada   puñalada de sándalo
gritadora voz   obsesión de la gotera en las provincias   empapeladas
de aburrimiento   mar humana   edificio que se construye y se derrumba
y se construye y se derrumba y se construye y se derrumba como la
epopeya oceánica o la paradoja desterrada que escribe el atardecer en las
pizarras quebradas

ya va sumada a él   rigiendo su costumbre   es su costumbre   sí
es su costumbre   su mirada   su pie   su sexo   su boca y el ademán

cross of onliness

crisis of the course now that it knows an end   path written on the brick of emerald civilizations   boundary of honey   bitterness

no longer will he be captain of thieves   nor blacksmith   nor pirate nor troubadour-buffalo hunter in novels   nor vagabond adventurer no longer will he be the drunk that sleeps in cosmopolitan haylofts   no longer will he be the loner and the rascal   freely   grabbing the resonant fruit along the roads and smiling   oh! Raimundo   you will no longer be murderer   nor saint   nor stranger to all formulas

a mobile light   standing on the powerful joy of the peasant   who blooms an automobile forehead

let's say that Contreras drags the sacred load of his happiness   and resembles someone who walks   guffawing with sadness

Lucina leads him joyfully   without knowing   as birds do to God

it's the idea that hurts and stings   it's not the idea   it's the wound that hurts and stings   it's not the wound   nó   it's the threshold thundering with flags and suicides   the oblique flower   the incendiary fuel in the lover's hapless loins   the dog-image that bites him   the beheaded pleasure   the destroyed pleasure that spreads irremediable pain

he writes an act and thinks   he imposes his stride and dreams mourning his lost temperament

and he insists   like the mills   or same as the dirty memories   or the biological law   or the mechanical law   or the calendar   or the old lover   ugly and without gardens

for God's sake!   Raimundo   you've always got the same pupil in your pupils   same universe and same infinity

brain sand   vertical evil   stab wound   sandalwood dagger blow bellowing voice   roof-leak obsession in the provinces   wallpapered with boredom   human sea   building that is built and demolished and built and demolished and built and demolished like the oceanic epic or the exiled paradox that the dusk writes on cracked chalkboards

she has already joined him   governing his habit   she is his habit yes   is his habit   his gaze   his foot   his sex   his mouth and the

de su boca   su juventud   el péndulo de la enfermedad y la eternidad
goteando los números del suceder bergsoniano

fenómeno monótono y sublime como el mundo

poco a poco   Raimundo extravía las distancias   pierde la llave
humana   francamente   pierde la llave humana   y   entonces   ella
se sumerge adentro del afuera del adentro en él   y él no la ve

¿qué sucede?

Raimundo Contreras está vivo y está muerto   contemplándose **en
ese presente infinito**

o solo llorando

expression on his mouth   his youth   the pendulum of sickness and
eternity dripping the numbers of Bergsonian flux

phenomenon as monotonous and sublime as the world

little by little   Raimundo misplaces the distances   loses the human
key   frankly   he loses the human key   and   then   she plunges into
the outside of the inside within him   and he doesn't see her

what's happening?

Raimundo Contreras is alive and is dead   contemplating himself **in
that infinite present**

or crying alone

a la manera de los
sentidos desparramados

conciencia dispersa   nó   construcción de niebla en niebla de niebla   arquitectura despedazada   hay voluntad en aquella congoja deshecha   un principio útil de superfluidades   lo que amarra   lo que orienta la disgregación celular del difunto   aquel fluido feliz de formas porque se construye lomismo parando que tendiendo   es decir   canto o llanto   o nudo obscuro   ordenamiento...

like the scattered senses

dispersed consciousness   nó   construction of fog in a fog of fog architecture in shards   there is a will in that undone woe   a useful principle of superfluities   that which binds   that which guides the cellular disintegration of the corpse   that happy fluid of forms   because one can build just the same by stopping as by bridging   which is to say song or cry   or dark knot   an ordering…

Arquitectura de la vida dispersa (1934)

Parece que a veces la vida se suspende, se detiene, y el hombre, espantado, se asoma al hueco de la forma vaciada, como un caballo a un abismo.

Entonces nos miramos, y decimos que la vida no es tiempo ni sueño ni espacio que fluye, sino una gran figura de instantes detenidos, y reiteramos que no es una ni muchas, sino todas las cosas sumadas con relación a esa inmensa ley de humo que es el alma.

Por eso viviendo se comprende más que pensando, porque vivir es pensar, con todos los músculos.

Y así, el niño, que ignora su destino, el sentido de su destino y su límite, es el único que conoce lo que persigue porque persigue *la vida dispersa*, el acto ilustre, alegre de vivir, ingrávido, sosteniendo los sucesos en la punta de la voluntad, en la llama de la voluntad, que existe, únicamente, como voluntad del mundo.

El universo con el individuo.

Cuando todos los actos se dirigen hacia un fin se produce aquello de que el proyecto devora al acto, aplasta al acto, se hace tan grande o más grande que el acto, de lo que se desprende aquella intención superior a la vida, y es igual a echar el mar adentro de una guitarra. ¿Habría que recoger acciones como quien recoge naranjas o castañas y organizar designios con frutos botados? No. Radica la sabiduría en dirigir la caída de la avellana; en obtener, en adquirir, en atraer e imponer, total, la verdad de la fruta madura, así, así como no desviando la naturaleza, como metiéndose entre las rendijas, entre los caminos de la naturaleza, como el pulgón en la manzana, así no se extravían las brújulas en las brújulas.

Aquella mujer desnuda que juega con su virginidad, como un niño con una rosa, adentro del alma del mundo, y no es nunca la misma, ¿no significará la necesidad de lo imprevisto, de lo incalculado y aun de lo absurdo?

Es menester dar sentido a la vida, perfectamente. Pero dejar fluir, dejar correr lo sucesivo, dejar que penetre la vida en nosotros y nos traspase y nos rebalse como el agua el cántaro de alegre barro, es también dar un sentido a la vida, es, posiblemente, dar a la vida el sentido de la vida. Por eso, el hombre muerto, caído de carnes, posee forma dé árbol, por eso

Architecture of Dispersed Life (1934)

Sometimes it seems as if life comes to a halt, stops, and man peers, terrified, into the void of the emptied form, like a horse into an abyss.

Then we look at each other, and we say that life is neither time nor dream nor flowing space, but rather a large number of stalled instants, and we reiterate that it's neither one nor many, but rather the sum of all things related to that immense law of smoke that is the soul.

That's why one understands more by living than by thinking, because living is thinking, with each and every muscle.

And thus, the child, who knows not his own destiny, the sense of his destiny and its limit, is the only one who knows what he's after because he's after *the dispersed life*, the illustrious, joyous act of living, weightless, propping up occurrences on the tip of the will, on the flame of the will, that exists, solely, as the will of the world.

The universe with the individual.

When all the acts lead to an end it so happens that the plan devours the act, crushes the act, becomes as big or bigger than the act, from which can be inferred that larger-than-life intention, and it's the same as pouring the sea into a guitar. Would one have to gather actions the way one gathers oranges or chestnuts and to make plans out of discarded fruit? No. Wisdom consists in guiding the fall of the hazelnut; in obtaining, in acquiring, in attracting and imposing the whole truth of the ripe fruit, thus, thus, without deviating from nature, as if slipping through the cracks, between the paths of nature, like the aphid in the apple, that way the compasses don't get lost in the compasses.

That naked woman that plays with her virginity like a child with a rose, inside the soul of the world, and is never the same one, might she not signify the need for the unexpected, the uncalculated and even the absurd?

It's necessary to give sense to life, perfectly. But to let flow, to let succession run its course, to let life seep through us and soak through us and overflow us like water in the jug of joyous clay, it's also giving a meaning to life, it's, possibly, giving to life the meaning of life. That's why the dead man, with fallen flesh, has the shape of a tree, that's why he's reminiscent

recuerda el grande ramaje, en donde soplan y cantan, libres, los vientos eternos del universo. Y es menester también comprender que el hueso es el genio de la anatomía, y que el hueso es hueco como caña de río o como flauta de niño o lo mismo que si quisiese dejar pasar por adentro los chorros obscuros del mundo, los llantos obscuros del mundo, la gran tonada que nadie entiende nunca, jamás nunca, porque tiene los oídos tapados con actos. Acostado a la orilla de uno mismo, sobre la tierra gozosa, y blanda como cama de casados, rico en pereza y en sol, el hombre adquiere su derecho.

Cuando yo ando más distraído, hablando o cantando solo, es cuando mi porvenir es definitivo, es cuando aquella gran incógnita se define, lo mismo que cuando duermo.

Y es conversando con pájaros y con mujeres, con estos pequeños animales infantiles, que son *todo ojos*, y manejan el pecho muy tibio, cómo se comprende la transparencia del mundo, la transparencia azul del mundo, su luz inveterada, abierta y el camino del hombre.

Ecuación de estrella florida.

Sobre el hombre desocupado, lejano, solitario, inmerso en los ojos dormidos, maduran el tiempo y los fenómenos de conciencia, de repente, y sucede lo que sucede cuando la granada o la muchacha se abren y entran el sol y el hombre y parece que sucediese la verdad, y parece que resplandece lo absoluto, y es mentira, porque son las chispas de la razón que se quiebra contra ella, lo mismo que montaña rajada o hierro ardiendo, enormemente, pero la razón no es la verdad, nó, la razón no es la verdad, porque la verdad es la razón de la razón y otras cosas.

No es, precisamente, cuestión de obrar o no obrar, ni de andar o no andar dejando que el infinito disponga de nosotros, a la manera de las banderas del viento; es cuestión de hacerse el tonto con el mundo, de hacerse el leso con el mundo, y sonreír con la sonrisa blanca del almendro.

Como un sauce a la orilla del agua, el hombre se retrata, se sumerge, se contempla en Dios, permaneciendo y, a la vez, borrado, desparramado. Es porque el hombre es como una gran ola del universo, es porque el hombre es quien contiene, íntegras, la dimensión vital, el pulso del mundo, el sentido de todas las cosas invisibles, como todos los barcos cruzan la gota redonda y clara. Entonces, es menester que el hombre no sea tan hermético, que se oponga a Dios, ni tan ecléctico, que se deshaga en Dios, que se disuelva en Dios, negándose. Cerrado con barros

of the vast foliage, where the eternal winds of the universe blow and sing, freely. And it's also necessary to understand that bones are the genius of the anatomy, and that bones are hollow like river reeds or like a child's flute or as if seeking to let in the dark streams of the world, the dark cries of the world, the great melody that no one ever understands, never ever, because their ears are clogged with actions. Lying down at the edge of himself, on the pleasant earth, as soft as a marriage bed, flush with sloth and sun, man acquires his right.

When I walk around most distractedly, talking or singing to myself, is when my future is definitive, is when that great unknown defines itself, the same as when I sleep.

And it's by chatting with birds and women, with these small, childlike animals, warm-breasted and *all eyes*, that one understands the transparency of the world, the blue transparency of the world, its inveterate, open light and the path of man.

Equation of the blooming star.

Time and the phenomena of consciousness ripen all of a sudden above a vacant, distant, solitary man lost in sleeping eyes, and what occurs is what occurs when the pomegranate or the girl opens up and the sun and man come in and it seems as if truth had occurred, and it seems as if the absolute shimmers, and it's not true, because it's the sparks of reason that shatter against her, the same as the split mountain or iron burning, mightily, but reason is not truth, nó, reason is not truth, because truth is the reason of reason and other things.

It's not, exactly, a matter of action or inaction, nor of allowing or not allowing infinity to have its way with us, like flags in the wind; it's a matter of playing the fool with the world, of playing dumb with the world, and smiling the white smile of the almond tree.

Like a willow at the water's edge, man pictures himself, submerges himself, contemplates himself in God, permanent and, at the same time, erased, scattered. It's because man is like a great wave of the universe, it's because man is who contains, in their entirety, the vital dimension, the pulse of the world, the sense of all invisible things, like all the ships crossing the round and clear drop. Then, man must not to be so hermetic that he opposes God, nor so eclectic that he dilutes into God, that he dissolves into God, denying himself. Enclosed in permeable clays, that

permeables, que si se sumergen, en vino, llenan de vino el corazón de las vasijas, cerrado con la anchura ilimitada, cerrado con el vacío de todos los muros, y el horizonte humano.

Cuando el hombre dirige su objeto, todas las cosas, absolutamente todas las cosas, caminan con él, jugando a la distracción principal de las abejas.

Caminante sin sentido, caminante sin dominio, *sin camino*, parece aquel que define distrayéndose, cogiendo acciones perdidas, acciones vagabundas, acciones deshechas, despreocupado como los pájaros de otoño y las colegialas...

Pero es novela.

La voluntad obstinada del destino, adelgaza el destino, disminuye su actitud de horizonte, emigra.

Quizá le sucede lo que a la cuerda demasiado tensa: busca la curva.

O lo mismo que quien se propone cavar un abismo y cava y cava y cava, abriendo, aumentando, inmensamente, y concluye en planicie.

Y como aquellos que quedaron ciegos por exceso de ojos.

when submerged in wine fill the jugs' hearts with wine, enclosed by the limitless expanse, enclosed by the emptiness of all walls, and the human horizon.

When man directs his aim, all things, absolutely all things, walk with him, playing the big distraction game of bees.

Wayfarer with no sense, wayfarer with no dominion, *with no way*, akin to one who defines oneself by distracting oneself, grabbing lost actions, stray actions, broken actions, carefree like birds of autumn and schoolgirls...

But it's fiction.

The stubborn will of destiny attenuates destiny, diminishes its horizon disposition, migrates.

Perhaps it's like the overly taut string: it seeks a curve.

Or the same as someone who sets out to dig an abyss and digs and digs and digs, opening, deepening, immensely, and ends up on a plateau.

And like those who went blind from too many eyes.

de *Gran temperatura* (1937)

Canción de adiós

A hoja caída del océano,
a religión abandonada, a espiga, a garganta, a bandera de dios moribundo,
$\qquad$ a relámpagos, despedazándose,
amiga tan querida…

En este enorme tiempo, que nos invade con su agua azotada, con su agua
$\qquad$ gigante y valiente,
graznan los negros pájaros de espíritu,
y nosotros nos arañamos, defendiéndonos de nosotros de nosotros, con la
$\qquad$ última muela de la poesía, y su actitud de rosa de palo,
uncimos los proverbios a las máquinas,
y nos quedamos aún más ancianos, más helados, más amargos.

Ya las guitarras a agonía relampagueando,
y el acordeón solloza, porque todos los barcos zarparon, hacía la sin
$\qquad$ riberas mar quejándose,
cuando tu actitud echa a volar la paloma despedazada.

¡Ah! tu pelo y tus pechos, niña de antaño,
y el pie de sol, que era la sociedad, la flor, la ley humana, su juventud de
$\qquad$ diamante incorruptible,
yo estoy barbudo y acuchillado de edades,
castaña, chocolate, paloma de río, lira blanca, ya viene lloviendo desde el
$\qquad$ poniente,
y los recuerdos tamborilean las ventanas hacia la nada,
un sol helado asoma su aurora de esqueleto, el terror esencial del atardecer
$\qquad$ crucificado,
criaturas de pasado, abiertas a la tempestad las alas tronchadas.

from *High Temperature* (1937)

Farewell Song

To the ocean's fallen leaf,
to an abandoned religion, to an ear of grain, to a throat, to the flag of a
                 dying god, to lightning bolts, shattering,
my dearest friend…

In this enormous age, that invades us with its pounding water, with its
                 giant and brave water,
the black spirit-birds caw,
and we tear into ourselves, defending ourselves from ourselves from our-
    selves, with the wisdom tooth of poetry, and its morning glory stance,
we yoke proverbs to machines,
and we end up even older, even colder, even more bitter.

The guitars are already flashing in agony,
and the accordion sobs, because all the ships set sail, grumbling toward
                 the shoreless sea,
when your demeanor sets the shattered dove free.

Ah! your hair and your bosom, girl of bygone days,
and the sun in your step, which was society, the flower, the human law,
                 its incorruptible diamond youth,
I've grown a beard and been stabbed by the ages,
chestnut, chocolate, river dove, white lyre, it's been raining since dusk,
and memories drum on the windows to the void,
a frozen sun reveals its skeletal dawn, the essential terror of the cruci-
                 fied twilight,
creatures of the past, their wings cut-off and open to the storm.

Hinchada la boca de misterio, de invierno, de silencio con huesos,
rosal —Winétt— canción de la primavera remotísima, copa de santo de
                    aquellos otoños obscuros a gran substancia,
chiquilla bonita de las cosechas ultramarinas,
durazno, tonada, estero, violeta, castaña, naranja, manzana, libro de otros
                    cielos.

Carcajada de amapola, ya dormida, entre sus pájaros,
canasto de sombras a la lámpara,
vidrio de provincia feliz, botella azul de las casas vacías, ladrando a los
                    álamos abandonados,
emigran las golondrinas amarillas desde tu frente plateada,
y un sol cargado de faroles nocturnos
empuña su canción invernal de cuchillo sangriento, y anchas, terribles
                    garras de llanto,
medio a medio del espantoso fluir moribundo.

Mordida de pescados de cerebro, gran animal rubio,
juventud, autora del mundo, la yegua soberbia de oro, el león, el chacal
                    del instinto,
galopan las carreteras de occidente.

Gritando hacia las tumbas, corriendo, así partimos en la soberbia
                    adolescencia,
sollozando, hoy bebemos la primera de las postreras copas,
pero, al espantar los fantasmas indescriptibles, suenan las tibias, entrecho-
                    cándose,
y un andrajo de infinito, como espantoso murciélago,
nos azota la cara, helado, agonizando, defendiéndose de la realidad
                    definitiva.

Llueve, y adentro cantan las muchachas descalzas del cementerio,
y aullamos por el sol, el sol, el sol que se derrumba,
solo, gigante, rojo como un toro, entre sus granadas.

Arrastrando pájaros, océanos, ámbitos,
tu canción juvenil, en trigales revolcándose, contra sus viñedos y aguas,
se fué, sollozando, para jamás nunca…

Mouth swollen with mystery, with winter, with the silence of bones,
rosebush—Winétt—song of the remotest spring, holy grail of those
dark autumns full of substance,
pretty girl of the transoceanic harvests,
peach, melody, estuary, violet, chestnut, orange, apple, book of other skies.

A poppy pealing with laughter, already asleep, among her birds,
basket of shadows under lamplight,
window of the happy province, blue bottle of the empty houses,
barking at the deserted poplars,
the yellow swallows migrate from your silver forehead,
and a sun teeming with street lamps
grips its winter song like a bloody knife, and wide, dreadful claws of tears,
all along the ghastly, dying stream.

Fish of the brain biting, great blond animal,
youth, author of the world, the proud golden filly, the lion, the jackal
of instincts,
all galloping the roads of the West.

Howling toward the graves, running, that's how we headed out in our
proud adolescence,
today we sob as we have the first of our final drinks,
yet, as the indescribable ghosts are scared away, their shinbones clatter
noisily,
and a tatter of infinity lashes our face
like a hideous bat, frozen, in agony, defending itself from ultimate
reality.

It's raining, and inside the barefoot girls from the cemetery are singing,
and we howl for the sun, the sun, the sun that crumbles,
alone, gigantic, red as a bull, amid its pomegranates.

Sweeping along birds, oceans, boundaries,
rolling around wheatfields, against its vineyards and waters,
your youthful song went away, sobbing, never again to…

de *Arenga sobre el Arte* (1949)

Aventuras y Desventuras de
'Arenga sobre el Arte'

Al comenzar aquel Abril feroz de 1947, la Editorial "Claridad", de Buenos Aires, dirigida y controlada por Antonio Zamora me entregó las pruebas completas de "**Arenga sobre el Arte**", diciendo: "**Nosotros nos hemos resuelto a no publicar su libro por ser un libro marxista**".

Yo se las remití al escritor Mahfud Massís, mi yerno, con el encargo de acercarse a Juan de Luigi y proponerle la publicación por capítulos "dominicales" en "**Extra**", el valeroso y popular "meridiano" del gran crítico de América. Pero, todo eso fracasó lamentablemente para mi situación económica de escritor democrático, sin trabajo en Hispanoamérica y yo continué enfrentado a la tragedia y la demagogia que me acorralaban. Juan de Luigi no publicó porque no pudo y nó porque no quiso la polémica artístico-política y la sensación aterradora de estupor y rabia de hielo se estrelló contra las sierras del país de José Hernández o fué azotándose contra sus pozos de horror tropical, paradisíaco, contra los estuarios maravillosos, contra la alta y ancha mesopotamia trágica, al agrandar la soledad y los padecimientos.

Mahfud Massís agarró "**Arenga sobre el Arte**" y lo olvidó entre cien papeles; el libro quemante ha estado dos años guardado allí esperándoos; y, queridos lectores amigos, ¿no produjo ningún incendio ni nadie falleció a causa de su contaminación mágica, substancialmente trágica y dionysíaca, de gran carácter épico-heroico, es decir, en la línea de toda mi obra?...

Allá por 1943, me parece, invité yo a mi casa de "La Cisterna", a un grupo de personas y de amigos, a fin de dar una lectura de fragmentos de "**Carta Magna de Chile**". ¿Recuerda Ud., Luis Durand, aquellos patitos asados con aquél tinto feliz de la amistad leal, y el cómo yo solo retrataba o sublimaba los guisos chilenos y la gran comida de la patria, (cuando es posible comer la gran comida de la patria), en el estadio del poema que

from *Harangue about Art* (1949)

Adventures and Misadventures of
Harangue about Art

At the start of that brutal April of 1947, Buenos Aires's Editorial Claridad, directed and controlled by Antonio Zamora, handed me the complete proofs of **Harangue about Art**, saying: "**We have decided not to publish your book because it is a Marxist book.**"

I sent them to the writer Mahfud Massís, my son-in-law, with the request that he approach Juan de Luigi and propose to him their publication as "Sunday" chapters in **Extra**, the great American critic's brave and popular midday newspaper. But all that came to naught, unfortunately for my financial situation as a democratic writer, out of work in Spanish America, and I kept on confronting the tragedy and demagoguery that corralled me. Juan de Luigi didn't publish because he couldn't and not because he didn't want the artistic-political controversy, and a terrifying feeling of astonishment and icy rage crashed against the mountains of the land of José Hernández or started crashing against its wells of tropical, idyllic horror, against the marvelous estuaries, against that high and wide tragic mesopotamia, as the solitude and the suffering mounted.

Mahfud Massís took **Harangue about Art** and forgot it among a hundred papers; the blistering book has been tucked away there for two years waiting for you; and, dearly beloved readers, did it not start a fire or did no one die from exposure to its magical contamination, which is substantially tragic and dionysian, highly epic-heroic in nature, that is to say, in line with all my work?…

I think it was sometime around 1943 when I invited a group of people and friends to my house in La Cisterna to hear me read fragments from **Chilean Magna Carta**. Luis Durand, do you remember those roast ducklings with that happy red wine of loyal friendship, and how I alone depicted or sublimated the Chilean stews and the great food of the homeland (when one can eat the great food of the homeland),

se titula, "**Teogonía y Cosmología del Libro de Cocina**" y que Ud. no lo olvidó jamás, como buen amigo de sus amigos? "Pasaron los años", sin embargo. Pero el hecho emocionante generó la atracción de lo mágico dionysíaco y engendró su impacto en el hígado de la literatura nacional, como afirman los que entienden, que sucede frecuentemente con el vino, cuando el vino es vino muy vino y lo toman los que ignoran cómo se toma el vino y se lanzan a la botella como los chanchos al afrecho. Sí. Y si a Ud. le parece con la audacia acumulada como para pegarle una gran patada en el trasero a la crítica "oficial" administrada por ejemplo por el tontito sentimental a quien yo apodo "Barella" y a quien yo conmino a seguirme ladrando toda la vida entera, como un perro, o por la pollina de "Alone" o por el gran Eleazar que supone que escribe colofoncitos de tinterillo "literatoso" y se está... vaciando o por Silva-Castro, "el imbécil" o por todas las feas bestias negras de la crónica ultramontana.

"Los engendró el dolor", dice la gente de los libros máximos.

En 1944, en México, leía yo en la sala copada de la "Editorial Séneca", de José Bergamín, los cantos heridos de la epopeya y oían David Alfaro Siqueiros, Vittorio Vidali, Mario Montagnana, María Luisa Carnelli, Benjamín Jarnés, Jorge Carrera Andrade, Alfredo Pareja Díez Canseco, Jules Romains, Margarita Nelken, Rafael Carrillo, Teresa Pomar, Margarita Paz Paredes... Dí la misma lectura en Caracas, en 1945, en casa de Carlos Eduardo Frías y estaban allí Juan Liscano, Carlos Augusto León, Otto D'Sola y aquella gran nieta de Bolívar Antonia Palacios, Mariano Picón Salas, Arturo Uslar Pietri. Y dí la misma lectura en Córdoba de la República Argentina, en el estudio del Dr. Gregorio Berman, en la primavera horrenda de aquella horrenda primavera de 1948; pero, indiscutiblemente la influencia filosófica y la doctrina de las tesis álgidas de "**Arenga sobre el Arte**", ¿a nadie influencian? como a nadie altera el estilo de mi literatura, logrado de espanto en espanto, despedazándome las entrañas del espíritu desgarradoramente e infiriéndome la gran herida en el pan familiar, en treinta y siete años de trabajo!

Además, yo alcancé a imprimir seis pliegos de diez y seis páginas, en Córdoba, y cuando estaban terminados y continuando el volumen, "La Celestial" se incautó de la imprenta e intimidando al impresor lo apresó legalísimamente... por lo cual descansa la mitad, más la mitad de la mitad de "**Arenga sobre el Arte**" en todo lo hondo de la hospitalidad de una antigua casa de Mendoza.

in the stage of the poem entitled "**Theogony and Cosmology of the Cookbook**", which you never forgot, like the true friend among friends that you are? "The years went by," however. Yet that intoxicating incident beckoned dionysian magic and provoked its shock to the liver of national literature, as the experts say frequently happens with wine, when the wine is a wine's wine and it's drunk by those who don't know how to drink wine and pounce on the bottle like hogs upon hominy. Yes. And if you will it packed enough audacity to give a big kick in the ass to "official" criticism as provided by the likes of that sentimental little fool I call "Barella," and whom I order to keep barking at me for the rest of his life, like a dog, or by that ass "Alone" (they call her) or by the great Eleazar who imagines that he writes "literaturesque" penpusher blurbs and is… emptying himself or by Silva Castro, "the idiot" or by all the ugly black beasts of ultramontane criticism.

"Pain spawned them," is what people say about the great books.

In 1944 I was in Mexico, reading the wounded cantos of my epic to a rapt crowd at José Bergamín's Editorial Séneca, and listening were David Alfaro Siqueiros, Vittorio Vidali, Mario Montagnana, María Luisa Carnelli, Benjamín Jarnés, Jorge Carrera Andrade, Alfredo Pareja Díez Canseco, Jules Romains, Margarita Nelken, Rafael Carrillo, Teresa Pomar, Margarita Paz Paredes… I gave the same reading in Caracas, in 1945, at the home of Carlos Eduardo Frías and in attendance were Juan Liscano, Carlos Augusto León, Otto D'Sola and that noble granddaughter of Bolívar Antonia Palacios, Mariano Picón Salas, Arturo Uslar Pietri. And I gave the same reading in Córdoba, Argentina, in Dr. Gregorio Berman's study, in the awful spring of that awful spring of 1948; but surely the philosophical influence and doctrine of **Harangue about Art** and its decisive propositions influenced no one? just as no one is unsettled by the style of my literature, accomplished one terror at a time by harrowingly tearing at the entrails of my spirit, it having taken a heavy toll on my family's bread over thirty-seven years of work!

In addition, I managed to print six sixteen-page sheets in Córdoba, and after those were finished and while working on the rest of the volume, "The Sky-Blues" seized the print shop, intimidating the printer and most lawfully arresting him… which is why half, plus half of one half of **Harangue about Art** is buried deep in an old house in Mendoza.

Muchos nos fueron plagiados entre todos nuestros libros y unos nos fueron robados, como "**Cosmogonía**", que se extravió en Concepción, en aquellos años acerbos del 24 al 25, porque entonces pobres y desamparados, furiosos y violentos, con hijos nacidos en la tristeza y en la combatividad heroica, calumniados, olvidados, difamados hasta por la propia familia de militares, magistrados, negociantes, curas y médicos o funcionarios de Impuestos Internos, nosotros nos debatíamos, — Winétt y yo—, mano a mano con la miseria y solos, entre la conspiración del silencio suministrada por la inspiración de abyectos "podetos" y la corneta reaccionaria de entonces. Aquella terrible anciana de la pensión "también" murió y nos dejó el recuerdo de haber quemado o copiado o botado a la sepultura el poema y el recuerdo, que es como el boleto de Agencia de un difunto. Y así se extravió aquí, en Santiago, una buena copia de "**Carta Magna de Chile**"— lo cual no importa—, y el último de los últimos cantos, —lo cual sí importa—: "**Apología de lo nacional y lo internacional chileno**", que yo he escrito hoy mismo, herido de traición e ingratitudes, pero nó viejo, como lo creyeron mis amistosidades.

Hecho con acerbos padecimientos completamente originados en el régimen, no naturalmente originados en la condición Humana, (según lo tituló Malraux (el traidor) al sistema capitalista), éste libro verde en la juventud del mundo, en el cual el fuego, la materia, el hierro se ensangrentaron, se satura de un olor insular y guerrero de tormenta e iza la bandera azul de "**El Valle Pierde su Atmósfera**" en su corazón de cataclismos. Así el estilo de platino y sangre caída de Winétt, único en América, aporta su belleza de violeta mundial a nuestra tremenda polémica por la poética del pueblo.

Y la gran peripecia —epopeya que juntos nos echamos a la espalda en treinta y tres años de lucha y coraje, al asomar la descomunal aventura continental nos encuentra mano a mano, dramáticamente, como en los altos páramos, cuando nos asomábamos serenos y soberbios de Humanidad a la orilla de los abismos americanos…

Celebro el poder acoger aquí, en este noviembre del cuarenta y nueve, las declaraciones rotundas de Pablo Neruda en el Congreso de la Paz en México, el México sexual y mortal del Anáhuac enfurecido. Neruda dá una lección de honor a los que comercian con la burguesía literaria corrompida y producen literatura degenerada a fin de obtener el aplauso de los degenerados. Además, la coincidencia con aquellos planteamientos

Many of our books were plagiarized and others were stolen, such as **Cosmogony**, which was lost in Concepción, in those harsh years of '24 and '25, because back then we were poor and helpless, raging and violent, with children born of sorrow and heroic struggle, slandered, forgotten, defamed even by our own family of military men, judges, businessmen, priests and doctors or Internal Revenue employees, and we struggled—Winétt and I—, alone and in hand-to-hand combat with poverty, between the conspiracy of silence masterminded by abject "powutz" and the reactionary horn-blowing of those days. That awful old lady from the boarding house "also" died and left us the memory of having burned or copied or buried the poem and the memory, which is like the dead man's pawn ticket. And so a good copy of **Chilean Magna Carta** went missing here in Santiago—which doesn't matter—as did its very last canto—which does matter—: "**Apologia for Chilean Nationalism and Internationalism**", which I have just written today, wounded by betrayal and ingratitudes, but not old, as my friendlies believed.

Made from bitter suffering completely rooted in the regime, not naturally rooted in the Human condition (as Malraux (the traitor) called the capitalist system), this green book in the youth of the world, full of bloodstained fire, matter, and iron, becomes saturated with a scent as insular and warlike as a storm and raises the blue flag of **The Valley Loses Its Atmosphere** in its cataclysmic heart. Thus Winétt's platinum and bloodstained style, unique in America, lends its global violet beauty to our tremendous polemic for a poetics of the people.

And the great vicissitude—the saga that we have shouldered together in thirty-three years of struggle and courage, finds us holding hands dramatically in the midst of our colossal continental adventure, like we did in the uplands, when we would peer out, at peace and proud in our Humanity, over the American abysses…

I'm thrilled to be able to embrace here, in this November of forty-nine, the emphatic statements of Pablo Neruda before the Congress for Peace in Mexico, the sexual and fatal Mexico of furious Anahuac. Neruda teaches a lesson in honor to those who do business with the corrupt literary bourgeoisie and produce degenerate literature in order to win the applause of the degenerate. Furthermore, his statements coincide with those concrete proposals we ourselves have been making

concretos que vinimos haciendo nosotros durante un cuarto de siglo, no es que nos sorprende, es que nos conmueve y es que hallamos un hermano en la misma línea de nuestro frente de combate y heroicidad terrible. "Errados y desventurados poetas de antaño", decíamos en "**Jesucristo**", el año 1933, al destinar la obra "a Stalin, el héroe", y afirmábamos el canto, (sin barro social), de los trabajadores, y épico. Pablo Neruda rechaza y desgarra la concomitancia con los tenebrosos y los picarescos y se sitúa produciendo un ejemplo estupendo, en la línea de fuego, que es la línea de hierro del marxismo-leninismo-stalinismo, lo cual le restará la amistad del oportunismo universal, pero le va a dar conducta y método. Nosotros lo congratulamos muy entusiastamente en el instante de su confesión heroica, la que indiscutiblemente o maravillosamente va a encontrar definición y superación correcta en los nuevos poemas del poeta.

Entre congojas y reyertas emergen estos libros nuestros, como arañados y rasguñados por la uña de la Gran Bestia; sí; pero la trayectoria literaria creadora, desarrollándose en espirales desde el auroral instante, nos arrastró a la gran batalla y optamos por morir luchando; es entonces lo épico-social-heroico lo que sacamos del pantano capitalista sublimándose en imagen lograda; y "**Arenga sobre el Arte**" y los "**3 Poemas de Pablo de Rokha**" dan la pelea con el mismo ademán clasista-obrero que emerge desde sus raíces (cuando yo, creando mi estilo entre el hombre y el huracán, me buscaba en la adolescencia maldita, pero no podrida), como la da "**El Valle Pierde su Atmósfera**" de acuerdo con su vocabulario enorme.

Y ni aquí ni allí van a terminar seguramente los contratiempos y las malandanzas de tan dura empresa como es la tarea de publicar libros que reflejen épicamente la controversia que existe en nosotros contra nosotros por la conquista de nosotros y el duelo entre el yo y el medio. Confundidos o sorprendidos en la desnudez de sus obscenidades, me van a comparar a un volcán, a fin de quitarle el cuerpo al fuego... que esta "**Arenga**" echa, porque fué elaborada en la soledad forzosa y definitiva del capitalismo. Estaré, pues, adentro de los subterráneos del ser, clavando el aguijón del tábano y, como el tábano erraré y arderé, abandonado en el gran vacío inmortal, sin embargo; abandonado del abandonado; entre un crugido de vigas, de dientes, de sombras y de esqueletos, por adentro de las viejas pilchas chilenas, apaleado y acuchillado de sol en la gran aurora del mundo resucitaré porque no hice palabras sino con el hierro social

for a quarter century, and it's not that we're surprised, it's that we're moved and that we have found a brother aligned with our brutally heroic battlefront. "Misguided and ill-fated poets of old," we said in **Jesus Christ** in 1933, while dedicating the work "to Stalin, the hero," and we affirmed the epic song (without social sludge) of the workers. Pablo Neruda rejects and tears to shreds any relation to the sinister and the roguish, and he sets a marvelous example, in the line of fire, that is the iron line of Marxism-Leninism-Stalinism, which will cost him the friends of universal opportunism but will give him discipline and method. We most enthusiastically congratulate him in the moment of his heroic confession, which will unquestionably find wonderful definition and proper refinement in the poet's new poems.

These books of ours emerge amid worries and clashes, as if clawed and scratched by the hoof of the Great Beast; yes; but the creative literary trajectory, evolving in spirals from the auroral instant, dragged us into a great battle and we chose to die fighting; what we extract from the capitalist swamp is, then, the epic-social-heroic sublimated into an accomplished image; and **Harangue about Art** and the **3 Poems by Pablo de Rokha** fight back with that same working-class gesture that emerges from their roots (when I created my style, between man and hurricane, while looking to find myself in my cursed yet not rotten adolescence), just as **The Valley Loses Its Atmosphere** fights back with its enormous vocabulary.

And neither those nor these will be the last setbacks and misfortunes of a task as hard as publishing books that reflect in epic form on the controversy that exists within us and against us over the conquest of ourselves and on the struggle between the self and the environment. Confused or caught by surprise in the nakedness of their obscenities, they will compare me to a volcano in order to remove the body from the fire… that this **Harangue** spews because it was made from the forced and definitive solitude of capitalism. So I'll be inside the undergrounds of being, jabbing the gadfly's stinger and, like the gadfly I'll roam and sting, though abandoned in the great immortal void; abandoned by the abandoned; amid a creaking of beams, of teeth, of shadows and skeletons, in my old Chilean rags, drubbed and stabbed by sunlight in the great dawn of the world, I will resurrect because all my words were made chest-deep from social iron, and since the sinister will run away

del pecho y como huirán de mi lenguaje por espanto y no por cansancio, los tenebrosos, el trabajador intelectual pasará a ocupar con su escrito el destino de sudor y de fusil correspondiente.

Escribamos los amargos padecimientos del escritor universal describiendo los padecimientos nuestros en este quemante epílogo de epílogos, con relación a la criticanalla.

Entre los entes podridos que reflejan y expresan asquerosamente los procesos de descomposición general de la cultura burguesa-capitalista y su morfología, se destaca y hace números: el **antologista**. Ejemplar de ladrón infantil, parasitario e intermediario, es tan negativo como el crítico, porque es el crítico en la más roñosa de las formas del crítico. Roba la obra y la destroza con la irresponsabilidad de los asesinos legales y los orangutanes sagrados, denigra a quien le da la comida y la bebida del lacayo, al dar la materia prima a su oportunismo y como siempre todo canalla es un simoníaco y el caudillo de los jureros falsos, unciendo a la faena envilecida e inmunda dirección y calidad, ubicándola al servicio de sus patrones, contra los vecinos de sus patrones, se traiciona y traiciona a la opinión pública. En Chile existen criaturas de prontuario e idiotas irreparables entregados al desacato general de las Antologías. Y a mí, a Winétt, a Carlos de Rokha (dos valores definitivos), se nos ha hecho todas las infamias de este régimen, utilizando **las Antologías** "los recitales" y "las selecciones" capital-eclesiásticas: ruptura de poemas y desgarramiento del organismo literario, selección de los versos frustrados en revistas accidentales, lograda por castración, fragmentación, descomposición atrabiliaria y premeditada de acomodamiento, alteraciones de originales, etc., etc., etc. Cuando el fracasado literario está definitivamente descompuesto fabrica la Antología, la venda y se vende. Y desde su triste y vil tribuna de charlatán de obscenidades, clínico y pornográfico, dispara su complejo de inferioridad y su resentimiento, su envidia, su hediondez, su miseria moral, contra los hombres que lograron su estilo y las mujeres extraordinarias, exaltando los mojigatos y las prostitutas de la literatura. No doy nombres de bribones, para no glorificarlos, pero me parece que existen un tal Poblete, un tal Correa, un tal Zambelli y en la excepción honrosa: Segura Castro, Volodia Teitelboim, Eduardo Anguita, etc. Aquellas venenosas basuras capitalizarían el cinismo y el confusionismo general que permite el hecho de que todos los quebrados intelectuales de ayer dirijan la cultura de hoy, dirijan la cultura clerical-capital-imperial-

from my language terrified and not tired, the intellectual worker with his writing will go on to occupy his corresponding destiny of sweat and rifles.

Let's write the bitter suffering of the universal writer describing our suffering in this blistering epilogue of epilogues, with regard to hypo-critics.

Among the rotten creatures that vilely reflect and express the processes of general decomposition of bourgeois-capitalist culture and its morphology, one stands out and multiplies: the **anthologist**. The epitome of a childish thief, a parasite and a middleman, he's as negative as the critic because he's the filthiest version of the critic. He steals the work and destroys it as irresponsibly as lawful murderers and sacred orangutans, he denigrates the one who feeds him his lackey's meal by opportunistically seizing the raw material and, since every lowlife is a simonist and the perjurers' commander, by anointing the task with a vile and foul direction and quality, placing it at the service of his bosses, against his bosses' neighbors, betraying himself and betraying public opinion. In Chile there are criminal creatures and incorrigible idiots dedicated to the common contempt they call Anthologies. And Winétt and Carlos de Rokha (two definitive values) and I have been subjected to all the slanders of this regime, whose **Anthologies** rely on "recitals" and capitalist-ecclesiastical "selections": breaking up poems and tearing apart the literary organism, selecting failed verses for incidental magazines, produced through castration, fragmentation, violent and premeditated decomposition born of convenience, altering originals, etc., etc., etc. When the literary failure is definitely broken down he produces an Anthology, he swathes it and sells it. And from his sad and vile grandstand, as clinical and pornographic as an obscene charlatan, he fires off his inferiority complex and resentment, his jealousy, his stench, his moral squalor, against men who fulfilled their style and against extraordinary women, extolling the hypocrites and the prostitutes of literature. I won't name these creeps so as not to glorify them, but I believe there's one called Poblete, another Correa, another Zambelli and the honorable exceptions: Segura Castro, Volodia Teitelboim, Eduardo Anguita, etc. Those venomous bastards would capitalize on the cynicism and general confusion resulting from the fact that yesterday's intellectual failures direct the culture of today, direct the clerical-capital-imperial-

burguesa llenando la "Prensa Seria" de crónicas y afiches patibularios que pretenden exaltar lo inmundo y aplastar lo heroico, como una forma sucia de la caída del régimen. Y si luchamos por la paz nosotros, por ejemplo, los bandidos de la imbecilidad nos calumnian y nos difaman, porque los alquiló el Imperialismo como por ejemplo a Latcham, "la tipachinchosa" de la literatura, cuyos "juicios" locos son los pelambres de comadre del día Domingo.

La crítica "oficial" trafica pero delira y cuando un tonto cualquiera se chorrea emputecido, refleja un proceso general adentro del cual el sistema de las equivalencias de la crisis burguesa se produce en "la crítica oficial" como se produce en el desarrollo anormal, espantoso de la criminalidad degenerada, extrayendo de los pantanos subterráneos un criminal que enjuician y desprecian los criminales y el crítico junto con ser un burro de iglesia, negativo y caponado, es un jalón de horror de la agonía capitalista.

Es entonces un fenómeno absolutamente político que se disfraza de fenómeno absolutamente artístico. Por eso, libelos y panfletos se requieren ardientemente, en los planos más altos de la polémica, y el sarcasmo es el rifle del hombre creador que defiende el pan y la libertad del mundo. Sangre y guano remueven las bayonetas de la controversia y eso es justo. Ahora, como no cantamos para divertimiento de "la clase rectora", sino para clavar la verdad estética como un puñal en el pecho de los explotadores del pueblo y sus sirvientes, hagamos los vocabularios del destino con nuestras verdades y con nuestras pasiones universalizándolas ardiente y políticamente como la Catedral Gótica. Pues nada existe más sucio que lo más puro y virginal de quien no fornica porque está castrado.

Ahora ya "**Arenga sobre el Arte**" estará condecorada de contratiempos y sufrimientos humanos y por humanos fundamentalmente artísticos y va a encontrar lo humano del auditorio, a fin de continuar desarrollándose entre la baba helada del "intelectual" mercenario o simoníaco y las anchas banderas del pueblo!…

P a b l o   d e   R o k h a
Santiago de Chile,
25 de Octubre de 1949.

bourgeois culture filling the "Serious Press" with appalling articles and notices that seek to exalt the sordid and crush the heroic, like a dirty type of regime collapse. And if we, for instance, fight for peace, the crooks of idiocy defame and slander us, because they rented themselves out to Imperialism, like Latcham for example, the "old nag" of literature, whose crazy "opinions" are the godmother's Sunday gossip.

"Official" criticism traffics in ravings, and when any wanton old fool gushes furiously, it reflects a general process within which the system of equivalences of the bourgeois crisis is produced in "official criticism" just as it's produced in awfully deviant form in the development of degenerate criminality, extracting from the subterranean swamps a criminal who's judged and despised by other criminals, and the critic is not only a church donkey, negative and gelded, but also a horrific milestone of capitalist death throes.

It is then an utterly political phenomenon that disguises itself as an utterly artistic phenomenon. That's why libel and pamphlets are urgently needed, at the highest levels of polemic, and sarcasm is the rifle of the creative man who defends the bread and freedom of the world. The bayonets of controversy stir up blood and guano, and that's right. Now, since we don't sing for the amusement of "the ruling class" but rather to drive aesthetic truth like a dagger into the chest of the exploiters of the people and their servants, let's make the vocabularies of destiny out of our truths and our passions by universalizing them ardently and politically like a Gothic Cathedral. For there's nothing dirtier than the purity and virginity of someone who doesn't fornicate because he's been castrated.

By now **Harangue about Art** will be draped in human setbacks and suffering that inasmuch as human are fundamentally artistic, and it will find the audience's humanity so as to keep on flourishing amid the congealed drivel of the mercenary or simonist "intellectual" and the proud flags of the people!...

P a b l o   d e   R o k h a
Santiago, Chile,
October 25, 1949.

SURLANDIA, PULSO DEL MUNDO
O, LAMENTO AMERICANO DE LAS COLONIAS

Oro y piojos a la manera de un tambor funeral de aden-
tro de la majestad de los pueblos surgiendo,
salitre y piojos, petróleo y piojos, diamantes y piojos, hierro y piojos,
carne y piojos, trigo y piojos, yodo y piojos, vino y piojos,
carbón y piojos, plata y piojos, aves y piojos, frutas y piojos,
azúcar, caucho, canela y piojos, ríos y piojos, mares y piojos,
lagos y piojos, montañas y piojos en la fiera, en el pez, en la
bestia de labranza y en el hombre, piojos andando por los
sobacos y los espinazos sudados del Continente, que es un
buey comiéndose una piedra,
adentro de los pueblos piojentos y completamente inmensos
de Chile y de Méjico, del Perú y del Uruguay, del Ecuador, del Paraguay,
de Venezuela, de la Argentina, de Guatemala y de Nicaragua,
del Salvador, de Honduras, de Costa Rica, de Panamá, de
Haití, de Santo Domingo, del Brasil, de Puerto Rico, de
Cuba, de Colombia, del Canadá, de Bolivia, de los Estados
Unidos de Norte América crucificados por **los Monopolios**
en la Cruz Gamada del neo-fascismo militar-financiero-
imperialista, como si las mandíbulas se mordiesen el vientre,
miseria sobre riqueza y piojos macabros como un zapato que echase una flor,
piojos sobre los negros, piojos sobre los rojos, piojos sobre los blancos,
piojos sobre los mestizos, piojos sobre los mulatos,
en la Florida y la Carolina del Sur, piojos,
en Harlem de New York, piojos y piojos de piojos y piojos de piojos de
piojos
en la camisa de fuego de América, con horroroso resplandor,
en donde patrones y peones dan la batalla social, los primeros como
verdugos, los segundos como obreros con los torsos heridos
por el sol de Dios, por el cual camina solo un piojo enorme
como el mundo: el piojo del corazón.

Adentro del régimen, las contradicciones del régimen y sus grandes
panteras: los financieros,
como el gusano en el cadáver del Capital de Exportación,

SOUTHLAND, PULSE OF THE WORLD
OR, AMERICAN LAMENT OF THE COLONIES

Gold and lice like a funeral drum rising from inside the majesty of
    peoples,
saltpeter and lice, oil and lice, diamonds and lice, iron and lice, meat
    and lice, wheat and lice, iodine and lice, wine and lice, coal
    and lice, silver and lice, birds and lice, fruits and lice, sugar,
    rubber, cinnamon and lice, rivers and lice, seas and lice,
    lakes and lice, mountains and lice on the beast, on the fish,
    on the farm animal and on man, lice crawling around the
    armpits and sweaty backbones of the Continent, which is
    an ox eating a stone,
inside the lice-ridden and utterly immense nations
of Chile and Mexico, of Peru and Uruguay, of Ecuador, of Paraguay, of
    Venezuela, of Argentina, of Guatemala and Nicaragua, of El
    Salvador, of Honduras, of Costa Rica, of Panama, of Haiti,
    of the Dominican Republic, of Brazil, of Puerto Rico, of
    Cuba, of Colombia, of Canada, of Bolivia, of the United
    States of North America crucified by **Monopolies** on the
    Swastika of military-financial-imperialist neo-fascism, like
    jaws biting their own stomachs,
poverty over wealth and lice as macabre as a shoe that blooms a flower,
lice on the blacks, lice on the reds, lice on the whites, lice on the mestizos,
    lice on the mulattoes,
in Florida and South Carolina, lice,
in New York's Harlem, lice and lice upon lice and lice upon lice upon lice
on America's fire curtain, awfully blazing,
where bosses and workers wage social battle, the former as executioners, the
    latter as laborers with torsos wounded by the sun of God, along
    which scuttles a single louse as enormous as the world: the
    louse of the heart.

Inside the regime, the contradictions of the regime and its big cats:
    the financiers,
like the maggot in the corpse of Export Capital,

muerden el régimen capitalista-imperialista completamente podrido y lo empujan a la matanza como un gran caballo degollado los soldados de antaño, mientras Pío XII grita por Mindszenty como barraco recién capado,

engendra la plusvalía el hambre por sobre-producción y paren hambrientos las máquinas haciendo pan,

la superabundancia pasea su fantasma de faz macabra por el desfiladero de los rascacielos, rasguñando los esqueletos vacíos como el pellejo de un ánima y no hay comida porque hay mucha comida;

la acumulación de mercancías y maquinarias sobre inmensas bodegas tremendas de alimentos que se arrojan al mar

clama por la demanda, y el salario es un niño de pecho que no tiene madre, cuando le ofrecen a quien posee desacreditados valores o dinero despavorido de inflación esa gran oferta de los sobre-industrializados que prosperan creando pobreza con la oferta, entre la cesantía desencajada y la huelga obrera legal,

por la moneda de hambre del hambriento: "**HAY PÁNICO EN U. S. A.**", dicen en Buenos Aires, "**PORQUE LA COSECHA DE TRIGO ES ENORME**";

y saliendo de entre las patas de la máquina, que oculta la Energía Nuclear para no arrastrar a la quiebra el Monopolio del Gas o la Electricidad, el hombre se come al hombre en la soledad del mundo y aúlla porque, aúllan los hambrientos del Señor empuñando sus puñales o ahorcándose al pie de las sucias parroquias que son teatros de degenerados,

frente a frente a la religión y las ametralladoras, cuyos oscuros frutos no son aceitunas de Agosto,

frente a frente al Papa y al militar mal militar, que son la conjunción de la mala espada y la mentira enriquecida y son la expresión de los explotadores y del Estado-Comprador, del Estado-Monopolizador, del Estado-Vendedor, del Estado-Explotador y asesino al servicio de los asesinos, de los honorables y miserables asesinos que gobiernan como asesinos, con asesinos, por y para los asesinos;

el Gobernable y el Presidiable vendidos a los "**inmensos**" **Trusts**, la Gran Señora Especuladora en acciones, el Banquero ladrón, ocioso, el hambreador profesional y el trabajador intelectual

yesterday's soldiers biting into the utterly rotten capitalist-imperialist regime and leading it to slaughter like a huge beheaded horse, while Pius XII squeals about Mindszenty like a freshly castrated pig,

surplus value breeds hunger through overproduction and the bread-making machines give birth to the hungry,

overabundance walks its grisly-faced ghost along the ravine of sky-scrapers, clawing the empty skeletons like a soul's hide and there's no food because there's a lot of food;

the accumulation of goods and machinery above immense and awful warehouses full of food that is hurled to the sea

clamors for demand, and salary is a motherless baby when they offer someone whose worth is worthless and whose money has inflation terrors that big bargain of the over-industrialized who prosper by creating poverty through supply, amid chaotic unemployment and lawful workers' strikes,

in the name of the hunger-coin of the hungry: "**THERE'S PANIC IN THE U.S.A.**," they say in Buenos Aires, "**BECAUSE THE WHEAT HARVEST IS ENORMOUS**";

and emerging from between the legs of the machine, that hides Nuclear Energy so as not to bankrupt the Gas or Electricity Monopolies, man eats man in the solitude of the world and howls because the Lord's hungry howl while gripping their daggers or hanging themselves at the foot of dirty parish churches that are theaters of degeneracy,

face to face with religion and machine guns, whose dark fruits are not August olives,

face to face with the Pope and the unsoldierly soldier, who are the alignment of the evil sword with the lie of the rich and are the expression of the exploiters and the Consumer-State, of the Monopolizer-State, of the Merchant-State, of the murderous Exploiter-State serving the murderers, the honorable and miserable murderers who govern like murderers, with murderers, by and for murderers;

the Governable and the Prisonable who sold out to the "**enormous**" **Trusts**, the Speculating Grande Dame of the stock market, the thieving and idle Banker, the professional hunger-

a quien lo hizo lacayo como a animal comprado o el Capitán
y el Mayoral de Empresa como el Prelado criminal cebado
como un cerdo de Dios con dinero de Dios y bellas mujeres,
la hedionda y vil pequeño-burguesía social-bestial-demócrata a la cual
ensilla la podrida oligarquía que tiene un cajón pintado de
negro y un cajón pintado de blanco y un cajón pintado de
rojo y un cajón pintado de amarillo y un cajón pintado de
cementerio y en aquellos cinco cerebros que son valijas y
bolsas de sombra echa a los que se le entregan por el sucio
y rubio **plato de lentejas** que son los diamantes del cobarde.

Dan metralla a las masas humanas que claman por un pan
y pan a los perros falderos de las viejas doncellas ligeramente solteras a
pesar de la riqueza, los bribones y los rectores de Universidad
comprados
cuando a los pechos selectos del Arzobispo se pega la yegua de la literatura
oficial;
dicen que viven en el orden y queman sacos de sacos de sacos de trigo,
mientras la avena rural se pudre adentro del invierno, que
defienden la Humanidad y la justicia y ahorcan sin proceso
al negro infeliz, que anhelan la paz e invaden el Mediterráneo
de enormes bosques de fusiles cuyos cañones putos apuntan
a la U.R.S.S., que son patriotas y humanitarios
y unos arrastran los sesos al pie de los templos y los palacios iluminados,
disputándose los restos de los huesos con los perros
mientras otros hartan de vinos y manjares a las bestias del boato y crían
caballos en establos que parecen cabarets internacionales;
el juez, el cura, el verdugo forjan la cultura de la burguesía,
la propiedad privada se refleja en poemas de tonto y en filosofía de esclavos
que proclaman felices la libertad de morirse de hambre
y al indio lo robaron y lo asesinaron a vista y paciencia de "**Dios Crucifi-
cado**";
el guiñapo macabro colgado del pabellón de Norteamérica ¿es la carroña
de un perro? nó, es la piltrafa de un Negro.

246

monger and the intellectual worker he made his lackey like a purchased animal or the Captain and the Company Foreman like the criminal Prelate all fattened up like God's pig with God's money and beautiful women,

the fetid and vile petty-bourgeoisie, social-beastly-democratic and saddled by a rotten oligarchy that keeps one coffin painted black and one coffin painted white and one coffin painted red and one coffin painted yellow and one coffin painted like a cemetery and into those five brains that are suitcases and bags of shadows it tosses all those who surrender themselves for that dirty and blond **plate of lentils** that are the coward's diamonds.

They hurl shrapnel at the masses who clamor for some bread and throw bread to the lapdogs of the old maids who are playfully single despite their wealth, the rogues and bribed university rectors while the old mare of official literature clings to the Archbishop's elite breasts; they say they live in law and order and yet they burn sacks upon sacks upon sacks of wheat, while the rural oats rot during winter, that they defend Humanity and justice and yet they hang the poor black man without trial, that they long for peace and yet they invade the Mediterranean with enormous forests of firearms whose motherfucking barrels are aimed at the U.S.S.R., that they are patriotic and humanitarian and yet some of them drag brain matter to the foot of temples and illuminated palaces, fighting with dogs over leftover bones while others stuff the beasts of spectacle full of wine and morsels and breed horses in stables that look like international cabarets; the judge, the priest and the executioner forge bourgeois culture, private property is reflected in stupid poems and in the philosophy of slaves who happily proclaim the freedom to starve and they robbed and murdered the Indian in full, loving view of "**Crucified God**"; the grisly rag hanging from the North American flag, is it a dead dog? nó, it's a Black man's remains.

He mirado niños de frío arañar las mañanas de New York, en Brook-
lyn, escarbando con los zapatos desesperados
el barro imperial de la ciudad sangrienta con los cementerios clamando
por debajo de la nevazón
y he mirado bajar a patadas al capitán negro, con sus condecoraciones de
héroe nacional, todo de luto desde los tranvías de ajedrez del
Washington invernal y asesinarlo entre los oros pálidos de P.
Street, en Dupont-Circle,
he mirado los hoteles cósmicos de Miami albergar gangsters y estrellas de
Hollywood, banqueros, prostitutas, obispos y diplomáticos,
echando con asco al varón de color
y comer basura en New-Orleans a los viejos judíos que huían de Chicago
acosados como estropajos por las jaurías inmundamente bo-
rrachas del Ku-Klux-Klan, abrigándose el estómago con los
poemas de Carl Sandburg o con el delirio genital-religioso
del Sinaí ardiendo;
he mirado degollar millones de cabritos recién nacidos para la cloaca
estomacal de Buenos Aires
y he mirado los hijos hambrientos y tuberculosos de La Rioja mamarle
sangre a las madres obreras que los parieron entre los pelos
tremendos de la sociedad
para darles hembras a las "**estancias**" que producen llanto y guano en "**el
País más rico del mundo**"
cuando la Santa Iglesia nazifascista es alimentada con trigo y vino o con
dineros de adolescentes, como una gran vaca sagrada o
como animal de Jehová divinamente borracho en su enorme
establo condecorado de garrapatas degolladas
y he mirado a los queridos nietos del gaucho, que fué un héroe y un santo
con caballo y todo saludar la imbecilidad de los grandes
carajos nazis jugando a la pelota;
he mirado al pongo inmortal doblado y como debajo del Altiplano de
Bolivia, en lo alto macabro y desesperado de las punas,
arado de abismos y de milenios, como a una persona de la
Edad de Piedra
trotar las leguas tremendas por el mendrugo con veneno de su mercadería
de andrajos
y he mirado a la cholita divinamente herida, cargando al hijo a la espalda
como un atado de polvo que llora,

I have seen the freezing children scrape their way through the New
York mornings, in Brooklyn, digging with their desperate
shoes
into the imperial mud of the bloody city with cemeteries clamoring under
the snowstorm
and I have seen the black captain with his medals, a national hero in
mourning, being kicked off the chessboard street-cars of
Washington in winter and murdered amid the pale gold of
P Street in Dupont Circle,
I have seen the cosmic hotels of Miami harbor gangsters and Hollywood
stars, bankers, prostitutes, bishops and diplomats, while
chasing out the man of color in disgust
and the old Jewish men eat garbage in New Orleans after fleeing Chicago
stalked as fodder for the disgustingly drunken dogs of the
Ku Klux Klan, and warming their stomachs with the poems
of Carl Sandburg or with the genital-religious delirium of
Sinai in flames;
I have seen millions of newborn goats get their throats slit to line
the sewers of Buenos Aires's stomach
and I have seen the hungry and tubercular children of La Rioja suck
blood from the working mothers who gave birth to them in
the dreadful hairs of society
to provide females for the "**ranches**" that produce tears and guano in
"**the richest Country in the world**"
while the nazifascist Holy Church is fed wheat and wine or adolescents'
money, like a big sacred cow or like one of Jehovah's animals
divinely drunk in its enormous stable festooned with be-
headed ticks
and I have seen the beloved grandsons of the gaucho, who was a hero
and a saint with horse and all, saluting the big stupid nazi
fucks playing ball;
I have seen the immortal peasant hunched over as if beneath the Bolivian
Altiplano, high up on the macabre and desperate puna
grasslands, plowed with abysses and millennia, like someone
from the Stone Age
trekking great distances and selling rags for a crust of poisoned bread
and I have seen the little chola, beaten down by heaven, carrying her son
on her back like a bawling bundle of dust,

andar y sudar bajo la gran patada del cielo,

entre los dientes de "estaño" de la "**Democracia**" imperialista que la ama-
manta con vitriolo "**porque el sirviente aguanta y si no
aguanta no importa**";

he mirado los mulatos egregios y piojentos de Venezuela con la panza
hinchada de gusanos

vivir y morir debajo de las caobas y el árbol del caucho o del pan, encima
del petróleo colosal, enyugados por la "civilización" que
imparten los "**Cartels**" y "**Reader's Digest**" y en donde "el
Bisonte" Gómez violaba mujeres con el dedo, pagado y con-
decorado por Yanquilandia,

o a orillas del Orinoco y sus piélagos mortales áureos en los que suspira
la perla doncella,

he mirado los llaneros de Bolívar endemoniados y ensangrentados de epo-
peya morirse de hambre comiendo hambre en las sabanas y
en los páramos de sol repleto de excrementos de jumentos
sacerdotales,

y he mirado hartarse de sangre a los Gerentes de las Compañías mono-
polistas del petróleo de Maracaibo;

he mirado "los pelaos" encadenados erguirse como Señores de la Miseria,
al pie de la San Juan de Teotihuacan milenaria y polvorosa
ensangrentadamente sagrada,

y he mirado al hijo del santo de las siete cavernas robado y manchado de
yanquis

escalar un pasado colosal, para extraer comida y dignidad del Calendario
Mexicano con el machete genial de Lázaro Cárdenas,

he mirado carceleros y presidiarios aullar tras la gran cultura mortal de la
Meseta del Anáhuac,

he mirado un Imperio y un piojo feo como un templo, un piojo y un
Imperio en las borracherías de carnestolenda funeral del
pobre grande hombre grande cargado con llanto;

he mirado a mi gran hermano de Chile, macabro y ardido de coraje,
arañar la costra de la panza de la tierra desgarrándóla con su
puñal de cólera y sol

cortarse la lengua con los dientes y patear el mundo como un lagar podrido
al ser echado del poblado natal como un perro, siempre como
un perro, eternamente como un perro en la tierra ajena

walking and sweating under the giant boot of the sky,

in the "tinfoil" teeth of imperialist "**Democracy**" that suckles her with
vitriol "**because the servants can take it and if they can't
take it, who cares?**";

I have seen the eminent and lice-ridden mulattoes of Venezuela with
worm-swollen bellies

living and dying under the mahogany and rubber or breadfruit trees,
above the colossal oil deposits, yoked by "civilization" as
taught by **Cartels** and **Reader's Digest** and where "Bisonte"
Gómez raped women with his finger, funded and lauded by
Yankeeland,

or on the shores of the Orinoco and its deadly golden depths where the
virgin pearl sighs,

I have seen Bolívar's plainsmen, possessed and full of epic blood, dying of
hunger while eating hunger in the savannahs and the barren
plains of the sun that teems with excrement from priestly
asses,

and I have seen the Managers of Maracaibo's monopolistic oil companies
gorge on blood;

I have seen the little punks in chains rise up like Lords of Misery at the
bloody sacred foot of ancient and dusty San Juan Teotihuacan,

and I have seen the son of the saint of the seven caves captured and soiled
by yankees

climbing up a colossal past to cull food and dignity from the Mexican
Calendar with Lázaro Cárdenas's brilliant machete,

I have seen wardens and prisoners howl after the great mortal culture of
the Anahuac Plateau,

I have seen an Empire and a louse as ugly as a temple, a louse and an
Empire in the drunken death carnival of the poor great big
man heavy with tears;

I have seen my great Chilean brother, macabre and seething with rage,
scratching the scab on the belly of the earth, tearing it off
with his dagger of fury and sun

biting off his own tongue and kicking the world like a rotten winepress
after being run out of his hometown like a dog, always
like a dog, forever like a dog in a foreign land

y he mirado a la mujer preñada o recién parida, cargada de sudor y criaturas
      tan heroicas como espantosas y con sonido de cadenas en el
      corazón
afrontar la agresividad del patrón ahíto de carne como fraile y trabajar
      años de años de años, tarde a tarde, día a día, noche a noche,
      en todo lo hondo de los inviernos colosales como catedrales
      al atardecer
y he mirado los vinos todos de oro hervir en las tinajas a cuya orilla
      caían envenenados con alcohol falsificado los rotos chilenos,
      soberbios bisnietos de Job;
he mirado en Panamá arrastrándose viejas negras muertas y senos con
      piojos del piojo y tuberculosis congénita, social, volcánica,
      hedionda a congoja miserable en su miserable ley
encima del turismo internacional y la "UNITED FRUIT COMPANY"
      hinchados de dólares robados a la americana
por los hijos de una gran puta que predican con el Evangelio de Jesucristo
      en una mano y la bomba atómica en la otra la paz que
      impera después de haber degollado a una población
y he mirado a la heroína popular desterrada del cielo y del mundo parir
      en la vía pública,
he mirado arañas y culebras cruzar el rostro del país colonizado, mientras
      corrían sombras de whisky por la faz nublada del Gerente;
he mirado engordar al Canadá como un esclavo completamente dichoso,
      criando cerdos e hijos para la cocina de Inglaterra,
pero al pueblo bramar de rabia, (más que al cornudo pequeño-burgués
      emputecido que se agarra entre el patrón y el peón como un
      ternero a la teta materna
cuando se acerca la diligencia del alcabalero con su gran bandera negra),
crujir y rugir de coraje, como un barco de tradición, desde adentro del
      Partido de Marx-Lenin-Stalin, como un potro o como un
      toro intelectual,
y como un león de dolor por las reivindicaciones obreras, acosado de
      amarillos trotzkistas;
he mirado al trabajador pacífico-atlántico de Colombia, que arrastra las
      algas y el sonido del mar en Bogotá,
llorar al azotar el océano en Buenaventura con el látigo de su hombría
      capado por **Laureano** y he mirado

and I have seen the pregnant woman or the new mother weighed down
with sweat and babies as heroic as they are hideous and with
the clanking of chains in her heart
facing the aggressions of her meat-gorged-friar of a boss and working year
after year after year, evening after evening, day after day,
night after night, in the very depths of winters as colossal as
cathedrals at twilight
and I have seen the wines all golden boiling in jars and the Chilean
stiffs passed out next to them, Job's proud great-grandsons
poisoned with fake booze;
in Panama I have seen dead old black women crawling and breasts full of
lice-ridden lice and a social, volcanic and congenital tuber-
culosis whose miserable law reeks of miserable grief
hovering over international tourism and the UNITED FRUIT COM-
PANY, both bulging with dollars stolen the American way
by the sons of bitches who preach with the Gospel of Jesus Christ in one
hand and the atomic bomb in the other all about how peace
prevails after slitting every throat in the village
and I have seen the popular heroine, exiled from the sky and the world,
give birth in the middle of the road,
I have seen spiders and snakes spanning the face of the colonized country,
while whiskey shadows ran across the Manager's gloomy
mug;
I have seen Canada get fat like a totally happy slave, raising pigs and
children for England's kitchen,
but also the people roaring with anger (more pissed off than the petty-
bourgeois cuckold who clings to the boss and the laborer
like a calf under its mother's udder
when the taxman approaches diligently with his big black flag),
the people cracking and bellowing with fury, like a traditional boat,
from within the Party of Marx-Lenin-Stalin, like a colt or
like an intellectual bull,
and like a lion in pain over workers' demands, stalked by yellow Trotskyites;
I have seen Colombia's Pacific-Atlantic worker carrying seaweed and
the sound of the sea with him in Bogotá,
and crying when the ocean lashes Buenaventura with the whip of its
manhood, castrated by **Laureano** and I have seen

al gran ejemplar de carbón escalar la Meseta autóctono y libérrimo al
emigrar de Cartagena, cuya gran piedra eterna está sudando
sangre y tuétanos de páramos y soledad,
con una novia pura que olía a manzana y era como ésa de la cual decía Salo-
món: "**A yegua de los carros del Faraón te he comparado**",
y he mirado a tal ser humano transformado en literato eclesiástico tomar
café local de castrado y de erudito sumamente distinguido
y leidillo, con la señora azul y el sacristán que le coloca la
montura;
he mirado los salvadoreños hinchados de jacobinismo liberal, alzarse con
el poeta Choufroid a la cabeza;
entre sus mugres épicas de valiente contra el bandido y capataz impuesto
por Norteamérica con dinero salvadoreño y salvadoreño
traidor
al cual gobierna entre una bacinica y una damajuana
y los he mirado con signos queridos de marxistas en el planteamiento de
estupor
besar la dignidad de su patria en toda la boca;
he mirado al montuvio litoral de orígenes continentales crujiendo cómo y
cuándo van a parir los volcanes en sangre tronante bañados
como recién nacidos al principio de las generaciones
acometido del paludismo y de grandes caimanes entre manglares y ranas
tan inmensas como burguesas,
debajo del sol mojado y la mar piojosa y oscura como la gran callampa
sexual de la naturaleza y he mirado y visto la Catedral de
Quito con indios podridos e inmortales chorreándola y he
mirado y visto los hijos de los Conquistadores y su gran
penacho de antaño
solo como toro de "La Biblia",
mearse y vaciarse de hambre en los pórticos ensangrentados de la Gran
Iglesia Matriz de San Francisco en la cual sembrara Rike el
trigo y el vino del gran barroco forestal de Hispanoamérica;
he mirado a lindas señoras de la traición de Puerto Rico sacarse los
calzones en las Drug-Stores neoyorquinas
y entregar la bandera íntima a los banqueros soberbiamente cornudos
encaramados encima del estupendo, arcaico cementerio de la
Trinidad pirata y he mirado grandes lacayos y poetas buro-

the great coal-black specimen climb the Plateau, native and fully free
since leaving Cartagena, whose vast eternal stone is sweating
blood and marrow of wastelands and solitude,
with a fiancée as pure as the smell of apples and reminiscent of the one
Solomon likened to "**a mare among Pharaoh's chariots**,"
and I have seen that human being transformed into an ecclesiastical man
of letters drinking local coffee like a sexless, very distin-
guished and not-so-well-read scholar, in the company of the
blue lady and the church sexton who saddles him;
I have seen the Salvadorans swelling with liberal Jacobinism, rising up
with the poet Geoffroy as their leader;
amid the epic filth of brave men against badmen and foremen imposed
by North America with Salvadoran money and a Salvadoran
traitor
governed by a chamber pot and a carboy
and I have seen them with beloved Marxist signs making astonishing
proposals
and kissing the honorable homeland on the mouth;
I have seen the coastal peasant of continental stock crackling like
volcanoes about to give birth bathed in thundering blood
like newborns at the dawn of generations,
besieged by malaria and giant alligators amid swamps and frogs as huge as
bourgeois women,
under the wet sun and the sea as lice-ridden and dark as the giant sexual
mushroom of nature and I have seen and watched the Quito
Cathedral teeming with decomposed and immortal Indians
and I have seen and watched the Conquistadors' sons
and their noble ancient crest
alone like a "biblical" bull,
watched them pissing and emptied out by hunger in the bloody porticos
of the Great Mother Church of San Francisco where Rike
sowed the wheat and wine of the great forest-baroque of
Spanish America;
I have seen the pretty ladies of Puerto Rico's betrayal taking off their
underpants in the drugstores of New York
and handing over the intimate flag to the mightily cuckolded bankers
perched atop the stupendous and archaic cemetery of the
pirate Trinity and I have seen big lackeys and bureaucratic

cráticos venderse al verdugo yanqui por las treinta monedas del Hacel-Dama
mientras la hembra popular portorriqueña y las masas humanas bajo los anchos látigos del Gran Capital de Explotación sufrían la esclavitud y el hambre quemante que engendra el Imperialismo,
quien hace rechinar dientes y cadenas de piratas y corsarios, las mismas antiguas que crujían en las bodegas de los navíos de ayer, por cuyos oscuros puentes de sangre erraba la luna iluminando lágrimas de muerto, con cirios helados de horror
a la faz inmensa de los verdes mares tristes;
he mirado los yerberos del Paraguay cruzando los pantanos más calientes que frailes rabones,
mordidos de sol, alcohol y víboras,
o de la gran sífilis tropical, arreados a latigazos de capataces y de comerciantes con el machete de la policía,
en comercio de prostitutas y empresarios,
tan sarnosos como tuberculosos por la expoliación espantosa, camarada agorera de los pobres peones pobres;
he mirado al negro y al mulato de Cuba
cocinar ron y rumbas terribles en el estómago del espíritu, que parece un huevo de fantasma,
envenenados de azúcar y parasitismo,
con el trópico y el dólar negrero horadándoles las vísceras
hasta hacerles vomitar sangre y muerte;
he mirado sufrir y escupir los hígados al fuerte esclavo de Honduras
debajo del sable innoble de cualquier Carías
al cual Norteamérica paga la plata macabra del asesino por dinero,
la Norteamérica de los "Consorcios" de ladrones degolladores,
no la gran Norteamérica de Foster y Wallace o el gran iluminado inmortal que fué Roosevelt;
he mirado los negritos emplumados y aterrados de Haití
destripar vivos gallos negros a fin de extraer de la hechicería la raíz del hambre enorme que los corroe, del hambre enorme y del arte del hambre enorme, al rechinar de las cadenas de las Guayanas,
y a las negritas criar culebras en las polleras,

poets selling themselves to the yankee executioner for the
    Akeldama's thirty pieces of silver,
while under the thick whips of Big Export Capital the working-class
    Puerto Rican woman and the masses were subjected to the
    slavery and burning hunger spawned by Imperialism,
which causes teeth to grind along with the chains of pirates and corsairs,
    the same old chains that creaked in the holds of yesterday's
    ships, along whose dark bridges of blood roamed the moon,
    illuminating the tears of the dead with altar candles of
    frozen terror
on the huge face of the sad green seas;
I have seen the herb-growers of Paraguay crossing swamps hotter than
    stark-naked friars,
bitten by sun, alcohol and snakes,
or by the vast tropical syphilis, spurred on by the foreman's whip and
    by businessmen who wield police machetes,
trading in prostitutes and entrepreneurs,
scabby and tubercular from the horrors of economic pillaging, that omi-
    nous comrade of the poor, poor workers;
I have seen the black man and the mulatto in Cuba
cooking up rums and awesome rumbas in the stomach of the spirit,
    which resembles a ghost-egg,
poisoned with sugar and parasitism,
the tropics and the slave-trading dollar piercing their intestines
until they vomit blood and death;
I have seen the suffering of the strong Honduran slave coughing up bile
under the ignoble saber of any old Carías
paid for by North America like some macabre hitman,
North America of the cutthroat crook "Consortia,"
not the great North America of Foster and Wallace or the great immortal
    visionary that was Roosevelt;
I have seen the black boys of Haiti flee in terror
and gut live black roosters so witchcraft can tear out the root of the massive
    hunger that eats away at them, of the massive hunger and
    the art of massive hunger, against the clanking chains of the
    Guianas,
and the black girls breed snakes in their skirts,

he mirado al sucio burgués culto comprar niños y niñas a su lecho de
  puercos bendito por arzobispos de condición asquerosa
  como la silla gestatoria,
he mirado literatos de contrabando entreteniéndose en afiches de lo
  macabro;
he mirado hervir el Brasil como un hongo capaz de tragarse el mundo y
  el trasero de Dios de una gran gran mascada,
y erguirse el falo del tiempo desde la cueva horrenda del Amazonas
chorreando de burgueses gorreados que violan a las señoras en las hamacas
  de las iglesias, (benditos prostíbulos divinos),
he mirado la figura colosal de Luis Carlos Prestes surgiendo de adentro
  del pueblo
como la estatua misma del sufrimiento brasileño con el corazón atravesado
  del espaldarazo azul de los líderes;
he mirado los chivos de Trujillo, el capataz de Santo Domingo,
mear la boca de los reos políticos, que son presos atómicos de Norteamérica
  e ir a besar y a llorar las nalgas sobadas de los banquero-
  financieros
con el hocico de plegarias atiborrado y de falsificado coñac de maldad,
pateando al pueblo humillado del cual se van a levantar los héroes como
  vuelo rojo de águilas
y por cuyo corazón corre la sangre de los siglos;
he mirado preñada a Guatemala por gigantes volcanes, parir soldados a
  pata pelada, agarrada a patadas por Ubico en la barriga
el cual estaba capitaneado por la moderna piratería inglesa
y he mirado los indios, los terribles e innumerables esclavos de andrajos
  andar, rechinar, sudar desde hace muchos miles de años, car-
  gando años y dolor de nación
toda la historia guatemalteca en la cual resplandecía el sol
del "don" español de la Espada de don Pedro de Alvarado celeste de
  pesadumbre, terrible de podredumbre y estupor;
he mirado estrujar como un limón de horror a Costa Rica por el "**Fruit-
  Trust**" poético y patético
como quien estruja un harapo o una gran teta con el ánimo de sacarle
  sangre hasta la última gota del alma,
he mirado sus fusiles de juguete alzados con ancho espanto de ferretería
describiendo la humanidad futura con la tinta sangrienta de lo heroico en
  grandes carteles que van del uno al otro mar

I have seen the dirty, cultured bourgeois buying boys and girls for his
 filthy bed with the blessing of archbishops as disgusting as
 the gestatorial chair,
I have seen contraband men of letters amusing themselves with their
 macabre posters;
I have seen Brazil seethe like a mushroom capable of swallowing the
 world and the ass of God with one big, big bite,
and the phallus of time becoming erect in the awful cave of the Amazon
spurting out bourgeois cuckolds who rape ladies on church hammocks
 (holy, divine brothels),
I have seen the colossal figure of Luis Carlos Prestes emerging from
 within the people
like the very statue of Brazilian suffering with its heart pierced by the
 leaders' blue accolade;
I have seen the goats of Trujillo, Santo Domingo's foreman,
pissing in the mouth of the political prisoners, who are atomic prisoners
 of North America, and off to kiss and beg the fondled
 buttocks of the banker-financiers
with their snouts full of prayers and vile fake cognac,
kicking the people when they're down even as heroes will rise among
 them like the red flight of eagles
with the blood of centuries flowing through their hearts;
I have seen Guatemala barefoot and pregnant by giant volcanoes,
 giving birth to soldiers, kicked in the belly by Ubico,
who was captained by modern English pirates
and I have seen the Indians, the countless terrible slaves in rags, walking,
 grinding, sweating for many thousands of years, carrying
 years and scars of nation
and all of Guatemalan history resplendent with the sun
of the Spanish "don" gleaming from the Sword of don Pedro de Alvarado,
 terribly blue like the sky, terribly rotten and shocking;
I have seen Costa Rica horribly squeezed like a lemon by the poetic
 and pathetic "**Fruit Trust**"
as if squeezing a rag or a big tit so as to extract the very last drop of blood
 from its soul,
I have seen its toy rifles lifted up in the air in a vast hardware of terror
tracing the future of humanity with the bloody ink of heroism in giant
 signs that stretch from one sea to another

y he mirado al viejito inmortal Joaquín García Monge llorando a gritos
      por su patria;
he mirado a Darío y a Sandino en las entrañas de Nicaragua levantar el
      ademán acusador en un enorme dedo de muerto
contra el Imperio económico-militar al cual maldijo el chorotega,
he mirado su lago de barro meado de montañas sobre quien el avión
      capota como los pájaros baleados,
he mirado su rebelión agreste-industrial y popular como el pan
comandada por sus trabajadores intelectuales marxistas con el equilibrio
      sin extremismo infantil de Derecha ni de Izquierda y sin
      trotzkismo-romanticismo de los líderes justos;
he mirado padecer al Perú y a la india bonita y antiquísima sonarse los
      mocos con la niebla,
al proletariado de las altas plantas petrolíferas tomando su aguardiente
      marchito en el cráneo de los antepasados
y he mirado al caído Incario tendido bajo los hachazos de la España real
largados como cristianos por los piojosos-tenebrosos-roñosos caballeros
      de la caballería medieval haciendo comercio ilegal y trampas
      de juego simultáneamente,
y solo al cholo frente a frente a la inmortalidad podrida de sus dioses;
he mirado echar al Uruguay al fútbol como un tonto cualquiera su suerte
      y su muerte por defunción retórica,
tomando mate **amargo** según la gran consigna del azucarero,
he mirado su pueblo de fuego enfrentándose a Inglaterra con Rodney
      Arismendi a la vanguardia
y he mirado arrojar la combatividad popular hacia las cloacas de la
      literatura,
he mirado a las masas hambrientas aplaudir a los que jugaban con las
      pelotas abandonando los estómagos vacíos y malditos y
      rememorando la faena brutal de la castración….

La pata-cuchilla del "**Albión-Word**" levanta
y clava la garra del pirata-sol de la Inglaterra que explota a Inglaterra en
      la gran Antártida de O'Higgins
y los corsarios rubios del Imperio whiskybibliata,
descendientes de ladrones de mar que alzan las hachas del bucanero en
      el escudo social del gentleman y de negreros de talento que
      devienen lores

and I have seen old immortal Joaquín García Monge weeping aloud for
        his homeland;
I have seen Darío and Sandino in the bowels of Nicaragua making an
        accusatory gesture by lifting an enormous dead finger
against the economic-military Empire cursed by the Chorotegas,
I have seen its muddy lake piss-full of mountains where an airplane nose-
        dives like a gunned-down bird,
I have seen its rural-industrial uprising as popular as bread
commanded by its intellectual workers, balanced Marxists without the
        childish extremism of the Right or the Left and with-
        out the Trotskyism-Romanticism of just leaders;
I have seen the suffering of Peru and the pretty and ancient Indian woman
        blowing her nose with the fog,
the proletariat at the huge oil plants drinking its dried-up firewater in the
        ancestors' skull
and I have seen the fallen Incas stretched out under the ax-blows of royal
        Spain
booted out the Christian way by the lousy-dark-filthy knights of medieval
        chivalry through illegal trade and dirty tricks simultaneously,
and the cholo all alone facing up to the rotten immortality of his gods;
I have seen Uruguay let football become its fate and rhetorical death like
        some old fool,
drinking **bitter** mate in keeping with the great sugar-workers' slogan,
I have seen its fiery working class take on England with Rodney Arismendi
        leading the charge
and I have seen the fighting spirit of the people tossed into the sewers of
        literature,
I have seen the hungry masses cheering on ballplayers, leaving behind
        their empty and cursed stomachs and remembering the
        brutal chore that is castration....

The paw-blade of "**Albion-Word**" lifts
and drives the claw of the English pirate-sun exploiting England into
        O'Higgins's vast Antarctica
and the blond corsairs of whiskey-biblical Empire,
descendants of maritime thieves who lift their buccaneer axes wearing
        the social shield of gentlemen and talented slave-traders-
        turned-lords

arrastran la democracia en la bragueta de Bevin;

predicadores borrachos del dios vikingo y sus grandes rameras,

o pendencieros o asesinos feudales, adentro

de la civilización capital-imperialista aplastan un pueblo de hierro sin
domicilio entre los barrios, las ciudades, los mundos de
casas, los puertos enteros del Lord borrachín o maricón
ultramontano

al cual la religión le cuelga como el badajo a las campanas

y cuyo inmenso fundo se extiende encima de Europa desde el Támesis
gris a la Rhodesia que es una gran copa de ron;

la bestia comercial avanza la pata y alcanza la ballena azul del Antártico

en donde mi eterno Chile clavó su banderita de tormento cruzada como
montaña por los inmensos vientos de Sur,

pero él como la U.R.S.S. y como España es pueblo entre los pueblos,

por lo cual la empresa rubia se va a destrozar las mandíbulas y el frac
hecho con pellejo colonial de Canadiense

va a estallar como el Imperio que es una gran máquina podridamente
mágica como la Santísima Trinidad!....

Agoniza la Yanquilandia monopolista vomitando mercaderías y
baratijas de producción, como un borracho la trasnochada,
vendiendo por oro tremendo y comprando la materia prima
barata,

o robando el corazón del productor: el caucho, el petróleo, el hierro, el
oro, el cobre, el plomo, el carbón, el yodo, la plata, el estaño,
el colosal **Nitrato Chileno**,

las vitaminas y las calorías para las fábricas de salchichón y de religión
democrática, el sebo de perro intelectual para las usinas
de la filosofía, la pasta humana de lengua de escriba y
de esteticista con la cual se fabrica la saliva social de la
literatura burguesa y el forro del zorro azul de las Señoras
Existencialistas,

e inventa La Sociedad Mixta y el Plan Truman-Marshall,

el argumento de convicción de los conquistadores y los matones, (la
horda de la bomba atómica cuya gran bandera negra exhibe
un negro linchado, un judío crucificado y un comunista
asesinado como escudo), a fin de predicar la paz y la libertad

drag democracy into Bevin's fly;

drunken preachers of the Viking god and his great whores,

or thugs or feudal assassins, inside

capitalist-imperialist civilization crushing a people of iron without a home
among the slums, the cities, the worlds of houses, all the
ports owned by a Lord who's a boozer or a Pope-loving faggot

who lets his religion dangle like a clapper on a bell

and whose immense estate stretches over Europe from the gray Thames
to Rhodesia, which is a giant glass of rum;

the commercial beast picks up the pace and reaches the blue whale
of the Antarctic

where my eternal Chile planted its little flag of torment crossed like a
mountain by the huge South winds,

but like the U. S. S. R. and like Spain it's a people among peoples,

which is why the blond business is going to break its own jaws and the
dress-coat made from a Canadian's colonial hide

is going to burst like the Empire, which is a big machine as magically
rotten as the Holy Trinity!....

Monopolistic Yankeeland is in its death throes vomiting merchandise
and mass-produced trinkets, like a sleepless drunk, selling
for awful gold and buying raw materials on the cheap,

or stealing the producer's heart: the rubber, the oil, the iron, the gold,
the copper, the lead, the coal, the iodine, the silver, the
tin, the colossal **Chilean Nitrate**,

the vitamins and the calories for the sausage and democratic religion
factories, the intellectual dog's fat for philosophy's indus-
tries, the human plastic from a scribe and an aesthete's
tongue with which they make the social drool of bourgeois
literature and the lining for the Existentialist Ladies' blue
fox-fur coat,

and it invents The Mixed Society and the Truman-Marshall Plan,

the argument of choice of conquerors and killers (the atomic-bomb horde
whose huge black flag has on its shield a lynched black man, a
crucified Jew and an assassinated communist), in an effort to

democráticas en las tribunas de la Tercera guerra mundial, bajo los auspicios de Hitler,

y el reinado del **Mesías-Dólar** condimentado por los piadosos asesinos-boticarios amarillos del "Comité Dies" que chorrea sangre y plomo y balas

bendice al Presidente imperial y a los tenedores de valores-cadáveres y bonos de llanto de la explotación mediterránea oriental de la cual Forrestal es el sirviente y el amo de los helados amos de la especulación bursátil, que posee una gran cuchilla de fuego en la lengua y cuatro ojos ciegos que contemplan la espalda de la Eternidad relacionándola con el imperialismo en las monedas de John dos Passos, el buen mercader de las cocinerías;

el taparrabos de Jesucristo como calzoncillo del Papa esconde la sífilis nazi-fascista de Su Santidad asquerosa

y a base de metales áureos es rico el guiso que fabrican los maridos divinamente cornudos de las señoras apostólicas que en sables de hambre ensartan a los hambrientos,

por lo cual resulta hermosísimo bendecir a Ribbentrop con el hisopo del Mártir del Gólgota;

si los niños rojos son rojos, qué importa asesinarlos? ¿qué importa?, pero ¿qué importa?, y si las madres son madres soviéticas, degollémoslas porque son madres soviéticas, (pero, con la Biblia encima del pecho),

unificados curas y pastores, ¡sacad la verga sangrienta del Estado burgués y mead el mundo, carajos!...

comerciantes-militares-gobernantes, ¡perseguid al varón de América, en América, y hartáos de comida y de mentiras sobre los pueblos hambrientos

que el Socialismo Oficial y la Literatura son vuestros lacayos!...

e Hispanoamérica, como un péndulo colosal, oscila entre los ladrones que venden y los ladrones que venden lo que venden los ladrones que compraron lo robado

a los ladrones de los ladrones de los ladrones cuya catedral negra es Wall-Street,

porque el régimen da **a más riqueza más miseria**, y racimos de llagas como felicitación a sus súbditos por la ley de la oferta y la demanda.

preach peace and **democratic** freedom from the grandstands
of the Third World War, sponsored by Hitler,
and the reign of the **Dollar-Messiah** seasoned by the pious, yellow
assassins-pharmacists of the "Dies Committee" that gushes
blood and lead and bullets
blesses the imperial President and the holders of corpse-values and bonds
of tears from the exploitation of the eastern Mediterranean
with Forrestal as both servant and lord of the cold-blooded
lords of stock-market speculation, with a huge blade of fire
on its tongue and four blind eyes that gaze at the back of
Eternity and relate it to the imperialist coins of John Dos
Passos, that skilled trader in greasy spoons;
Jesus Christ's loincloth becomes the Pope's underwear and hides His
disgusting Holiness's nazi-fascist syphilis
and nothing is tastier than the rich gold-metal stew made by the divinely
cuckolded husbands of the apostolic ladies who skewer the
hungry on sabers of hunger,
which is why it's so beautiful to bless Ribbentrop with the Martyr of
Golgotha's hyssop;
if the red children are red, who cares if they're murdered? who cares?,
who the hell cares?, and if the mothers are Soviet mothers,
let's slit their throats because they're Soviet mothers (but
with the Bible on our chests),
united priests and pastors, pull out the bloody cock of the bourgeois
State and piss on the world, fuckers!…
businessmen-soldiers-rulers, hunt down the American man in America and
gorge yourselves on food and on lies about starving nations
because Official Socialism and Literature are your lackeys!…
and Spanish America, like a colossal pendulum, oscillates between the
thieves that sell and the thieves that sell what is sold by the
thieves who bought the spoils
from the thieves of the thieves of the thieves whose black cathedral
is Wall Street,
because the regime rewards **more wealth with more poverty** and clusters
of sores to congratulate its subjects under the law of supply
and demand.

Somos pobres porque somos ricos porque somos pobres de poseer
una gran riqueza generadora de una gran pobreza
porque los "Gans" nos roban la ropa del alma y nos estrujan como a
limones secos los filántropos del Gran Capital con salarios
de esclavos, arrastrando por los cabellos la joven desnuda de
la plus-valía
sobre el abismo del solar vacío en el que hubiere lechos de oro;
acumulado el sudor y el dolor del trabajador se transforma en montañas
de llanto y estallan las cajas bancarias como el ataúd de un
asesino
bañando los ensangrentados pabellones del Continente
adentro del cual sollozan millones de madres obreras y conversan las
grandes señoras con las chanchas;
plantemos la rosa gloriosa de la Reforma Agraria medio a medio de His-
panoamérica,
y la industrialización democrático-burguesa con el paso de santo a la edad
del acero y las máquinas, inicie el galope de oro y piedra,
como un gran caballo en un naranjal
y haga estallar la colosal aurora industrial de las materias elaboradas en la
mercancía social infinita.

El Señor Patriota nos entrega a los "trusts" con su gran honorabilidad
de maricón y nosotros lo hacemos parlamentario
"estatuándolo" y proclamándolo **Gran loro nacional de Sudamérica,
Monseñor Gris de las trastiendas y los subterráneos de las
cacatúas sagradas, Divina Bestia Humana de los Desam-
parados**...
¿por qué no lo ahorcamos? ¿por qué no lo degollamos?
la vaca conventual de la literatura oficial es una ilustre puta y leemos a los
deslenguados literatos mercenarios,
¿por qué no los ahorcamos? ¿por qué no los degollamos?
¿y por qué no ahorcamos al capataz asesino de la clase obrera y al espe-
culador con la comida del pueblo?
¿y por qué no degollamos al Latifundista abogado del Gran Capital
extranjero?
Aún no están las horcas maduras como naranjas de fuego o como pro-
fundos árboles con frutos oscuros a la espalda y la lengua
afuera
y la fascistización americana no estalla como una gran panza hinchada.

266

We are poor because we are rich because we are poor by virtue of having
          a great wealth that generates great poverty
because the "Ganses" steal our soul's clothes and the philanthropists of
          Big Capital squeeze us like dry lemons with slave wages,
          dragging the naked girl of surplus value by the hair
over the abyss of the empty lot where there once were beds of gold;
the accumulated sweat and pain of the worker are transformed into
          mountains of tears and the savings banks burst open like a
          murderer's coffin
drenching the bloody flags of the Continent
where millions of working mothers sob and grandes dames talk to sows;
let's plant the glorious rose of Agrarian Reform all across Spanish America,
and let democratic-bourgeois industrialization, with its holy procession
          toward the age of steel and machines, begin its gallop of
          gold and stone, like a giant horse in an orange grove
and let it detonate the colossal, industrial dawn of materials producing
          infinite social merchandise.

Mister Patriot hands us over to the "trusts" with his faggot's honor
          and we make him a member of parliament
"statueing" him and proclaiming him **Great National Parrot of South
          America, Gray Monsignor of the backrooms and the
          undergrounds full of sacred cockatoos, Divine Human
          Beast of the Defenseless**...
why don't we hang him? why don't we slit his throat?
the convent cow of official literature is an illustrious whore and we read
          the vile, mercenary men of letters,
why don't we hang them? why don't we slit their throats?
and why don't we hang the overseer of the murder of the working class
          and the one who profits from the people's food?
and why don't we slit the throat of the Plantation Owner who advocates
          for foreign Big Capital?
The gallows are still not ripe like fire oranges or like deep trees with
          dark fruits behind and tongues sticking out
and America does not burst into fascism like a big swollen belly.

Diez y seis millones de negros obsequian a Norteaméririca aquella
      inmensa bandera de los sepulcros definitivos, que ostenta un
      cadáver de fraile desnudo como un perro,
la lágrima total que lloran adentro del corazón de Lincoln,
viene creciendo y rugiendo desde el Mayflower, y los antepasados trafi-
      cantes del comerciante vil de hoy tienen manchada la
      mandíbula con muerte de seres esclavos, aunque se devoren
      el Evangelio como un pavo al vino blanco,
porque el azote innumerable restalla desde la espalda ensangrentada y
      macabra de Wall Street en donde mis ojos lo vieron ardiendo
      como un murciélago de acero,
y cuando el fascista "democrático" lincha o ahorca al ciudadano de color
      desterrado de Norteamérica y aullando y revolcándose como
      una hiena sucia en los pingajos, proclama la Democracia en
      calzoncillos
y justifica la orgía sexual del asesinato, enarbolando el pabellón estrellado
      como un estropajo de borracho,
es el Imperialismo neofascista el que está mostrando la amarilla dentadura
      cavernaria de la Sociedad Anónima y los tenebrosos Mono-
      polios, que son la gran piedra hedionda del hígado de
      Yanquilandia,
o la mentira comercial del Puritanismo, que predica el especulador
      bursátil,
a cuyas espaldas los viejos negreros aventureros de piel de hipopótamo
      y cuchillo en el hocico le dicen: "hermano" al asesinado!...

La Panamerican Democracy brilla en el Rey de las salchichas
y el último sirviente de Hitler, desde la España ensangrentada, se revuelca
      en el Mediterráneo, como un chancho en un baño de sangre
      y escupos
con la baba echada sobre Europa roñoso, católico, hediondo en la
      tenebrosa y asquerosa tiniebla del tenebroso,
precisamente bajo los auspicios "democráticos" de los Estados "demo-
      cráticos" y el gran hijo de puta monta su yegua de asesino
a la sombra de las horcas furiosas de Nuremberg,
aclamado por los setenta millones de lectores del Consorcio Hearst, a
      cuya "cultura"

Sixteen million blacks gift North America that immense flag of
definitive graves, emblazoned with the corpse of a friar as
naked as a dog,
the absolute tear they cry inside of Lincoln's heart,
it's been growing and roaring since the Mayflower, and the trader ances-
tors of today's vile businessman have stains on their jaws
from the death of enslaved beings, even if they devour the
Gospel like a turkey roasted in white wine,
because the countless whiplashes crack from the bloody and macabre back
of Wall Street, where my eyes saw him burn like a bat of
steel,
and when the "democratic" fascist lynches or hangs the citizen of color
exiled from North America and howls and flails like a dirty
hyena among the scraps, he proclaims Democracy in his
underwear
and justifies the sexual orgy of murder, raising the star-spangled flag like
a drunkard's rag,
it's neofascist Imperialism that bares the yellow caveman fangs of its
Public Limited Companies and shady Monopolies, that are
the giant fetid stone in Yankeeland's liver,
or the commercial lie of Puritanism, preached by the stock-market specu-
lator
behind whose back the old adventurous slave-traders with hippo-
potamus hide and knives in their snouts call the murder
victim: "brother"!...

Pan-American Democracy shines on the Sausage King
and, from a bloody Spain, Hitler's last servant wallows in the Mediterra-
nean like a pig in a bath of blood and spit
drooling over Europe, filthy, Catholic, reeking in the sinister and disgus-
ting shadows of the sinister
precisely under the "democratic" auspices of "democratic" States and the
big son of a bitch mounts his murderous mare
in the shadow of the furious gallows of Nuremberg,
cheered on by the seventy million readers of the Hearst Consortium,
whose "culture"

da información la máquina de escribir de un esclavo,
que enajenara el trasero porque no tenía cerebro sino el cerebro del trasero
y su "oficio de tinieblas",
por cuyos estratos **mana la doctrina cápitalista.**

MacArthur les entregó el Japón ya capón de los dos cojones: Biblia y
Whisky
bien robado y domesticado como un perro de piedra con el hocico lleno
de huevos de vírgenes y carne humana, apuntando su ojo
fascista, (olvidado de la retaguardia popular-democrática y
su frente interno) a los potros sonoros de la U.R.S.S.
que habla la lengua de la justicia mundial
pero los perros olvidan la demagogia —y el peso del pueblo—, frente a
frente del negocio vil
y el militar patea al Emperador idiota
o ahorca al criminal de guerra, su hermano, con el criterio del asesino que
apuñalea con la ley al cómplice,
a Panamá le extraen la misma esencia del esqueleto
y el riñón nacional comprando panameños capados por el Papado en la
gran Circuncisión política
organizada por el "gans" abstemio que quiere tragarse al mundo.

La callampa negra del fascismo echa pus desde el Este y el Oeste gran
andino
y su filiación sexual-militar se delata continentalmente,
en la podrida metafísica del existencialismo enyugada a la canalla eclesiás-
tica por el eslabón de la religión
como un sapo con un ataúd al hombro
en el gran crepúsculo funeral de los Profetas, los Jefes, Los Mesías del
Nacionalismo y del Protectorado.

Adentro de los campos hinchados de sol y cosechas
en donde los ríos como cuerpos de plata desnudos van gritando por los
terrenos maravillosos la tonada feroz del agua,
tantos niños flacos existen que parecen descomunales cementerios de
palomas

gets its information from a slave's typewriter,
alienated up to its ass because it didn't have a brain except for the brain
        up its ass and its "shadow trade,"
along whose strata **flows the capitalist doctrine**.

    MacArthur handed them Japan having already cut off both balls:
        Bible and Whiskey
all stolen and domesticated like a dog of stone with its snout full of
        virgin eggs and human flesh, aiming a fascist eye (forgetting
        the popular-democratic rearguard and the home front) at
        the sonorous colts of the U.S.S.R.
speaking the language of worldwide justice
but the dogs forget the demagoguery—and the weight of the people—
        when face to face with the evil dealings
and the military man kicks the stupid Emperor
or hangs the war criminal, his brother, with the judgment of a murderer
        who stabs his accomplice under cover of law,
and they extract the very essence of Panama's skeleton
and its national kidney by buying off Panamanians castrated by the
        Papacy in the vast political Circumcision
organized by the abstinent "Gans" who wants to swallow the world.

    The black mushroom head of fascism oozes pus from East to West of
        the great Andes
and its sexual-military affiliation is betrayed across the continent,
in the rotten metaphysics of existentialism yoked to the ecclesiastical mob
        with religion as its link
like a toad with a coffin on its shoulder
in the great funeral twilight of the Prophets, the Bosses, The Messiahs
        of Nationalism and the Protectorate.

    In the fields swelling with sunlight and harvests
where the rivers are like naked silver bodies shouting the fierce melody
        of water along the marvelous terrains,
there are so many skinny children that one thinks of enormous pigeon
        cemeteries

con altos álamos crepusculares los predios tremendos en donde los
    patrones asesinan a los peones a la sombra de la Santa Iglesia
    del Señor,
con la cuchilla paternal del régimen de explotación del hombre por el
    hombre;
un huracán de horrores descomunales se levanta de los zoológicos en
    libertad y la arbitrariedad de toda la bestia rotunda se
    impone en oleaje formidable
y vagan mujeres en celo con las piernas abiertas al sol
o curas borrachos y ensangrentados acoplándose a notarios, a jureros
    falsos y a espías, a ladrones públicos, a cabrones, a tahures, a
    explotadores de invertidos, a rufianes, a presidiarios, a vaga-
    bundos, a demagogos o apoderados de Compañías Extran-
    jeras...
¿qué sucede?... Truman persiguiendo al comunismo;
Chile, al comando del Sur oceánico, más trágico que de costumbre, se
    asoma al abismo del destino con ancho arrojo insular
y avanza dando un paso en la Eternidad,
pero se repliega sobre sí mismo y se aterra al contemplar agarrándose a
    la dignidad popular, encaramándose y refocilándose en la
    propia estatua de sal
a un monito del crepúsculo con una gran botella en la boca
y un discurso anticomunista, sellado con siete sellos yanquis, agarrado y
    como abrazado con las patitas...

Paco Franco es un andrajo de degenerado de marrano de sangre
y gobierna divinamente al amparo de Dios,
fusila y ahorca héroes y mártires y líderes sobre el vientre maternal de
    España y viola mujeres de miel y violetas
a la sombra heroica de las barbas del Papa y adentro del hocico de la
    Europa Mediterránea,
porque el hombre es un Caudillo del Señor y el Señor de hoy es fascista,
    como antropófago lo era en la era primera de Abraham,
fusila y ahorca como el ladrón Trujillo, fusila y ahorca como el ladrón
    Carías,
o como el tonto criminal que fué Moríñigo en las riberas del mundo de
    fuego sobre un pueblo inmortal.

272

full of tall, crepuscular poplars when one sees the dreadful plots of land
where bosses murder laborers in the shadow of the Holy
Church of the Lord,
with the paternal blade of a regime where man exploits man;
a hurricane of colossal horrors rises up from the zoos set free and in
all its arbitrariness the roaring beast prevails in formidable
waves
and women in heat wander with their legs open to the sun
or drunken and bloody priests latching on to notaries, to perjurers and
spies, to popular thieves, to bastards, to cheaters, to exploiters
of queers, to thugs, to convicts, to drifters, to demagogues
or representatives of Foreign Companies...
what's going on?... Truman is hunting for communists;
Chile, in command of the ocean South, more tragic than usual, peers
into the abyss of destiny with proud, insular fearlessness
and moves forward taking a step into Eternity,
but it withdraws into itself and is terrified when it sees a little monkey
in the twilight dangling from the dignity of the people,
climbing up and amusing itself on their pillar of salt
with a big bottle in its mouth
and an anti-communist speech, sealed with seven yankee stamps, and it's
hanging on, as if locked in an embrace with its little legs...

Frankie Franco is a bloody, degenerate, filthy scumbag
and he governs divinely under God's protection,
he shoots and hangs heroes and martyrs and leaders over Spain's womb and
he rapes women of honey and violets
in the heroic shadow of the Pope's beard and up the snout of Mediter-
ranean Europe,
because the man is the Lord's Warlord and today's Lord is a fascist, just as
he was a cannibal in the first age of Abraham,
he shoots and hangs like that crook Trujillo, he shoots and hangs like that
crook Carías,
or like the stupid criminal that was Moríñigo on the shores of the burning
world above an immortal people.

Acumulando la gran cabeza en Alaska y los pies helados en la
Antártida
colosal, un animal se extiende de Norte a Sur, de Norte a Sur y de Oriente
a Poniente cubriendo, hundiendo, pudriendo el potencial
americano de horizonte a horizonte, todo y hondo, roñoso,
gelatinoso, copioso, ondulatorio y hediondo
como un toldo enorme que parece el techo del mundo: el Gran Piojo,
el Don Piojo de América, el Tal Piojo de la riqueza infeliz,
sólo un piojo, un solo y único piojo, sólo un piojo gigante y gordo así
como un obispo o un "**perro de familia**", echando baba y
formas fecales y orinándose
en la universal inmensidad continental…
sobre veintiún pabellones, veintiún saldos de pueblos en desintegración,
veintiún corazones, come y defeca acariciando a Yanquilandia
con el órgano genital,
mientras nosotros lo alimentamos, lo cebamos, lo santificamos y él tras-
lada familiarmente
a Wall-Street, por Wall-Street las materias primas que extrae de las
colonias económicas del Sud, creando inmensos estragos de
lágrimas, con el hocico de los fusiles y con la Iglesia;
como posee pechos de señora muy rica y muy linda, como casi todos los
santos y los Mesías amamanta al capitalista
y con sus pies terribles de eclesiástico regular aplasta a las masas humanas
de trabajadores, por debajo del plano del llanto y del horror
capital del régimen que él compara a una gran higuera
florida de botellas de alcohol,
extrae del hambre hasta las últimas médulas
y arroja el cascarón de los cadáveres a los verdugos de los pueblos
para que vivan en su máscara;
¡oh! bandidos caritativos, alimentad y organizad al piojo: ¿que sería de la
caridad si no hubiera hambrientos?
multiplicad los conventillos y los hospitales, los cementerios y los hospi-
tales
para que se críen enormes anchos y muchos piojos de piojos de piojos y
con piojosos piojos se mantengan la piedad cristiana;
creen que rugen volcanes y brama el piojo,
el piojo del hambre con hambre criado, el piojo del hambre del hombre,
el piojo del piojo del piojo del piojo del piojo,

274

Expanding its giant head into Alaska and its icy feet into colossal
     Antarctica,
an animal stretches from North to South, from North to South and from
     East to West, smothering, drowning, spoiling American
     potential from horizon to horizon, whole and deep, filthy,
     gelatinous, ample, undulating and fetid
like an enormous awning that resembles the roof of the world: the
     Great Louse, Mister Louse of America, That Louse of
     miserable wealth,
just a louse, one single and solitary louse, just one louse as big and fat
     as a bishop or a "**family dog**," drooling and defecating and
     urinating
on the universal continental vastness…
above twenty-one flags, twenty-one balances of disintegrating nations,
     twenty-one hearts, he eats and defecates while stroking
     Yankeeland with his genital organ,
while we feed him, we fatten him up, we sanctify him and he transfers
     the familiar way,
to Wall Street, through Wall Street, the raw materials he extracts from the
     economic colonies of the South with the snout of his fire-
     arms and with the Church, taking an immense toll of tears;
since he has the breasts of a very wealthy and very pretty lady, like almost
     all saints and Messiahs he suckles the capitalist
and with feet as awful as an everyday clergyman's he crushes the working
     masses, under the plane of tears and the capital horror of
     the regime that he compares to a giant fig tree blooming
     with liquor bottles,
he even extracts the marrow of hunger
and he hurls the shells of corpses at the peoples' executioners
so they can live behind their mask;
oh! charitable crooks, feed and organize the louse: what would become of
     charity if there were no hungry people?
multiply the tenements and hospitals, the cemeteries and hospitals
so as to raise huge and proud and countless lice upon lice upon lice and
     so that lice-ridden lice can sustain Christian piety;
they think that volcanoes are rumbling and it's the louse that roars,
the louse of hunger who grew up hungry, the louse of the hunger of man,
     the louse of the louse of the louse of the louse of the louse,

el piojo que el Gran Capital Internacional
procrea y gobierna como un gran caballo de espanto continental-universal
        encadenando a la Palestina evangélicamente petrolera, a la
        España mediterránea, a la Grecia eterna del vino y el verde
        aceite mortal de la Tragedia
al Irak y al Irán mesopotámicos, el piojo que escarba la entraña ameri-
        cana, vestido de obispo cuáquero-luterano o de tiburón…

    Ceñido de esclavos económicos
el yanqui engorda a fin de arribar gordito a la patria celestial de Lutero,
        como un borrego del Señor,
mientras el nativo dulcemente idiota y "patriota"
va a la guerra montada por la "**Standard Oil**" o la "**West India**" y se
        destripa a balazos por la "**Standard Oil**" o la "**West India**",
        mordiéndose y comiéndose las entrañas
a fin de que prosperen los empresarios americanos que colonizan a
        Turquía o compraron al "Mariscal" Tito.

    ¡Preparad la guerra contra la U.R.S.S., "**incendiarios de la guerra**",
        asesinos, engendrad la guerra, "**incendiarios de la guerra**",
        en el vientre del hambre y el hambre asole al orbe y todas las
        costas del orbe,
"**incendiarios de la guerra**", elevad la guerra a la categoría de religión,
la guerra de los explotadores del pueblo contra el pueblo, la guerra contra
        los pueblos, la guerra de los explotadores del pueblo contra
        el pueblo y contra todos los pueblos de todos los pueblos en
        todos los pueblos, la guerra
criminal en la cual os caeréis de cabeza como un perro en un ataúd,
levantad el tinglado funeral para la matanza de niños, de mujeres, de
        viejos, levantad el tinglado funeral
y predicad la paz en la cureña de las compañías armamentistas!…

    Tienen la muerte en las entrañas los predicadores de la muerte, la
        muerte embanderada de sepulcros
y el grito colosal de la muerte que extiende su sombra sobre ellos,
e Hispanoamérica posee el baluarte de un proletariado hecho de hierro y
        piedra y fuego en el estupor de las batallas

the louse that Big International Capital

breeds and governs like a giant horse of continental-universal terror shack-
            ling Palestine and its oil gospel, and Mediterranean Spain,
            and the eternal Greece of wine and the green, mortal oil of
            Tragedy

and Mesopotamian Iraq and Iran, the louse who digs up America's entrails,
            dressed as a Quaker-Lutheran bishop or as a shark...

   Surrounded by economic slaves

the yankee gets fat so as to be nice and plump by the time he gets to Luther's
            celestial homeland, like a lamb of God,

while the sweetly stupid and "patriotic" native

goes to a war that was staged by "**Standard Oil**" or "**West India**" and gets
            shot through with bullets for "**Standard Oil**" and "**West
            India**," biting into and eating his own guts

so that American businessmen can prosper, the same ones who colonize
            Turkey or who bought off "Marshal" Tito.

   Set the stage for war against the U.S.S.R., "**warmongers**," murderers,
            invent a war, "**warmongers**," in hunger's belly and let hun-
            ger devastate the globe and all its shores,

"**warmongers**," elevate war to the category of religion,

the war of the exploiters of the people against the people, the war against
            peoples, the war of the exploiters of the people against the
            people and against all people from all peoples within all
            peoples, the criminal war

you will fall into headfirst like a dog into a coffin,

raise the funeral platform for the slaughter of children, of women, of old
            people, raise the funeral platform

and preach peace in the gun carriage of the weapons companies!...

   The preachers of death carry death deep inside, death emblazoned
            with graves

and the colossal cry of death that casts its shadow over them,

and Spanish America's bulwark is its proletariat made of iron and stone
            and fire in the shock of battles

y él volverá el cañón del fusil contra vosotros
o aquellos que tras la Empresa Mixta aprontan la Bomba Atómica.

Países de caimanes y serpientes, la sombra inmensa de las águilas
y los cultos arcaicos del sol nos doran la miseria
acumulada adentro de los huesos de los muertos con antiguo y heroico
     resplandor,
estatuas de oro botadas en charcos de sangre rugiente,
el semental encadenado abraza a Hispanoamérica fajando sus riñones
     tronchados de joven máquina
con el abrazo de los degollados;
como un tambor de horror, el tranco universal del tramo del arco
     volcánico que asienta la planta en el Estrecho de Bering y la
     sepulta en el Cabo de Hornos
nos engendró gente de coraje y violencia que tiene sueño de marmota y
     despertar de león
y en el instante crepuscular en que nos matemos todos los piojos en una
     y sola gran puñalada, todos los muertos y los hijos de los
     muertos y los hijos de los muertos se alzarán con nosotros;
madres de hombres soberbios nos parieron entre juramentos,
y nuestros abuelos fueron varones que domaron grandes caballos sin
     montura en la gran heredad
sobre la cual caían los flancos inmensos del horizonte
y el relincho de la bestia rodada como un peñasco azotándose contra la
     aurora o como el genio de Vishinsky,
sin embargo como estamos "colonizados" cualquiera perra nos mea
y el Imperialismo invasor y "**los patriotas**" nos dan su gran patada en el
     estómago!…

and they will turn the rifle-barrel back on you
or on those who use Mixed Enterprise as cover for the Atomic Bomb.

Countries of caimans and snakes, the immense shadow of eagles
and the archaic cults of the sun gild our misery
amassed inside the bones of the dead full of ancient and heroic light,
golden statues dumped into pools of roaring blood,
the chained stallion embraces Spanish America bandaging the young
                machine of its broken kidneys
with the hug of the beheaded;
like a drum of horrors, the universal stride of the volcanic arc's trajectory
                that makes a plant put down roots in the Bering Strait and
                buries it in Cape Horn
made us people of courage and violence who go to sleep as groundhogs
                and awaken as lions
and when, half-awake, we kill all our lice in an instant with a single
                giant stab, all the dead and the children of the dead and the
                children of the dead will rise up with us;
mothers of proud men gave birth to us swearing,
and our grandfathers were men who tamed great horses without saddles
                in the great estate
flanked by the immense horizon
and the neighing of the dappled beast like a boulder battering the dawn
                or like Vyshinsky's temperament,
however, since we're "colonized" any old bitch pisses all over us
and the invading Imperialism and "**the patriots**" give us a big kick in
                the gut!…

de *Fuego negro* (1952)

II
Apoteosis

Eternamente atado, encadenado a ti, como un perro a una montaña, aúllo a tu memoria, ensangrentando la noche tremenda, Winétt...

Partido en dos, camino estupefacto, gritando, acorralado, revolcándome en el hachazo colosal, con la gran patada en el alma, y ya comprendo únicamente aquello que se refiere a tu recuerdo.

Encarno el eslabón de estupor de una cadena rota y el último y el único huérfano del mundo.

La araña-fantasma de las catástrofes despavoridas me está mordiendo el corazón de acero, que es el quejido funeral de la trompeta negra en los patíbulos, herida y maldita por el fusilamiento, el palo mayor de un buque náufrago o el oscuro y triste orgullo de una gran bandera pisoteada.

Todos están muertos contigo, y yo soy el fantasma del león que persigue en las tinieblas a la amapola degollada por la fatalidad...

Manadas de buitres gigantes acosan el nubarrón de mi cerebro, y retrato esa especie de basural cósmico, al cual se van a suicidar los perros, los vagabundos, los viejos en decrepitud y los soldados desventurados del andrajo y la maldición, y del que emerge un pabellón de luto o un inmenso cuchillo mellado.

Perdió el sentido la tierra sangrienta y revienta de dolor la sociedad detrás de tu ataúd... ... ...

Cargado de desesperación, como un animal de mendigo, araño la eternidad, desgarro la eternidad, escarbo la eternidad, desenganchándome las entrañas, violento, embrutecido, gritando-besando tu nombre inmortal, y me trago la lengua cortada, ahíto de furor inútil, yo que arrastro el espanto desesperado de haber querido y no haber podido siquiera matarme pare salvarte, porque hasta el suicidio era inútil.

Sobre las anchas mesetas del mundo, todas las copas están rotas, y la botella de la vida partida en la cabeza del infierno.

Con llanto macabro de león herido a puntapiés por el destino, lloro definitivamente solo y remoto, y me revuelco encima de la tierra

from *Black Fire* (1952)

II

Apotheosis

Eternally bound, chained to you, like a dog to a mountain, I howl at your memory, covering the unspeakable night in blood, Winétt...

Broken in two, I'm walking in a daze, shouting, cornered, wallowing in the colossal ax-blow, with a big kick to the soul, and all I understand now is what refers to your memory.

I embody the thunderstruck link of a broken chain and the last and only orphan of the world.

The spider-ghost of aghast catastrophes is biting my heart of steel, which is the funeral groan of the black trumpet in the gallows, wounded and cursed by the firing squad, the main mast of a sunken ship or the dark and sad pride of a great trampled flag.

All are dead with you, and I'm the ghost of the lion in the shadows chasing the poppy with the fatefully slit throat...

Hordes of giant vultures stalk the storm cloud of my brain, and I sketch that cosmic scrapheap of sorts, where dogs go to kill themselves, along with the drifters, with the old and decrepit and with the hapless and cursed soldiers in rags, and from which emerges a mourning flag or a huge dull knife.

The bloody earth blacked out and society bursts with grief behind your coffin... ... ...

Heavy with despair, like a beggar's animal, I claw at eternity, I rip up eternity, I scrabble eternity, undoing my innards, violent, stupefied, shouting-kissing your immortal name, and I swallow my cut-off tongue, rife with useless rage, I who carry the desperate terror of wanting and not even having been able to kill myself to save you, because even suicide was useless.

On the broad plateaus of the world all the glasses are broken, and the bottle of life smashed over the head of hell.

With the grim tears of a lion kicked around by fate, I cry definitively alone and distant, and I roll around the deserted earth, where your

desierta, en la cual aúllan tu partida y yo, y en donde sonríes en tu actitud de laguna de la Luna, con lo infinito a cada orilla, como un galope de cadenas sobre el cielo del pecho, que era la comarca de la Humanidad, y hoy es un piano de canto quebrado, helado, cansado que se retuerce gritando y desbarrancándose mundo abajo, desesperado, porque todas las cosas adoptan modales de puñales contra los vencidos.

Como una gran rata sombría, la angustia va creciendo y devorándome; llegará la hora aquella en la cual el terror me sobrepujará de tal manera que no estará el terror adentro de mí sino yo adentro del terror, ardiendo como el vino en la vasija o el animal muerto en su cuero; entonces ya no sufriré porque moriré de sufrimiento, y mi desesperación te seguirá buscando en el invierno de las casas vacías, disparando su cañón funerario.

Solo como toro sepulcral, soy el carcamal de los extramuros, en donde alumbra su aborto la mujer ilegal del asesino del presidiario; ejemplo del desventurado eterno, voy cruzando el mundo con tu cadáver a cuestas; irremediablemente en traje lúgubre, emerjo de adentro de Chile y el país del andrajo social y la montaña aulladora, comido de demagogia y traición, me entrega su saco de piojos para que me haga una manta de horror digna de mi estado de alma; desde tu nombre se levanta un gran pabellón muerto y el sol se pone a llorar a gritos; el incendio del pretérito se me plantea en las entrañas y la población miserable me restituye al ser consciente entre llagas y tumbas, rugiendo contra la piedra; contigo se hundieron todos y nuestra gran tragedia es la tragedia mundial que origina la historia; oscila en torno a tu fantasma mi corazón como un péndulo roto y mientras tú relumbras en el Gran Panteón lleno de perros, héroes y borrachos, como una inmensa caja de pólvora o un ojo de oro, yo tranqueo medio a medio del país apuñalado, con mi actitud de espantajo de desterrado de todos los tiempos en la cerrada artillería.

Pero es mentira que estoy aquí, Winétt, yo estoy parado, estupefacto, como un difunto rojo, a la ribera del lecho fúnebre y me quedaré allí milenios de milenios de milenios, desesperado, anonadado, crucificado, apedreado, despedazado, frente a frente a ti, agonizante.

Una gran rabia cansada me rebalsa y si la vida tuviera una cabeza yo se la cortara de un tajo… Por haber criado hijos y libros, te atacó la naturaleza hecha una perra de negrura, y te mordió el corazón de madre popular la bestia inmensa de lo desconocido, roñosa y ladrona como un juez prevaricador, Luisita… … Soy un huracán sordo mordiendo fierro

departure and I are howling, and where you smile as if you were a lagoon on the Moon, with infinity on each shore, like a gallop of chains on the sky of my chest, which was the province of Humanity, and is today a piano whose song is broken, frozen, tired, writhing while shouting and plummeting desperately down the world, because all things become daggers against the defeated.

Like a huge dark rat, anguish grows and devours me; that time will come when terror will outdo me so that terror won't be inside of me but rather I'll be inside of terror, seething like wine in a jar or a dead animal in its hide; then I'll no longer suffer because I'll die of suffering, and my despair will keep searching for you in the winter of empty houses, firing its funeral cannon.

Alone like a dismal bull, I'm the old fogy from the outskirts, where the illicit girlfriend of the convict's murderer aborts her baby; a paragon of eternal misfortune, I'm going around the world with your corpse on my back; inevitably I emerge, in my grim suit, from the heart of Chile and the country of social tatters and howling mountains, devoured by demagoguery and betrayal, hands me its lice-ridden coat so that I can make myself a cloak of horrors worthy of the state of my soul; a huge dead flag rises up from your name and the sun starts bawling; a prior fire is outlined in my innards and the miserable populace returns me to consciousness amid ulcers and graves, roaring at the stone; everyone foundered along with you and our great tragedy is the global tragedy that gives rise to history; my heart oscillates around your ghost like a broken pendulum and while you shine in the Great Pantheon full of dogs, heroes and drunks, like an immense powder keg or a golden eye, I amble all along the country of stabbings, with the eyesore of my figure exiled forever in the immovable artillery.

But I'm not really here, Winétt, I'm standing, stupefied, like a red corpse, on the banks of the funeral riverbed and I will stay there millennia after millennia after millennia, desperate, stunned, crucified, stoned, torn apart, facing you, in agony.

A great tired rage spills over me and if life had a head I would cut it off with one slash... The dark bitch that is nature attacked you for having reared children and books, Luisita, and the massive beast of the unknown bit into your motherly heart of the people all filthy and thieving like a corrupt judge... ... I'm a muffled hurricane biting burning metal, a

ardiendo, un náufrago sin brújula, un león ciego y viejo que escarba una antigua tumba...

Comprendo que aúllo inútilmente, que mi dolor se partirá los sesos gritando contra la tiniebla, como un loco en un cementerio, que arañaré la nada y la rasguñaré despedazándome, y, sin embargo, únicamente existo por tu memoria.

Cargado con un abismo, tronchado y definitivamente en derrumbe, ingreso al gran crepúsculo en el cual tu ataúd marcha a la vanguardia de los muertos, rugiendo como un horno de diamantes o parecido a una intensa flor de pólvora; y aunque no entiendo el sentido del mundo, porque desapareció contigo, el antiguo corazón descansa un instante; desde muy adentro de la multitud y el género humano, el espanto del ser consciente te agranda la faz divina y te incluye entre los dioses, sobre las bases de la Humanidad, en donde residen el relámpago y los héroes y la llagada muchedumbre aúlla por el pan... ... ... Querida, idolatrada amiga. El sol hundido es un perro de fuego a tus pies helados, cae el arte de hablar de rodillas ante ti, y convergen a tu sepulcro todas las palomas del desierto, con las alas quebradas. Gigantescamente rodeada de candelabros y cataclismos, milenaria y nacional, ingresas a la mitología. Y a la orilla de tu nombre eterno, como a la orilla de los ríos antiguos, se escucha un llanto de madres terribles, ascender desde el vértice azul del Mediterráneo a las mesetas envenenadas del Petróleo que grita abajo. Se desgarró el pabellón de las batallas, pero una paz grandiosa arde y ruge a tus riberas irreparables.

Como un problema sin solución, ando y hablo de un siglo en el cual no habito, en el cual no creo, en el cual no existo desde tu caída en el gran abismo; sólo la muerte a la cabeza de mí mismo, avanza; y proclamo exclusivamente mi derecho a estar tendido codo a codo contigo cien edades, muerto, en un sepulcro acometedor, rojo y ancestral como los errores del hombre.

[...]

castaway with no compass, a blind old lion digging an ancient grave…

I get that my howls are pointless, that my pain will blow its brains out shouting down the shadows, like a madman in a cemetery, that I will tear myself apart scratching and clawing at nothing, and yet I only exist on account of your memory.

Saddled with an abyss, shattered and definitively razed, I enter that great twilight where your coffin marches at the vanguard of the dead, roaring like a diamond furnace or akin to an intense gunpowder flower; and even though I can't make sense of the world, because it disappeared along with you, my old heart rests for an instant; from the very depths of the masses and humankind, the terror of conscious being magnifies your divine face and includes you among the gods, on the pillars of Humanity, where lightning and heroes live and the sore-ridden masses howl for bread… … … Dear revered friend. The sunken sun is a dog of fire at your frozen feet, the art of speaking falls to its knees before you, and all the desert's doves converge around your tomb with broken wings. Colossally surrounded by candelabra and cataclysms, ancient and national, you enter mythology. And on the shores of your eternal name, as on the banks of ancient rivers, one hears the terrifying cries of mothers, ascending from the blue apex of the Mediterranean toward the poisoned plateaus full of oil bellowing below. The war flag was torn to shreds, but a magnificent peace burns and roars on your irreparable shores.

Like a problem with no solution, I walk and talk about a century in which I don't live, in which I don't believe, in which I don't exist ever since your fall into the great abyss; all that moves forward is death before me; and all that I proclaim is my right to lie down elbow to elbow with you for a hundred ages, dead, in a fierce tomb, red and ancestral as the mistakes of man.

[…]

de *Mundo a mundo* (1966)

La página oceánica

Como absolutamente todo camina en oleajes de contradicciones, enarbolando derrotas como victorias, es comparable a un vendaval de arenas y cadenas, el ser humano; y sus abismos son oceánicos o subterráneos de comportamiento; jamás nunca está inmóvil, ni vivo, ni muerto, jamás nunca está inmóvil o paralizado en su destino, pues la materia brama en los sepulcros y es estático-dinámica, furiosa y huracanada, heroica y terrible, repleta de gusanos, de belleza y mitología; azotan a la Humanidad las cartas macabras de todas las jugadas que se perdieron, y triunfar es andar de naufragio en naufragio, sobreviviéndose, anclado y crucificado en la tabla de salvación muerta de las catástrofes; el incendio de cenizas de los antepasados, batalla a la espalda del hombre, con el olvido, que pretende acuchillarlo, y tú, Winétt de Rokha, la mujer más amada y más idolatrada, por este animal triste y dionysíaco que yo soy viviendo y muriendo simultáneamente, vas creciendo en la inmortalidad, como una gran montaña de oro, por adentro de las altas y bajas mareas de las épocas, en la que las viejas banderas negras, están arriadas; el corazón de todos los pueblos y los trabajadores empuña tu figura.

Ya vas unida, eternidad abajo, a nuestro Carlos, hecho brazo anchura y espanto de gran poeta, como tú, es decir, las águilas incendiadas e incendiarias del sol caído, y en la tremenda noche de Chile, rugiendo, los escucho dialogar a la manera de la Tragedia Griega o como los sueños inmensos, que dan ladridos de genios universales, en el teatro de Shakespeare, llorando con llanto macabro de piedras que lloran muertas, o en el lenguaje descomunal de Rabelais, o en la alucinación castellana y sobrehumana de Miguel de Cervantes y Saavedra, o en los ex-hombres y los sub-hombres de Gorki, o en los héroes rabiosos de León Tolstoi, o en los superhombres enloquecidos y ensangrentados de Dostoiewsky, por la enagenación subjetiva y anarquista de los mártires equivocados, o en Tu Fu, el genio popular chino, esplendoroso.

Pisé y hollé la tierra soberbia de Europa, yo, salido del anonimato universal, americano, solo, irremediablemente solo, y con la multitud sudada y escarnecida adentro del pellejo de acero, solo y con ancho

from *World to World* (1966)

The Oceanic Page

Since absolutely everything walks in swells of contradictions, hoisting defeats like victories, the human being is comparable to a gale of sand and chains; and its abysses are oceanic or subterranean in their behavior; it's never ever still, whether living or dead, it's never ever still or paralyzed in its destiny, for matter bellows in the tombs and is static-dynamic, furious and howling, heroic and terrible, full of maggots, of beauty and mythology; the grim cards from all the lost bets devastate Humanity, and to win is to wander from shipwreck to shipwreck, surviving oneself, anchored and crucified on the dead lifeline of catastrophes; behind man's back the burning ash of ancestors battles the oblivion that aims to stab him, and you, Winétt de Rokha, the woman most beloved and idolized by this sad and dionysian animal that is me living and dying simultaneously, keep growing in immortality, like a great golden mountain, inside the high and low tides of the ages, where the old black flags are lowered; the heart of all peoples and workers hoists your figure.

Down in eternity, you are already united with our Carlos, who has become the arms, nerve and ghost of a great poet, like you, that is to say, the burning and incendiary eagles of the fallen sun, and in the awesome Chilean night, roaring, I hear you two talking the way they do in Greek tragedy or in vast dreams, barking like universal geniuses, in Shakespeare's theater, crying the macabre tears of dead stones, or in Rabelais's colossal language, or in Miguel de Cervantes Saavedra's Castillian and superhuman hallucination, or in Gorky's ex-men and sub-men, or in Leo Tolstoy's rabid heroes, or in Dostoyevsky's supermen, crazed and bloodied by the subjective and anarchistic alienation of misguided martyrs, or in Tu Fu, the magnificent genius of the people of China.

I stepped and left my mark on proud European soil, I, born in universal anonymity, American, alone, hopelessly alone, and with the sweaty and pilloried masses under my skin of steel, alone and enormously

cansancio, porque tú no estabas entre mis brazos de macho anciano, viriles, amorosos, terribles, hasta en la ternura misma, y, al estrechar la hospitalidad de miel y de fusiles de la épica y trágica en su alegría de condición infinita y colosal, de la Gran China Popular, o el puño de hierro de la URSS, cuyo gran pueblo se debate desarrollándose en espirales con ímpetus monumentales, y la cadera de hembra abierta y espectacular como un fruto, de "la dulce Francia", que empuña su mano sudada de sangre de masacres y rebelión y su tremenda y nacional belleza con siglos heridos en las arboladuras, o cruzando, desesperado y tranquilo, el techo de pájaros muertos del infierno eterno, del desierto eterno de Gobi, cuna y tumba de civilizaciones feroces, problemáticas y antiquísimas, te extraje de mí, callado y estremecido, y de los grandes y anchurosos mares de la patria lejana y vendida, rememorando, por asociación metafórica, por intuición universal, por derivación paradógica, acaso, o acaso por emoción de ciudades de todos los países y de todas las naciones de todos los siglos, las estruendosas, oceánicas, plataformas, de bloques enormes de las terrazas de Baalbek, en cuyo gran enigma roto, aterrizaron, en epopeyas y odiseas planetarias, los cosmonautas de los "Manuscritos del Mar Muerto", emergidos del asombro social, remoto, judeo-caldeo-prehistórico.

Al empuñar la pluma, como se empuña un fusil, al empuñar la pluma, al empuñarla, resuena, estalla, flamea tu nombre amado, enraizado, como la patagua agropecuaria, a la tierra chilena, en todo lo hondo de mi angustia fuerte de varón fuerte, al cual no le quebró el dolor el esqueleto, que enfrenta la literatura, toda la literatura americana, latinoamericana, enagenada de cosmopolitismo o folklore vil, del "snob" lugareño y aldeano, no nacional-internacional, con la excepción grandiosa de cuatro o cinco sujetos con genio, y desprecia al poeta de la Europa burguesa de hoy, proclama y agarra como a una palanca, entre los dientes, el gran barroco genital de Latinoamérica, hecho con pueblo hambriento, báquico-trágico y dionysíaco, y estrecha con el corazón la poesía revolucionaria, crucificada y combatiente, en ensangrentada, de los bardos cargados de pólvora de la gran Asia humana y el África de los trabajadores de Lumumba.

Identifico tu memoria, en lo oceánico, con el recuerdo colosal de los barcos náufragos, o los navíos descomunales del fantasma, que habita la imaginación de los antiguos pueblos, sin historia, y como tú fuiste pueblo, nó, como tú eres pueblo, "genio del pueblo" y sudor colosal del

tired, because I couldn't hold you in my old-man arms, my virile, loving arms, terrible even in tenderness itself, and I'm extending the hospitality of honey and rifles of the Great People's Republic of China, epic and tragic in the joy of its infinite and colossal condition, or the iron fist of the USSR, whose great people struggle flourishing in spirals against monumental forces, and "sweet France," like the hip of a woman as open and spectacular as a fruit, making a fist with its sweaty hand full of blood from massacres and rebellion and the awesome and national beauty of wounded centuries in its riggings, or I'm desperately and calmly crossing the rooftops of eternal hell full of dead birds, from the eternal Gobi desert, cradle and grave of fierce, problematic and very ancient civilizations, silent and shaken, I extracted you from me and from the great and wide oceans of the distant and betrayed homeland, remembering, perhaps through metaphoric association, through universal intuition, through paradoxical derivation, or perhaps through the emotion of cities in all countries and all nations across the centuries, the thunderous, oceanic platforms of Baalbek and its huge brick terraces, a giant enigma in shards where the cosmonauts of the "Dead Sea Scrolls" landed, in planetary epics and odysseys, emerging from the remote wonder of Jewish-Chaldean-prehistoric society.

When one grips a pen, when one grips a pen the way one grips a rifle, when one grips it it echoes, it goes off, your beloved name blazes, rooted, like a national farm's patagua tree, in Chilean soil, in the very depths of my heavy anguish, which is the anguish of a tough guy whose skeleton wasn't shattered by pain, and who confronts literature, all American literature, Latin American literature, which is alienated in its cosmopolitanism and vile folklore, and the province of local village snobs, not national-international, with the striking exception of four or five geniuses, and I'm the one who disregards the poet of today's bourgeois Europe, and who, with clenched teeth, proclaims and grips like a lever the great genital baroque of Latin America, made from a hungry people, bacchic-tragic and dionysian, and who wholeheartedly embraces the revolutionary poetry, crucified and combative and blood-soaked, of the gunpowder bards of the great human Asia and the Africa of Lumumba's workers.

In the oceanic depths, I identify your memory with colossally remembered shipwrecks, or with the enormous ships of the ghost that lives in the imagination of ancient peoples, without a history, and since you were a people, nó, since you are a people, "genius of the people"

pueblo, y voz, categoría, sol y guitarra del pueblo, que es un gigante océano rugiente, cantando y bramando en sus intelectuales, yo te encuentro en el resplandor de hacha, espada, pala y cuchilla del héroe agonizante, es decir, agonal, luchador, agonal, al modo del estadio griego en la Hélade clásica y dionysíaca; yo te encuentro íntegra, épica, lírica y popular, fundamentalmente épica, lírica y popular, en la bandera roja de la Hoz y el Martillo de las multitudes y las muchedumbres, en rebelión organizada, respaldando los sindicatos y las huelgas obreras, en tu canción de función marina y fluvial-lacustre de orígenes; yo te encuentro en los pueblos, adentro de los pueblos, clara y alta como un sol recién parido, yo te encuentro en los pueblos, adentro de los pueblos, y adentro del adentro de los pueblos, porque los pueblos son eternos, y tú lo sabías, lo escribías, lo vivías, son eternos los pueblos y todos nosotros somos, sin excepción, únicamente, tablas de naufragios individuales en la gran placenta oceánica y maternal del pueblo: solo el hombre es poco, y, sin embargo, está solo, pero está solo cuando nace o cuando muere o está sufriendo, solo el hombre es poco y la unidad social, que es la unidad vital, la unidad social lo redime y lo libera de la gran soledad del hombre, arrastrada e incendiada como la mortaja de un "dios" asesinado, como una gran cuchilla de fuego, o a la manera del huracán de todas las hojas caídas del siglo, o enorme como Fidel Castro.

Francia, la URSS, China, te habrían acariciado el espíritu internacional, a ti que eres la más chilena de las poetisas continentales, y que cantaste a Lenin; a la vanguardia de todos los otros líderes y héroes de la gran Revolución proletaria y campesina del 17, la primera de la tierra, la primera y nunca la última, y es seguro que la figura universal e insurreccional, descomunal, de los chinos heroicos de Mao Tse-Tung te hubieran desencadenado altos, anchos cantos políticos, sí, altos, anchos cantos políticos, como lo es y lo fue cualquiera gran literatura, desde el Dante a Walt Whitman, o retornándonos a Isaías, Exequiel, Jeremías, los grandes profetas-poetas del hambre, gigante y acusatoria.

Nombrando o cantando a China inmensa, agarro la gran Mar-Océano del Sur, y sus acantilados, ardiendo de dulzura adentro de tus ojos florales, de mares hundidos, de mares desaparecidos, nombrando o cantando a China inmensa, me represento el estupendo rol oceánico de tus poemas, y recuerdo a la niña marina, pequeñísima, mirando al Asia hermana, desde los muelles de Antofagasta, que era a la manera del anillo matrimonial del Norte Grande. Como tú traías libres e ilustres vivencias

and colossal sweat of the people, and voice, category, sun and guitar of the people, who are a giant ocean, roaring, singing and bellowing inside its intellectuals, I find you in the gleam of the dying hero's ax, sword, shovel and blade, in other words, agonistic, brave, agonistic, in keeping with the Greek stadium in the classic and dionysian Hellas; I find you whole, epic, lyric and popular, fundamentally epic, lyric and popular, in the red flag with the Hammer and Sickle of the masses and crowds, in organized rebellion, backing the unions and workers' strikes, in the maritime and fluvial-lacustrine function of your origin song; I find you among the people, inside the people, clear and high like a recently born sun, I find you among the people, inside the people, and inside the inside of the people, because peoples are eternal, and you knew it, you wrote it, you lived it, peoples are eternal and all of us, without exception, are no more than individual lifelines in the great oceanic and maternal placenta of the people: man alone is nothing much, and yet he's alone, very alone when he's born or when he dies or when he's suffering, man alone is nothing much and it's social unity, which is vital unity, it's social unity that redeems him and frees him from that great solitude of man, dragged burning like the shroud of a murdered "god," like a giant blade of fire, or akin to the hurricane with all the dead leaves of the century, or enormous like Fidel Castro.

France, the USSR, China, would have all stroked your international spirit, you who are the most Chilean of the continental poetesses, and who sang to Lenin; at the vanguard of all the other leaders and heroes of the great proletarian and peasant Revolution of '17, the first in the world, the first and never the last, and no doubt the universal and insurrectionary colossal sight of Mao Tse-tung's heroic China would have unchained high and wide political songs within you, yes, high and wide political songs, which is what any great literature was and is, from Dante to Walt Whitman, or going back to Isaiah, Ezekiel, Jeremiah, the great prophet-poets of enormous and accusatory hunger.

When I mention vast China or sing its praises, I hold on to the great Southern Ocean-Sea, and its cliffs, burning sweetly in your floral eyes, in sunken seas, in vanished seas, when I mention vast China or sing its praises, I play the stupendous oceanic part of your poems, and I remember the girl of the sea, so small, looking at her sister Asia from the docks of Antofagasta, which was like the wedding ring of the Norte Grande. How you carried with you free and illustrious oceanic experiences from your

oceánicas de los tatarabuelos vikingos o vasco-hispanos, y el bramido de los leones heridos de la Araucanía, como con lomo de un terror general, incendiándose, jamás un país se hubiese sentido mejor vivido que por tu dulce y grande estilo de águila literaria, mágica, como la eterna "China Roja". Y es, seguramente, la cara humana de su morfología, la sencillez categórica y la bondad nacional de su internacionalismo, proletario, de carácter estupendo, su actitud de anchas, sociales y leales aguas, lo que hubiera cuajado en tu grandeza, el gran esquema de un pueblo-líder, que da la batalla por la paz, dramáticamente acosado y asediado por los bandidos del imperialismo de Yanquilandia, la asesina, (no como pueblo, como imperialista), el gran esquema de un pueblo-líder, que da la batalla por la paz, construyendo el socialismo con afán heroico e inconcebible, un pueblo-líder y hospitalario, a puertas abiertas.

La República Popular China, Winétt, tan hermosa, y tan funcionalmente heroica, era el tema funcional de tu espíritu, y Cuba, a la cabeza de la independencia de los esclavos económicos de los países americanos, no desarrollados, por encadenados: al bandido de Norteamérica, explotador de Norteamérica, invasor del Vietnam, a cuya cabeza de sol flamea Ho Chi Minh, lo hubieras enjuiciado por asesinato con premeditación y alevosía, saqueos y salteos, enarbolando, tú, la bandera, la unidad internacional del marxismo-leninismo, desde la línea china.

Estamos, los chilenos, pisando sangre y barro, barro y muerte con lágrimas de encadenados al yugo y al luto nacional, y gravita, horrorosamente, encima del planeta, la patada de la sombra de la bomba atómica; el explotado social y el humillado social, el expoliado social y el hambriento, arañan la murallas del panteón de lamentos de invierno tremendo de los desamparados totales y están como lloviendo piojos con fuego ardiendo en la gran quijada, sobre la tragedia ensombrecida y terrible, ha largos doscientos o trescientos años de años, bajo los látigos de la oligarquía pirata y negrera del gran país insular del Continente americano, herido y traicionado, pero no caído al abismo, como lo somos nosotros: porque, por debajo del escarnio del drama humano, asoma la cabeza del "dios" rojo, glorioso y popular, que tú cantabas, Winétt, y, "Mundo a Mundo", que habría sido el nido de tórtolas de espanto, de antaño, Winétt, es, hoy por hoy, ogaño, la clarinada augural de la madrugada definitiva, de la clase obrera del mundo.

Viking or Basque-Spanish great-great-grandparents, and the roaring of Araucanía's wounded lions, and the fire of a general terror in their spines, never would a country have felt better lived in than by the literary eagle of your sweet and grand style, as magical as eternally "Red China." And it is surely the human face of its morphology, the categorical simplicity and national goodness of its internationalism, stupendously proletarian, its manner of proud, social and stalwart waters, which would have crystallized in your grandeur, the great blueprint of a vanguard-people that fights for peace, dramatically hounded and besieged by the crooks of murderous Yankeeland's imperialism (murderous in its imperialism, not as a people), the great blueprint of a vanguard-people that fights for peace, building socialism with a heroic and inconceivable effort, a vanguard and hospitable people, with its doors open.

Winétt, the People's Republic of China, so beautiful and so functionally heroic, was the functional theme of your spirit, and Cuba, leading the struggle for the independence of economic slaves in American countries that are not developed because they are chained: to the North American crook, the invader of Vietnam, where Ho Chi Minh's sun blazes the path, the North American exploiter, whom you would have tried for premeditated murder with malice aforethought, for plundering and robbing, while you hoisted the flag, the international unity of Marxism-Leninism, from the Chinese line.

We Chileans are treading on blood and mud, mud and death with the tears of those chained to the national yoke and in national mourning, and above the planet the boot of the atomic bomb's shadow gravitates hideously; the socially exploited and the socially humiliated, the socially plundered and the hungry, are scratching the walls of the graveyard full of the moans of the brutal winter of the totally destitute, and it's as if they were raining lice full of burning fire upon the giant jawbone, over the bleak and terrible tragedy, for a good two or three hundred years upon years, under the whips of the pirate and slave-trading oligarchy of the vast insular country of the American Continent, which has been wounded and betrayed, as have we, but has not fallen into the abyss: because underneath the mockery of the human drama, I can see the head of the glorious and popular red "god," that you sang about, Winétt, and *World to World*, which would once have been a nest for the turtledoves of terror, is now, today, the portentous clarion call in the definitive morning of the working class of the world.

CPSIA information can be obtained
at www.ICGtesting.com
Printed in the USA
BVW011742270119
SFS